高职高专会计类精品教材系列

会 计 基 础

（修订版）

刘 新　王 静　主　编

张 勤　副主编

徐春玲　主　审

科 学 出 版 社

北　京

内 容 简 介

　　本书根据会计的认知顺序分为八个项目，即会计认知、填制和审核原始凭证、填制和审核记账凭证、核算制造企业的主要经济业务、登记会计账簿、进行财产清查、编制会计报表、掌握账务处理程序。本书在介绍完整的会计循环过程的同时，设置了完整的企业供产销实例，以及数量众多、内容丰富的例题，既方便教师讲授会计理论，又方便学生边学边练，做到理论与实操相结合。

　　本书不仅可以作为高职高专会计专业及相关财经类专业的教材，也可以作为参加会计资格考试人员的参考教材，还可以作为非会计类人员了解会计的入门参考书。

图书在版编目（CIP）数据

会计基础/刘新，王静主编. —北京：科学出版社，2019.1
（高职高专会计类精品教材系列）
ISBN 978-7-03-060171-1

Ⅰ．①会…　Ⅱ．①刘…　②王…　Ⅲ．①会计学-高等职业教育-教材
Ⅳ．①F230

中国版本图书馆 CIP 数据核字（2018）第 291133 号

责任编辑：薛飞丽 / 责任校对：赵丽杰
责任印制：吕春珉 / 封面设计：东方人华平面设计部

科 学 出 版 社 出版
北京东黄城根北街 16 号
邮政编码：100717
http://www.sciencep.com
北京中科印刷有限公司 印刷
科学出版社发行　各地新华书店经销
*

2019 年 1 月第 一 版　　开本：787×1092　1/16
2020 年 6 月修 订 版　　印张：12 3/4
2021 年 7 月第五次印刷　　字数：302 000

定价：39.00 元
（如有印装质量问题，我社负责调换〈中科〉）
销售部电话 010-62136230　编辑部电话 010-62135397-2039

高职高专会计类精品教材系列
编写委员会

修订版前言

"会计基础"是高职高专会计专业的专业基础入门课程，也是经济管理类专业的基础课程。

本书打破传统的教材学习顺序，首先让学生明白当今社会会计的现状——会计人才缺乏，然后让学生零距离接触会计起始资料——经济业务发生的原始凭证，引起学生学习会计的兴趣。让学生保持学习兴趣，是高职学生学习的关键，也是教材编写的首要目标。本书通过完整的企业供产销实例，引导学生感官接触会计凭证，增加动手操作的机会，增强动手操作能力，理论联系实际，边教、边学、边练，达到高职教学的目的。

为了更好地服务读者，体现与时俱进的编写原则，本书在第一版的基础上，根据最新的《企业会计准则》、税法、财务报表格式等规定进行了相应的修订。

第一版是根据 2017 年修订的《企业会计准则》编写的。根据 2019 年新修订的《企业会计准则》要求，第一版中有关税率和资产负债表已经不利于教学，因此本着对教材负责、对学生负责的态度，本书修改增值税税率 16%为 13%，修改资产负债表相关项目等，以适合最新的会计准则，适应最新的教学要求，为会计初级职称考试学员提供参考。

本书共八个项目，即会计认知、填制和审核原始凭证、填制和审核记账凭证、核算制造企业的主要经济业务、登记会计账簿、进行财产清查、编制会计报表、掌握账务处理程序。理论知识穿插其中，制造企业主要经济业务的核算利用潍坊新宇有限责任公司完整的企业供产销实例，以促进理论和实操的完美融合。

本书具有如下明显的特点。

1）针对高职高专学生门槛低的特点，把理论知识深入浅出地结合实例讲解，易理解。

2）改革以往的理论教学顺序，把难理解的理论学习穿插于企业实例学习中，易操作。

3）以 2019 年修订执行的《企业会计准则》为依据，参考《会计初级考试大纲》编写，易取证。

各项目的编写人员如下：徐春玲、葛东敏编写项目一，王静编写项目二，刘新、张勤编写项目三，刘新、宋婷编写项目四，周春燕编写项目五，李雪玮、徐春玲编写项目六，刘子怡编写项目七，李雪玮编写项目八。全书由徐春玲总审定稿。

编者在编写本书的过程中得到了山东海事职业学院、科学出版社及相关单位的大力支持，在此表示感谢！

由于编者水平有限，加之时间仓促，书中不足之处在所难免，恳请广大读者批评指正。

编　者

2020 年 3 月

第一版前言

我国高等职业教育发展迅速，为社会培养了一大批应用型、技能型专业人才。但是高职高专教育仍存在较多突出问题，其中一个便是缺乏由"双师型"师资队伍编撰的旨在提高学生动手能力的教材，即"教、学、做"一体化的教材。因此，传统的教学很难真正达到知识、能力与素质的有机融合。

"会计基础"是高职高专会计专业的一门基础核心课程，是会计入门的必修课程，是后续专业核心课程（如"财务会计""财务管理""成本会计""会计电算化""管理会计""会计综合模拟"等）的基础，也是经济管理类所有专业的专业基础课程，因此学会、学好、学透本课程至关重要。

本书由徐春玲带领"双师型"教学团队编写，该团队具有丰富的理论知识和实践经验。本书打破传统教材的学习顺序，首先让学生明白社会会计的现状，紧接着让学生零距离接触会计起始资料——经济业务发生的原始凭证，引起学生学习会计的兴趣。让学生保持学习兴趣是高职学生学习的关键，也是编者编写本书的首要目标。本书通过完整的企业供产销实例，引导学生感官接触会计凭证，增加动手操作的机会，增强动手操作的能力，理论联系实际，边教、边学、边练，完成高职高专的学习任务。本书具有以下几个显著特点。

1）易学习。本书针对高职高专教学及学生的特点，以理论知识结合实例的方式深入浅出地讲解。同时每个项目还附有二维码形式的学习课件，方便教与学。

2）易理解。本书改革了以往的理论教学顺序，把难理解的理论学习穿插于企业实例学习中，帮助学生轻松理解和掌握学习内容。

3）易就业。本书有配套教材《会计基本技能训练》，增加了学生的动手操作机会。

4）易取证。本书以 2017 年修订的《中华人民共和国会计法》为依据，参考《会计初级考试大纲》编写，紧贴会计职业资格考试动向，有助于学生考取相关证书。

本书由刘新、王静担任主编，张勤担任副主编，参与编写人员及具体分工如下：徐春玲、葛东敏编写项目一，王静编写项目二，刘新、宋婷编写项目三，刘新、张勤编写项目四，周春燕编写项目五，李雪玮、徐春玲编写项目六，刘子怡编写项目七，李雪玮编写项目八。全书由徐春玲担任主审，完成审稿、定稿工作。

编者在编写本书的过程中参考借鉴了一些文献，在此向相关作者表示感谢；同时得到了山东海事职业学院、科学出版社及相关单位的大力支持，在此表示衷心的感谢。

由于编者水平有限，加之时间仓促，书中疏漏之处在所难免，恳请广大读者批评指正。

编 者
2018 年 10 月

目　　录

项目一

会 计 认 知

📖 **学习目标**

项目一学习课件（任务一、二）

目标类型		目标要素
知识目标	基础知识	掌握会计的概念、职能、对象、目标
		掌握会计核算的基本前提、会计信息质量要求
		掌握会计基础、会计核算的方法
		了解会计机构、会计岗位的设置方式
能力目标	基本技能	了解不同社会组织的会计对象
		掌握不同社会组织会计核算的基础
	拓展技能	能对不同的社会组织进行会计岗位设置

📖 **项目导航**

对新入学的大学生来说，会计是一门全新的学科。每位学生对会计有各自的认识，有的说是算账的，有的说是管钱的，有的说是管发工资的……这个学期，我们一起来认识一下会计到底是干什么的。

任务一 认 识 会 计

一、会计的产生和发展

会计是随着人类社会生产的发展和经济管理的需要而产生的，随着社会生产的日益发展和科学技术水平的不断进步，会计经历了一个由简单到复杂、由低级到高级的漫长发展过程。

（一）中国会计的发展

1. 刻石记数、结绳记事

早在原始公社制时代，人们已开始使用刻石记数、结绳记事、刻木记事、刻竹作书等方法来记录渔猎收获数量及其他收支等，这是最原始的会计活动，属于会计的萌芽阶段。

2. 四柱清册、龙门账、四脚账

到奴隶制时代，随着社会经济的发展和国家的建立，为适应统治阶级管理经济的需要，官厅会计部门产生并得到初步发展。在周代，"会计"一词已有了比较明确的含义，即所谓

"零星算之为计，总合算之为会"。

随着封建经济关系的产生、发展，中国会计有了长足的发展。唐宋时期出现了"四柱结算法"和"四柱清册"，计算公式为旧管（期初余额）＋新收（本期收入）－开除（本期支出）＝实在（期末结余）。

明清时期，中国民间商界产生了"龙门账"，即进（各项收入）－缴（各项支出）＝存（各项资产）－该（各项负债和资本），遵循"有来必有去，来去必相等"的记账规则处理账目。之后又产生"四脚账"（又名"天地合账"），对每一笔账项既登记"来账"，又登记"去账"，以反映同一账项的来龙去脉。四柱清册、龙门账、四脚账是我国会计发展史上的飞跃。

3．复式记账的应用

1840 年鸦片战争后，中国会计出现了中式会计的改良和借贷复式簿记的引进同时并存的局面。1908 年，大清银行创办之时即采用现金收付复式记账法，为中国改良中式簿记之先声。

民国时期，会计师潘序伦（1893—1985）通过创办立信会计师事务所、立信会计学校和立信会计图书用品社，以及编著、出版多种会计书刊，使借贷复式簿记在中国得到广泛传播。

1914 年中国第一部会计条例颁布，同年 10 月改称《会计法》。

4．会计法规逐步完善

1980 年 1 月中国会计学会（Accounting Society of China，ASC）成立，其后《中华人民共和国会计法》（以下简称《会计法》）、《中华人民共和国注册会计师法》（以下简称《注册会计师法》）、《企业会计制度》、《总会计师条例》、《企业财务会计报告条例》、《企业会计准则》、《会计基础工作规范》等逐步颁布执行，从此，中国会计迈入一个新的发展时期。

（二）西方会计的发展

1．第一个里程碑

13 世纪末，在意大利的佛罗伦萨产生了借贷记账法。1494 年，意大利数学家卢卡•帕乔利在《算术、几何、比及比例概要》中专门阐述了复式计账的基本原理。这是会计发展史上的第一个里程碑。

13～19 世纪，在复式簿记时代 700 年左右的历史演进过程中，实现了由古代会计发展阶段向近代会计发展阶段的转变，逐步以复式簿记的方法体系取代了单式簿记的方法体系，并较为系统地建立了"簿记学"的基本理论。

2．第二个里程碑

1853 年，世界上第一个会计师协会——爱丁堡会计师协会在英国成立，这被认为是近代会计发展史上的第二个里程碑。该协会的宗旨是维护行业共同利益和社会公共权益，提高会计师的准入标准和社会声誉。

3．国际公认会计准则的制定

20世纪初，伴随着资本主义经济中心的转移，世界会计中心也从英国乃至西欧转移到美国。1930年，美国第一次讨论会计原则，将会计实践上升到理论，再用来指导实践。

1973年6月，由来自澳大利亚、加拿大、法国、德国、日本、墨西哥、荷兰、英国、爱尔兰及美国的会计职业团体发起成立了国际会计准则委员会（International Accounting Standards Committee，IASC）。其宗旨是要制定和发布为各国、各地区所承认并遵守的国际会计准则，促进国际会计的协调。

（三）当代会计

1）传统会计分为财务会计和管理会计两个分支，这是会计发展史上的一次伟大变革。

2）随着现代化生产的迅速发展、经济管理水平的提高，电子计算机技术广泛应用于会计核算，使会计信息的搜集、分类、处理、反馈等操作程序摆脱了传统的手工操作，大大地提高了工作效率，实现了会计科学的根本变革。

3）会计发展到今天，广泛运用了电子技术等手段和工具，从而诞生了会计电算化。会计电算化就是以电子计算机代替手工方式对会计业务进行处理，对企业的经营活动情况进行反映和监督。所以，它既是提供以财务信息为主的信息系统，同时又是参与管理的一种管理活动。会计电算化代替了会计人员的手工劳动，会计人员大量的精力从会计的核算工作转向会计的管理工作，提高了会计工作的水平和工作效率，使会计人员从记账、报账型向管理型转变，更好地发挥了会计的决策支持作用。会计电算化要求财会人员不仅应掌握扎实的会计知识和技能，还应对计算机和财务管理知识有比较深刻的了解。所以，目前企业单位最缺"会计＋计算机＋管理"的复合型人才。

二、社会组织

社会组织是公共关系的主体，是公共关系的三大构成要素之一，是人们为了有效地达到特定目标，按照一定的宗旨、制度、系统建立起来的共同活动集体。它有清楚的界限、明确的目标，内部实行明确的分工并确立了旨在协调成员活动的正式关系结构，如政党、国家机关、社会团体、事业单位等。本书主要介绍企业相关的会计知识。

（一）基本职能

任何一个社会组织要实现其特定目的和功能，都必须执行必要的职能，如人类社会的市场营销、生产运作、财务会计、人力资源利用和开发、技术研究与开发等。其中，市场营销、生产运作、财务会计是社会组织的三项基本职能。

市场营销是指对于现状未满足的需要和欲望，估计和确定需求量大小，选择和决定企业能更好地为其服务的目标市场，并决定适当的产品、服务和计划（或方案），以便为目标市场服务。通过市场营销，可以引导新的需求，获得产品和服务的订单。

生产运作就是根据市场营销的结果，按数量、质量、交货期的要求，为顾客创造产品和提供服务的过程。

财务会计就是根据市场营销和生产运作的需要，筹措资金并合理地运用资金、支付账单、收取货款，同时跟踪组织的运作状况，对发生的各项收入、支出进行记录、核算，对组织的业绩进行经济分析与评价。

（二）企业分类

按照国民经济行业分类标准，企业可以分为以下三类。

1．制造企业

制造企业是指对制造资源（物料、能源、设备、工具、资金、技术、信息和人力等）按照市场要求，通过制造过程，转化为可供人们使用和利用的工业品与生活消费品的企业。

2．商品流通企业

商品流通企业是指独立于生产领域之外，专门从事商品流通和流通服务的独立核算的经济组织。商品流通企业的特点：专门从事商品经营和流通服务活动；经营业务主要是购、销、运、存；流动资金占用比例高；经营的商品种类多；消费者数量多等。

3．服务企业

服务企业是指为政府、事业单位、企业和居民提供各种服务的企业，它不生产物质产品，但为制造企业和商品流通企业提供资金、保险、技术服务等，为行政事业单位和居民提供生活、餐饮、娱乐、旅游服务等。

三、会计对象

会计对象是会计行为的客体，是指会计核算和监督的内容，是企业、行政事业等单位在社会再生产过程中发生的能够用货币表现的经济活动，也就是资金运动。社会再生产过程是由生产、交换、分配和消费四个相互关联的环节组成的，在此过程中，有些经济活动是不能用价值形式来表现的，如企业的经营战略、科研创新能力、市场竞争力等。因此，会计并不能核算和监督社会再生产过程中的全部经济活动，而只能核算和监督社会再生产中能够用货币表现的经济活动。

由于单位性质各不相同，其经济活动的具体内容不同，会计对象的具体表现形式也不同，它们有着各自的特点。

（一）企业的会计对象

1．制造企业的会计对象

制造企业的经济活动一般分为资金投入、资金循环与周转、资金退出三个基本环节。其中，资金循环与周转又可以分为供应过程、生产过程和销售过程。资金投入包括企业所有者投入的资金和债权人投入的资金两部分，前者属于企业所有者权益，后者属于企业债权人权益（即负债）。投入企业的资金用于建造厂房，购置设备、原材料等，为产品生产进行必要的物资准备，即企业的供应过程。企业的劳动者借助一定的劳动手段对劳动对象进行加工，企业支付职工工资和生产经营中必要的开支后，实现生产要素的有机结合，最终生产出产品，即生产过程。企业出售生产的产品，一方面取得一定的营业收入，另一方面将收入与为取得收入而发生的成本费用进行比较，从而计算确认企业的经营成果，构成企业的销售过程。企业对取得的利润，按照国家政策和企业的规章制度进行分配，其中一部分留在企业，用于"以丰补歉"和企业的扩大再生产；另一部分则通过上缴税金、分配投资者利润等形式退出企业，形成资金退出。

综上所述，制造企业的资金从货币形态出发，随着供应过程、生产过程和销售过程周而复始地运动，由此引起的各种业务也呈现规律性的变化。这些经济业务及其引起的资金循环和周转，都是会计核算和监督的内容。因此，制造企业的会计对象是指在企业生产经营过程中发生的，能够用货币表现的各种经济业务。制造企业的资金运动如图 1-1 所示。

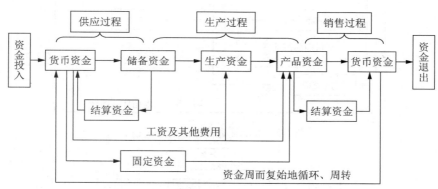

图 1-1　制造企业的资金运动

2．商品流通企业的会计对象

商品流通企业的职能是组织商品流通，把社会产品从生产领域转移到消费领域。商品流通企业的经营过程分为商品购进和商品销售两个过程。在商品购进过程中，主要是采购商品，使货币资金转化为商品资金形态；在销售过程中，主要是销售商品，此时资金又由商品资金转化为货币资金形态。企业在商品经营过程中，取得营业收入，实现经营效果。因此，商品流通企业的资金是沿着货币资金—商品资金—货币资金的过程周而复始地运动的。其购销活动中发生的支付工资及经营费用、货款结算、成本计算、上缴税金、利润分配等经济业务，都是商品流通企业会计所要核算和监督的内容，即商品流通企业的会计对象。商品流通企业的资金运动如图 1-2 所示。

服务企业的业务范围广泛，其会计对象各不相同，此处不再叙述。

（二）非营利组织的会计对象

非营利性的行政事业单位为完成各自的任务，同样需要拥有一定数量的资金。这些资金主要是由国家财政拨给的，称为预算资金。随着行政事业单位经济活动的进行，这些资金的形态也会发生相应的变化，主要表现为预算资金的收支。行政事业单位在正常业务活动中所消耗的人力、物力和财力的货币表现，即为行政费用和业务费用。其资金运动的形式是资金投入—资金退出。与企业单位不同的是，行政事业单位预算资金的支出不形成资金的循环与周转，其支出后即退出单位或形成单位内部的新物资。因此，预算资金收支的核算是行政单位会计核算的主要内容。有的事业单位除政府预算拨款外，还可能进行一定的经营活动。因此，各类收入、支出和结余是其会计核算的对象。非营利组织的资金运动如图1-3所示。

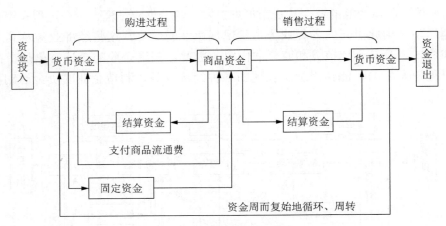

图 1-2　商品流通企业的资金运动

图 1-3　非营利组织的资金运动

综上所述，不论是制造企业、商品流通企业，还是行政事业单位，都是社会再生产过程中的基层单位，会计核算和监督的对象都是能够用货币表现的经济活动，即资金及其运动过程。因此，我们把会计对象概括为社会再生产过程中的资金运动。

四、会计机构与会计岗位

会计机构是一个单位办理会计事务的职能机构。会计岗位是指一个单位会计机构内部根据业务分工而设置的职能岗位。会计人员是直接从事会计工作的人员。建立健全会计机构，配备与工作要求相适应、具有一定素质和数量的会计人员，是做好会计工作、充分发挥会计职能作用的重要保证。会计机构的设置是否合理、职责分工是否明确，对各单位会计工作能否顺利开展有着重要影响。不同级别的单位对会计机构的称谓也不同，如我们常听到的财务部、财务处、计财处和财务科等。那么，设置会计机构有什么基本原则呢？

（一）会计机构设置的原则

1）适应性。会计机构的设置要与企业经营的规模、组织结构和管理模式相适应。

2）控制性。会计机构的设置应对企业资金运动全过程的关键点风险有所控制，从而形成对企业经营全过程和全方位的监控。

3）配合性。会计机构的设置要与本单位其他管理机构相协调、相配合。

4）效率性。会计机构的设置要能提高管理效率，充分发挥会计机构的职能与作用。

5）效益性。会计机构的设置要体现精简高效，使企业管理从中受益。

（二）会计机构的设置

根据《会计法》的要求，凡是独立核算的会计主体，原则上都要单独设置会计机构，即根据企业经营规模的大小和业务量的多少，设置财务（会计）处、财务（会计）科、会计股、会计组等，并配备必要的会计人员来从事会计工作。不能单独设置会计机构的单位应当在有关机构中设置会计人员并指定会计主管人员。不具备单独设置会计机构的单位，应当委托经批准设立从事会计代理记账业务的中介机构代理记账。

不同的企业，其经营规模和企业架构不同，会计机构设置的模式也不同，但一般小单位会设置财务科（图1-4），大单位设置财务处（或财务部），财务处（或财务部）下面设置一些科室。例如，某大型工业企业设置了财务处，下设八个科，分别是综合科、会计核算科、资金科、成本科、预算科、销售科、材料科、资产科等，如图1-5所示。

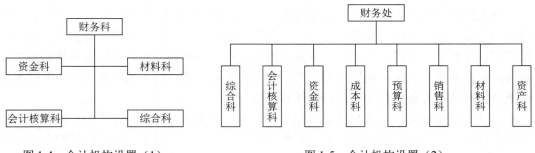

图1-4　会计机构设置（1）　　　　图1-5　会计机构设置（2）

（三）会计岗位

会计岗位的设置可采取"一人一岗"、"一人多岗"或"一岗多人"的方式。

1）一般小单位的财务科最起码要设置主管会计，主管会计下最少应设出纳、会计两个岗位。主管会计模式是一种最简单的集核算与管理为一体的会计机构设置模式，如图1-6所示。

主管会计主要负责审核、管理总账、编制财务报告等，可以是财务科科长，也可以是财务负责人。出纳主要办理收付款业务，但不得兼管稽核、会计档案保管和收入、费用、债权债务账目的登记工作。会计主要核算、监督、登记账簿等，对外业务如税务、工商、财政、统计等也由会计办理。

2）一般大单位会设置财务处（或财务部），下设会计科等。某大型企业财务处科室及职责如表1-1所示。

图 1-6　主管会计模式

表 1-1　某大型企业财务处科室及职责

科室名称	岗位及主要职责
财务管理科	成本目标管理、SAP（systems applications and products in data processing）月结、费用审核等
资金管理科	资金筹措、资金收支、银行账户、债权债务等的管理
资产管理科	资产价值、清查、车辆保险、产权、资产处置、投资、在建工程等的管理
价格管理科	产品销售、物资采购、关联交易、内部互供业务等的管理
税务管理科	涉税事项、纳税申报、纳税筹划、税收分析等的管理
会计科	会计核算和财务决算、会计报告、审计、报销、档案管理等工作
社保工会财务科	保险、年金、会费、帮扶、医疗费用报销、养老金发放、住房补贴等工作

以上岗位设置，企业可以根据自己单位的实际规模和工作量，进行拆分或合并。总之，岗位的设置要按照适应、配合、协调、效率和效益的原则，使每个岗位都能在企业组织中发挥积极的作用。这样可以使货币资金业务的办理与审批相分离、审批与审核相分离、审核与记账相分离、总账与明细账相分离，从而在财务机构内部形成有效的岗位制衡机制，减少财务风险，避免财务损失，强化财务管理。

会计岗位设置后，必须配备素质相当、具备一定从业能力的会计人员，这样才能正常开展会计工作。各单位应根据要求，配置适量的会计人员。至于一个单位应配备多少会计人员，要根据规模大小、业务需要及会计机构岗位设置来决定。会计人员专业技术职称可分为高级会计师、中级会计师、助理会计师和会计员，其中高级会计师属高级职称，中级会计师属中级职称，助理会计师属初级职称。

任务二　认知会计的职能、目标与概念

一、会计职能

马克思在《资本论》中对会计的职能作了高度科学的概括：会计是对生产"过程的控制和观念总结"（见 1975 年版《资本论（第二卷）》152 页）。所谓"控制"，主要是指监督；所谓"观念总结"，主要是指反映或核算。《会计法》对会计的基本职能的表述是会计核算和会计监督。

（一）会计核算职能

会计核算是指以货币为主要计量单位，通过确认、计量、记录和报告等环节，对特定主体的经济活动进行记账、算账、报账，为相关会计信息使用者提供决策所需的会计信息。会计核算职能贯穿于经济活动的全过程，是会计最基本和最重要的职能，又称反映职能。

1. 实现会计核算职能的环节

1）会计确认。所谓会计确认是指根据一定的判断标准，在经济业务发生或完成后，判断该业务进入会计信息系统时间、具体的项目及报告体系。例如，某企业购建厂房，会计人员应该根据会计准则，首先判断该业务何时进行核算，涉及的会计对象要素的性质是什么，在哪一个项目中予以报告等一系列的问题。会计确认是进行会计核算的第一个步骤，它对于会计核算的质量影响很大。正确进行会计确认，要求会计人员具有娴熟的业务知识、高尚的道德水准及灵活的工作方法。按照确认的时间顺序，会计确认分为初始确认和再确认。

2）会计计量。会计计量是会计核算的第二个步骤，是会计核算的核心内容，包括对计量尺度的选择和对计量属性的选择。计量尺度也可以叫作计量单位，是指计量经济业务所采用的量度，包括实物量度、时间量度及货币量度。货币是作为一般等价物的特殊商品，可以表示不同商品的价值，符合会计核算综合反映的要求，因此会计核算主要以货币作为计量尺度。计量属性是指会计计量中所采用的价值标准，该标准可以是成本计量（如历史成本、重置成本），也可以是售价计量（如过去售价、现行售价）。随着社会经济的发展，各种计量属性被引入会计的核算程序。

3）会计记录。会计记录是会计核算的第三个步骤，是在会计确认、计量工作的基础上，运用一定的会计记录方法，对企业的经济活动进行分类、汇总、加工处理，形成有用的会计信息的过程。

4）会计报告。会计报告是会计核算的最后一个步骤。企业应当编制财务会计报告，向财务会计报告使用者提供与企业财务状况、经营成果和现金流量等有关的会计信息，这有助于财务会计报告使用者作出经济决策。

2. 会计核算职能的特点

会计核算是会计工作的起点和基础，现代会计的核算职能具有以下特点。

1）会计主要利用货币计量，综合反映各单位的经济活动情况，为经济管理提供可靠的会计信息。

2）会计核算不仅记录已发生的经济业务，还要面向未来，为各单位的经营决策和管理控制提供依据。

3）会计核算所产生的会计信息，应具有完整性、连续性和系统性。所谓完整性，是指对属于会计对象的全部经济活动内容都应予以记录；所谓连续性，是指对各种经济业务应按照其发生的时间顺序依次进行登记；所谓系统性，是指对会计提供的数据资料应当按照科学的方法进行分类，系统地加工、整理、汇总，以便为经济管理提供所需的各类会计信息。

（二）会计监督职能

会计监督职能又称会计控制职能，是指会计在其核算过程中，对经济活动的合法性、合理性所实施的审查。合法性审查是针对各项经济业务是否遵守国家有关法律制度、是否执行各项方针政策等情况的审查，以杜绝违反财经法纪的行为。合理性审查是指对经济业务是否符合经济运行的客观规律和单位的内部管理要求、是否执行了单位的财务收支计划、是否有利于经营目标或预算目标的实现等进行的审查，为单位增收节支、提高经济和社会效益把关。

会计监督是会计工作的灵魂和核心，现代会计的监督职能具有以下特点。

1）会计监督主要是利用核算职能所提供的各种价值指标进行的货币监督。会计核算主要是通过货币计量，提供一系列综合反映企业经济活动的价值指标。

2）会计监督贯穿于经济管理活动的全过程，包括事前监督、事中监督和事后监督。事前监督是在经济活动发生前进行的监督，对未来经济活动的可行性、合理性和合法性进行审查，即审查未来经济活动是否符合有关法令、政策的规定，是否符合经济规律的要求。事中监督是对正在发生的经济活动过程及其核算资料进行审查，并据以及时纠正偏差和失误，发挥控制经济活动进程的作用。事后监督是对已经发生和已经完成的经济活动，以及相应的核算资料进行审查、分析。

《会计法》确立了单位内部监督、社会监督、政府监督三位一体的会计监督体系，为会计监督的具体内涵及其实现方式赋予了新的内容。本书中的会计监督职能的内容，仅限于以会计机构和会计人员为监督主体，对单位经济活动进行的内部监督。

（三）会计核算职能与会计监督职能的关系

会计核算和会计监督两大基本职能关系十分密切，两者是相辅相成的。会计核算是会计监督的基础，而会计监督是会计核算的保证。两者必须结合起来发挥作用，才能正确、及时、完整地反映经济活动，有效地提高经济效益。如果没有可靠的、完整的会计核算资料，会计监督就没有客观依据。反之，如果只有会计核算而不进行会计监督，就难以保证会计核算所提供信息的真实性，就不能发挥会计应有的作用。只有严格地进行监督，核算所提供的数据资料，才能在经济管理中发挥更大的作用。

（四）会计的其他职能

随着社会的变迁及发展，全球经济一体化的展开，经济活动的内容不断变化。随着社会经济的发展和经济管理的现代化，会计的职能在不断扩充和延伸。一般认为，会计除了核算、监督两个基本职能之外，还具有预测经济前景、参与经济决策、控制经济方向、评价经营业绩等职能，具体内容如表 1-2 所示。

表 1-2　会计的其他职能

职能	含义
会计预测职能	会计预测职能是指利用所掌握的会计信息和相关资料，对生产经营过程及其发展趋势进行判断、预计和估测，找到财务方面的预定目标，作为下一个会计期间进行经济活动的指标
会计决策职能	会计决策职能是指利用会计预测的信息资料，围绕经营目标，提出各种可行性方案，并对其进行分析、对比、优选，从而为管理当局进行决策提供依据
会计控制职能	会计控制职能是通过会计反馈信息和利用信息对经济活动偏离目标的倾向进行调整、干预或施加影响，使其达到预定目标
会计评价职能	会计评价职能是指利用会计核算所提供的信息，并结合其他相关资料，运用专门的方法，对经济活动的过程和结果进行分析，肯定成绩，找出薄弱环节和原因，提出改进措施，改善经营管理

二、会计目标

会计目标是指通过行使会计职能所要实现的目的或达到的最终结果。

我国《企业会计准则》中对于财务会计报告的目标作了明确规定："财务会计报告的目标是向财务会计报告使用者提供与企业财务状况、经营成果和现金流量等有关的会计信息，反映企业管理层受托责任履行情况，有助于财务会计报告使用者作出经济决策。"简单地说，会计目标就是为会计信息使用者提供有用的会计信息。

会计目标是会计基本理论的重要组成部分，它既是进行会计活动的前提条件，又是评价会计活动成败优劣的基本标准。随着社会生产力水平的提高、科学技术的进步、管理水平的改进及人们对会计认识的深化，会计目标随着社会经济环境的变化而变化。

会计信息使用者包括外部使用者和内部使用者。会计信息的外部使用者具体包括投资者、债权人、政府有关部门、社会公众等。投资者包括现有的和潜在的投资者，债权人主要包括银行、非银行金融机构、企业债券购买人及其他提供信贷的单位和个人。会计信息的内部使用者主要是指企业内部管理者及企业职工。会计信息使用者需要什么样的信息，取决于信息使用者的目的及需求。

三、会计的含义及特征

（一）会计的含义

会计是一门经济管理学科，它的理论与方法体系随着社会政治、经济和科学技术的发展及经济管理的需要而不断发展和创新。

从会计产生和发展的历史看，会计既是经济管理必不可少的工具，又是经济管理的组成部分。因此，任何社会的经济管理活动都离不开会计，经济越发达，管理越要加强，会计就越重要。

综上所述，我们可以将会计定义为：会计是经济管理的重要组成部分，它是以货币作为主要计量单位，运用一系列专门方法，对企业、事业、行政等单位的经济活动进行连续、系统、全面、综合的核算和监督，提供会计信息，并在此基础上对经济活动进行预测、决策和分析以提高经济效益的一种经济管理活动。

（二）会计的特征

1. 会计以货币作为主要计量单位，以实物计量为辅

会计对经济活动中使用的财产物资、发生的劳动耗费及劳动成果等以货币作为主要计量单位，进行系统的记录、计算、分析和考核，以达到加强经济管理的目的。

除货币计量外，会计还可运用实物量度（千克、吨、米、台、件等）和劳动量度（工作日、工时等）进行计量。但只有借助于统一的货币计量，才能取得经营管理上所必需的连续、系统、综合的会计资料。因此，在会计上，对于各种经济事务即使已按实物量度或劳动量度进行计算和记录，最后也需要按货币量度综合加以核算。利用价值形式核算和监督经济活动是现代会计的一个主要特征。

2. 会计拥有一系列专门方法

会计在对经济活动进行核算、监督和分析时，形成了一整套科学、实用的有别于其他工作的独特方法，即按照经济业务发生的顺序进行连续、系统、全面的记录和计算，为企业经营管理提供必要的经济信息。例如，设置会计科目、复式记账、填制和审核会计凭证、登记账簿、成本计算、财产清查、编制财务报告等会计核算方法。会计最基础性的工作就是运用这些方法，并结合其他技术和方法的运用以实现会计工作的目的。这是会计管理区别于其他经济管理活动的重要特征之一。

3. 会计具有连续性、系统性、全面性和综合性

会计在利用货币量度核算和监督经济活动时，是按照经济业务发生的时间先后为顺序连续不间断地进行记录的，对每一笔经济业务都无一遗漏地进行登记，做到全面完整，不能任意取舍。记录时，要进行分类整理，使之系统化，而不能杂乱无章，并通过价值量进行综合、汇总，以完整地反映经济活动的过程和结果。

4. 会计的本质是一种管理活动

会计产生于人们管理社会生产和经济事务的过程，不仅为管理提供各种数据资料，还通过各种方式直接进行管理，如为了实现经营目标而参与经营方案的选择、经营计划的制订、经营活动的控制和评价等。会计工作往往贯穿于单位内部管理的整个系统中，每一个管理环节都离不开会计人员的参与。在宏观经济中，会计也是国民经济管理的重要基础组成部分。从职能属性看，核算和监督本身是一种管理活动；从本质属性看，会计本身就是一种管理活动。

任务三 认知会计核算的基本前提和信息质量要求

一、会计核算的基本前提

会计核算与监督的内容是企业的资金运动。一个正常经营的企业，它的供应、生产、销售活动是连续、重复进

项目一学习课件（任务三、四）

行的，资金随着生产经营活动的进行不断变化，会计面对的是一个复杂的、变化不定的环境。因此，要使会计核算工作具有一定的稳定性和规律性，必须对会计工作提出一定的前提条件，即作出某些假设，从而使会计工作处于一个相对稳定的、比较理想的环境中。这种为了保证会计工作的正常进行和会计信息的质量，对会计核算的空间范围、时间范围、内容和方法所做的限定，就是会计核算的基本前提，也称之为会计假设。

《企业会计准则——基本准则》规定会计核算的基本前提包括会计主体、持续经营、会计分期和货币计量。

（一）会计主体

会计主体是指会计所核算和监督的特定单位或组织，是会计确认、计量和报告的空间范围。明确界定会计主体是开展会计确认、计量和报告工作的重要前提。

一般地讲，经济上独立或相对独立的企业、公司、事业、组织等都是会计主体，只要有必要对外报送会计信息，能够进行独立核算的任何一个组织都可以成为一个会计主体。

应当注意的是，会计主体与法律主体是两个不同的概念。一般来说，法律主体都可以作为会计主体，而会计主体则不一定能够成为法律主体。例如，在企业集团的情况下，一个母公司拥有若干个子公司，企业集团在母公司的统一领导下开展经营活动。母公司与其子公司均为不同的法律主体，但母公司拥有子公司的控制权。为了全面反映由母子公司组成的企业集团整体的财务状况、经营成果和现金流量，就需要将企业集团作为一个报送主体（会计主体），编制合并财务报表。可见，企业集团是会计主体，但通常不是一个法律主体。又如，独立核算的生产车间、销售部门、单位食堂等也可以作为一个会计主体来反映其财务状况，但它们都不是法律主体。

（二）持续经营

《企业会计准则——基本准则》第六条规定："企业会计确认、计量和报告应当以持续经营为前提。"

持续经营是指在可以预见的未来，会计主体将会按当前的规模和状态继续经营下去，不会停业，也不会大规模地削减业务。即在可以预见的未来，该会计主体不会破产清算，所持有的资产将正常营运，所负有的债务将正常偿还。

明确持续经营的前提，就意味着会计主体将按照既定的用途使用资产，按照既定的合约条件清偿债务，会计人员可以在此基础上选择会计政策和估计方法，有利于企业组织会计核算工作。持续经营的前提明确了会计核算工作的时间范围。

会计核算中所使用的一系列的会计处理方法和原则都是建立在持续经营这一前提和基础上的。例如，只有在持续经营的前提下，企业的资产和负债才区分为流动的和非流动的；企业对收入、费用的确认才能采用权责发生制；企业才有必要确立会计分期和配比、划分收益性支出和资本性支出、历史成本等会计确认与计量要求。

应当注意的是，在市场经济环境下，任何企业在经营中都存在破产、清算等不能持续经营的风险。一旦进入清算，就应当改按清算会计处理。

（三）会计分期

按持续经营假设，社会经济活动总是持续不断地进行着，从一个单位来看，在正常情况下，单位的经济活动也会日复一日、年复一年地进行下去。在经济活动不断进行的情况下，要计算单位的盈亏损益情况，反映其财务成果，从理论上说只有等到会计主体所有的经济活动最终结束时，才能通过所得与所费的归集与比较，进行准确计算，但在实际中这是不能被接受的。因为投资者、债权人等会计信息使用者需要及时了解会计主体的经济活动情况，作为决策依据。为了及时计算和反映单位的经济活动情况，就有必要将这种连续不断的经济活动的过程人为地划分为若干相等的、较短的时间段，作为会计核算的期间。这种人为的分期就是会计期间。可见，会计分期假设是持续经营假设的一个必要补充，它同样是会计核算时间范围的界定。

合理划分会计期间，并据以进行账目结算，编制会计报表，可以及时向有关方面的决策者提供反映经营成果和财务状况及其变动情况的会计信息，为决策者实现其经济目标服务。

会计分期通常以年来计量，称为会计年度。《企业会计准则》规定我国以日历年度为企业会计年度，即从公历元月 1 日起到 12 月 31 日止。此外，会计分期还可进一步分为月度、季度和半年度。有了会计分期假设，才有企业"××××年盈利××××元""××××年亏损××××元"等说法。

会计期间的划分对会计核算具有重要的影响。有了会计期间，才得以区分本期与非本期，而由于有了本期与非本期的区别，才产生了权责发生制和收付实现制，才使不同类型的会计主体有了记账的基准，进而出现了应收、应付、预收、预付、折旧、摊销等跨期处理办法。

（四）货币计量

货币计量是指企业在会计核算中要以货币为统一的、主要的计量单位，记录和反映会计主体的经济活动。

在商品经济社会，货币作为商品的一般等价物，是衡量一般商品价值的共同尺度。各种各样的商品，其计量单位千差万别，有重量、长度、容积、台件等，无法在量上比较，但是都可以用货币来计量。商品的运动也就是经济活动，可以反映为货币的运动。会计核算采用货币计量，使会计主体的经济活动统一地表现为货币资金运动，从而能够全面完整地反映会计主体的经营成果、财务状况及其变动情况。因此，尽管会计产生于货币之前，但货币一经产生便成为会计核算的计量单位。

在会计核算中，日常登记账簿和编制会计报表用以计量的货币，也就是单位主要会计核算业务所使用的货币，称为记账本位币。在国际上，通行的做法是以一个国家的法定货币作为记账本位币。《会计法》第十二条规定："会计核算以人民币为记账本位币。业务收支以人民币以外的货币为主的单位，可以选定其中一种货币作为记账本位币，但是编报的财务会计报告应当折算为人民币。"

在会计核算时，货币计量是以货币价值不变、币值稳定为前提条件的。因为只有在币值稳定或相对稳定的情况下，不同时点上的资产的价值才具有可比性，不同时间的收入和费用才能进行比较，才能计算确定其经营成果，会计核算提供的会计信息才能真实反映会计主体的经营活动状况。但在现实经济社会中，币值变动时有发生，甚至在一些国家的某一时期货币价值还可能会发生急剧变动，出现恶性通货膨胀，这对货币计量这一会计基本前提提出了挑战。目前，有的国家针对恶性通货膨胀的情况，已开始采用通货膨胀会计。

当然，规定会计核算以货币作为计量尺度，有一定的局限性，而影响财务状况和经营成果的某些因素，如企业经营战略、在消费者中的声誉、地理位置、技术开发能力等，不能用货币来计量。为了弥补这一局限性，一般要求企业采用一些非货币指标作为会计报表的补充。

二、会计信息质量要求

会计的目标是通过编制财务会计报告，向财务会计报告使用者提供与企业财务状况、经营成果和现金流量等有关的会计信息，不同的使用者的立场与动机都不相同，会计信息处理不可能只是为满足某一特定利益团体对信息的需求，会计要站在中性的立场如实提供会计信息。会计信息质量要求是指对企业财务报告中所提供的会计信息质量的基本要求，是进行职业判断和处理具体会计业务的基本依据，是在会计核算前提条件的制约下，进行会计核算的标准和质量要求。我国《企业会计准则——基本准则》第二章对会计信息质量要求作了明确的规定，主要包括可靠性、相关性、可理解性、可比性、及时性、重要性、谨慎性和实质重于形式等。

（一）可靠性

《企业会计准则——基本准则》第十二条规定："企业应当以实际发生的交易或者事项为依据进行会计确认、计量和报告，如实反映符合确认和计量要求的各项会计要素及其他相关信息，保证会计信息真实可靠、内容完整。"

可靠性又称客观性、真实性，是对会计工作最基本、最重要的要求。会计工作提供信息的目的是满足会计信息使用者的决策需要，因此应做到内容真实、数字准确、资料可靠。

（二）相关性

《企业会计准则——基本准则》第十三条规定："企业提供的会计信息应当与财务会计报告使用者的经济决策需要相关，有助于财务会计报告使用者对企业过去、现在或者未来的情况作出评价或者预测。"

相关性又称有用性，会计对外提供信息，应当尽可能地满足各个方面的需求，如投资者要了解企业盈利能力的信息，以决定是否投资或继续投资；银行等金融机构要了解企业的偿债能力，以决定是否对企业贷款；税务部门要了解企业的盈利及生产经营情况，以确定企业的纳税情况是否合理等。可见，会计信息是面向社会的，会计核算就要为各方面提供有用的信息，要满足所有使用者的要求。

（三）可理解性

《企业会计准则——基本准则》第十四条规定："企业提供的会计信息应当清晰明了，便于财务会计报告使用者理解和使用。"

可理解性又称明晰性。企业提供会计信息的目的在于使用，要使用就必须了解会计信息的内涵，明确会计信息的内容，这就要求财务报告所提供的会计信息应当清晰明了，易于理解。可理解性不仅是信息的一种质量标准，也是一个与信息使用者有关的质量标准。会计人员应尽可能地传递表达易被人理解的会计信息，而信息使用者也应设法提高自身的综合修养，以增强理解会计信息的能力。

（四）可比性

《企业会计准则——基本准则》第十五条规定："企业提供的会计信息应当具有可比性。"

1. 横向可比

不同企业发生的相同或者相似的交易或事项，应当采用规定的会计政策，确保会计信息口径一致、相互可比，以使不同企业按照一致的确认、计量和报告要求提供有关会计信息；以便会计信息使用者评价不同企业的财务状况、经营成果和现金流量情况，并进行企业间的比较，提高会计信息的可比性。

2. 纵向可比

同一企业不同时期发生的相同或者相似的交易或事项，应当采用一致的会计政策，不得随意变更。确需变更的，应当在附注中说明改变的原因及其对财务和经营成果的影响。也就是说，一个企业在不同时期采用相同的会计处理程序与方法。

（五）及时性

《企业会计准则——基本准则》第十九条规定："企业对于已经发生的交易或事项，应当及时进行会计确认、计量和报告，不得提前或者延后。"

在会计核算中贯彻及时性，一是要求及时收集会计信息，即在经济交易或事项发生后，及时收集、整理各种原始单据或凭证；二是及时处理会计信息，即按照《企业会计准则》的要求，及时对经济交易或事项进行确认、计量，并及时编制出财务会计报告；三是及时传递会计信息，即按照国家规定的有关时限，及时将编制的财务报告传递给使用者，便于其及时使用和决策。

（六）重要性

《企业会计准则——基本准则》第十七条规定："企业提供的会计信息应当反映与企业财务状况、经营成果和现金流量等有关的所有重要交易或者事项。"

企业的财务报告在全面反映企业的财务状况和经营成果的同时，应当区分经济业务的重要程度，采用不同的会计处理程序和方法。对于重要的经济业务，必须按照规定的会计方法和程序进行处理，并在财务报告中予以充分、准确地披露。对于次要的经济业务，在不影响会计信息真实性和不至于误导财务报告使用者作出正确判断的前提下，可适当简化或合并反映。

重要性的评价，很大程度上取决于会计人员的职业判断。一般来说，重要性可以从质和量两个方面进行判断。从性质方面来说，如果某项经济业务发生可能对决策产生重大影响，则该业务属于重要的经济业务；从数量方面来说，如果某项经济业务的发生达到一定数量或比例可能对决策产生重大影响，则该业务属于重要的经济业务。

重要性的运用，一方面可使会计人员适当简化核算程序，减少核算工作量；另一方面也可使会计信息使用者抓住重点和关键，从而更好地利用会计信息。

（七）谨慎性

《企业会计准则——基本准则》第十八条规定："企业对交易或者事项进行会计确认、计量和报告应当保持应有的谨慎，不应高估资产或者收益、低估负债或者费用。"

谨慎性又称稳健性，要求在会计核算中应当考虑到企业风险，合理预计可能发生的损失和费用并入账，而对可能取得的收益则不予预计或入账。

在市场经济环境下，企业的生产经营活动面临着各种风险和不确定性，所以应遵循谨慎性，合理核算可能发生的损失和费用，尽量降低经营风险，使会计信息更加可靠。

（八）实质重于形式

《企业会计准则——基本准则》第十六条规定："企业应当按照交易或者事项的经济实质进行会计确认、计量和报告，不应仅以交易或者事项的法律形式为依据。"

在实际工作中，交易或事项的外在形式或人为形式并不一定能完全真实地反映其实质内容。所以，会计信息反映的交易或事项，必须根据交易或事项的实质和经济现实进行会计核算，而不是根据它们的法律形式进行核算。

例如，以融资租赁的形式租入的固定资产，虽然从法律形式上来讲，承租企业并不拥有其所有权，但是由于租赁合同中规定的租赁期相当长，接近于该资产的使用寿命，租赁期结束时承租企业有优先购买的选择权，在租赁期内承租企业有权支配资产并从中受益。从经济实质上看，承租企业控制了该项资产的使用权及其受益权。所以，在会计核算上一般将融资租赁的固定资产视为企业的自有资产。

如果企业的会计核算仅仅按照交易或事项的法律形式或人为形式进行，而这些形式又没有反映其经济实质和经济现实，那么，其最终结果不仅不会有利于会计信息使用者的决策，而且会误导会计信息的使用者。

任务四　认知会计核算方法与会计法规体系

一、会计核算方法

会计核算主要通过确认、记录、计量和报告，提供有用的会计信息，这是整个会计工作的基础。为了完成会计核算的基本任务，必须采用一系列的会计核算方法。所谓会计核算方法，是指对经济活动进行连续、系统、全面的核算和监督所应用的方法，主要包括设置账户、复式记账、填制和审核会计凭证、登记账簿、成本计算、财产清查和编制财务会计报告等。

（一）设置账户

设置账户是对会计核算的具体内容进行分类核算和监督的一种专门方法。会计对象包含的具体内容纷繁复杂，通过设置账户对会计对象的具体内容进行科学的分类核算，才能全面、连续、系统地反映企业的经济活动，为经营管理提供所需要的信息和指标。

（二）复式记账

复式记账是指对发生的每一项经济业务，都要以相等的金额，同时在两个或两个以上相互联系的账户中进行登记的一种记账方法。采用复式记账方法，可以全面、系统地反映每项经济业务的来龙去脉及相互联系，掌握经济活动的全过程。同时，通过账户的平衡关系，可以检查有关经济业务的记录是否正确，以便于核对凭证填制和账簿登记的正确性及完整性。因此，复式记账是一种科学的记账方法。

（三）填制和审核会计凭证

填制和审核会计凭证是指为了审查经济业务是否合理合法，保证账簿记录正确、完整而采用的一种专门方法。会计凭证是记录经济业务、明确经济责任的书面证明，是登记账簿的重要依据。

在会计核算中，对于任何一项经济业务事项，都应根据实际发生和完成的情况填制或取得会计凭证，并经有关部门和人员审核无误后，才能作为记账的依据。通过填制和审核凭证，可以保证会计核算的质量，为经济管理提供真实可靠的会计信息。

（四）登记账簿

登记账簿简称记账，是根据审核无误的会计凭证，在有关账簿上全面、连续、系统、完整地记录经济业务事项的一种专门方法。登记账簿是会计核算的中心环节。通过账簿的登记，将会计凭证中分散记录的经济业务内容进一步分类汇总，使之系统化，能够更加适应经济管理的需要，同时也可为编制财务会计报告提供重要的依据。

（五）成本计算

成本计算是指对生产经营过程中发生的各种费用，按照一定对象和标准进行归集和分配，以计算和确定各成本计算对象的总成本和单位成本的一种专门方法。通过成本计算，可以掌握成本的构成情况，考核成本计划的完成情况，了解生产经营活动的成果，促使企业加强核算、节约支出、提高经济效益。

（六）财产清查

财产清查是指通过盘点实物、核对账目以查明各项财产物资的实有数，保证账实相符的一种专门方法。通过财产清查，可以提高会计核算资料的真实性、正确性。另外，通过财产清查，可以查明各项财产物资的保管和使用情况及各种结算款项的执行情况，以便对积压或损毁的物资和逾期未收到的款项，及时采取措施，进行清理和加强对财产物资管理，充分挖掘财产物资潜力，明确经济责任，进一步完善财产物资的内部控制制度。

（七）编制财务会计报告

编制财务会计报告是对日常分散的会计核算资料进行汇总，以书面报告的形式，定期总括地反映各单位经济活动情况及其结果的一种专门方法。《企业会计准则——基本准则》第四十四条规定："财务会计报告是指企业对外提供的反映企业某一特定日期的财务状况和某一会计期间的经营成果、现金流量等会计信息的文件。财务会计报告包括会计报表及其附注和其他应当在财务会计报告中披露的相关信息和资料。会计报表至少应当包括资产负债表、利润表、现金流量表等报表。"

财务会计报告所提供的一系列核算指标，不仅是考核和分析财务计划的重要依据，也是进行会计检查、会计预测和会计决策的重要依据。编制完成财务会计报告，就意味着这一期间会计核算工作的结束。

以上各种会计核算方法相互联系、密切配合，构成了一个完整的会计核算方法体系。在会计核算方法体系中，就其工作程序和工作过程来说，主要包括三个环节：填制和审核会计凭证（开始环节）、登记账簿（中间环节）、编制财务会计报告（终结环节）。在一个会计期间所发生的经济业务，都要通过这三个环节进行会计处理，将大量的经济业务转换为系统的会计信息。这个转换过程，就是从填制和审核会计凭证到登记账簿，直至编制财务会计报告周而复始的变化过程，也就是通常所谓的会计循环。

二、会计法规体系

会计法规是我国经济法规制度的一个重要组成部分，是国家和地方立法机关及中央、地方各级政府和行政部门制定颁发的有关会计方面的法律、法规、条例、规章、准则和制度等规范性文件的总称，是组织和从事会计工作必须遵守的规范。建立健全会计法规，对规范会计行为，保证会计信息真实、完整，加强经济管理和财务管理，提高经济效益，维护社会主义市场经济秩序等，具有非常重要的意义。目前，我国基本形成了以《会计法》为主体的比较完整的会计法规体系，主要包括会计法律、会计行政法规、会计部门规章和地方性会计法规。

（一）会计法律

会计法律是调整我国经济生活中会计关系的法律规范。目前我国有两部会计法律，分别是《会计法》和《注册会计师法》。

1.《会计法》

《会计法》由全国人民代表大会常务委员会制定，以国家主席令的形式发布，是会计法律制度中层次最高的法律规范，是制定其他会计法规的基本依据，是指导会计工作的最高准则，是我国会计工作的基本法规，即"母法"，是规范会计工作的"宪法"。

《会计法》经历了多次修订。最早的《会计法》是 1985 年 1 月 21 日由第六届全国人民代表大会常务委员会第九次会议通过，并于 1985 年 5 月 1 日起实施的；1993 年 12 月 29 日第八届全国人民代表大会常务委员会第五次会议对《会计法》进行了第一次修订；随着社会的发展和经济环境的变化，1999 年 10 月 31 日第九届全国人民代表大会常务委员会第十二次会议审议通过了《会计法》第二次修订草案，并于 2000 年 7 月 1 日起正式施行；根据 2017 年 11 月 4 日第十二届全国人民代表大会常务委员会第三十次会议《关于修改〈中华人民共和国会计法〉等十一部法律的决定》对现有的会计法进行了修正，于 2017 年 11

月 5 日起正式施行。

《会计法》全文共七章五十二条，分别为总则，会计核算，公司、企业会计核算的特别规定，会计监督，会计机构和会计人员，法律责任，附则。制定《会计法》的目的是规范会计行为，保证会计资料真实、完整，加强经济管理和财务管理，提高经济效益，维护社会主义市场经济秩序。

2.《注册会计师法》

《注册会计师法》是 1993 年 10 月 31 日由第八届全国人民代表大会常务委员会第四次会议通过，以国家主席令的形式发布，自 1994 年 1 月 1 日起实施的。2014 年 8 月 31 日，新修改的《注册会计师法》获得了第十二届全国人大常委会第十次会议表决通过并发布，并于发布日起实施。

（二）会计行政法规

会计行政法规是由国家最高行政机关——国务院制定发布或者由国务院有关部门拟定并经国务院批准发布，调整经济生活中某些方面会计关系的法律规范。其制定依据是《会计法》。在我国的会计法规体系中，属于会计行政法规的主要有 1990 年 12 月 31 日起实施的《总会计师条例》和 2001 年 1 月 1 日起实施的《企业财务会计报告条例》等。

《总会计师条例》共五章二十三条，主要规定了单位总会计师的职责、权限、任免、奖惩等。国务院于 2011 年 1 月 8 日对《总会计师条例》进行了修订，并发布于发布日起实施。《企业财务会计报告条例》共六章四十六条，主要规定了企业财务会计报告的构成、编制和对外提供的要求、法律责任等。

（三）会计部门规章

会计规章是由主管全国会计工作的行政部门——财政部及其他相关部委就会计工作中某些方面的内容所制定的规范性文件。会计规章的法律效力低于会计行政法规，其制定依据是《会计法》和会计行政法规。在我国的会计法规体系中，属于会计规章的主要有《企业会计准则》《小企业会计准则》《会计基础工作规范》《会计档案管理办法》等。

会计准则是会计人员从事会计工作的基本行为规范，是处理会计工作的指导方针。2006 年 2 月 15 日，财政部发布了《企业会计准则——基本准则》和《企业会计准则第 1 号——存货》等 38 个具体准则及应用指南，形成了与我国经济发展进程相适应的、与国际财务报告准则相趋同的会计准则体系，这是我国会计改革发展史上的一个里程碑，要求自 2007 年 1 月 1 日起在上市公司范围内施行，同时鼓励其他企业执行。

2014 年，我国共修订了五项会计准则，发布了三项新准则，内容包括财务报表列表、职工薪酬、合并财务报表、长期股权投资、在其他主体中权益的披露、公允价值计量、金融工具列报、合营安排。2017 年，财政部公布第 42 号具体会计准则，对持有待售的非流动资产、处置组和终止经营作出了规定。

现行企业会计准则体系框架具体包括三个层次。

1. 基本准则

我国的《企业会计准则——基本准则》分为十一章五十条，是进行会计核算工作必须共同遵循的基本规范和要求，对会计核算作出了原则性的规定，为具体会计准则的制定提供了基本框架，在整个准则体系中起统率作用。我国会计基本准则具体分为以下三个部分。

第一部分：主要包括会计目标、会计对象和会计基本假设。

第二部分：主要包括会计信息质量要求。

第三部分：主要包括会计要素的确认、计量和财务报告。

2. 具体准则

我国的《企业会计准则——具体会计准则》是根据基本准则的要求，就企业发生的经济业务的具体交易或事项的会计处理及其程序作出的具体规定，分为一般业务准则、特殊行业的特定业务准则和财务报告准则三大类。一般业务准则主要规范各类企业普遍适用的一般经济业务的确认和计量要求，如存货、固定资产、无形资产、所得税等；特殊行业的特定业务准则主要规范特殊行业的特定业务的确认和计量要求；财务报告准则主要规范各类企业通用的报告类要求，如财务列表列报、现金流量表、合并财务报表、中期财务报告等。

各个企业应根据基本会计准则和具体会计准则，以及本企业的实际情况，制定适合自己的会计制度。

3. 应用指南

2006 年 10 月 30 日，财政部发布了《企业会计准则——应用指南》，并于 2007 年 1 月 1 日起执行。应用指南是企业会计准则体系的重要组成部分，为企业执行会计准则提供操作性规范，内容包括对《企业会计准则第 1 号——存货》等具体准则的进一步阐释，以及对会计科目和主要账务处理作出的操作性规定。

上述基本准则、具体准则、应用指南三个方面，依次自上而下形成企业会计准则的三个层次，构成我国的企业会计准则体系，并具有法律法规效力，在全国范围内（港、澳、台地区除外）强制执行。

在我国企业会计准则体系中，基本准则属于财政部部门规章；具体准则、应用指南和解释属于财政部规范性文件。

（四）地方性会计法规

地方性会计法规是指由省、自治区、直辖市人民代表大会或常务委员会在同宪法、法律、行政法规不相抵触的前提下，根据本地区情况制定发布的关于会计核算、会计监督、会计机构和会计人员，以及会计工作管理的规范性文件，如《四川省会计管理条例》《湖南省实施〈中华人民共和国会计法〉的办法》。

项 目 小 结

会计的产生和发展：中国会计的历史源远流长，从"刻石记数"和"结绳记事"开始，唐宋时期出现了"四柱结算法"和"四柱清册"，明清时期中国民间商界产生了"龙门账"，之后又产生"四脚账"。13 世纪末在意大利的佛罗伦萨产生了借贷记账法，到 1914 年中国第一部会计条例颁布，同年 10 月改称《会计法》。

企业按照国民经济行业分类标准分为制造企业、商品流通企业、服务企业。

会计对象是会计行为的客体，是指会计核算和监督的内容，是企业、行政事业等单位在社会再生产过程中发生的能够用货币表现的经济活动，也就是资金运动。

制造企业的会计对象：资金投入、资金运用、资金退出。商品流通企业的会计对象：商品资金、货币资金。非营利组织的会计对象：资金投入、资金退出。

会计机构是一个单位办理会计事务的职能机构。会计岗位是指一个单位会计机构内部根据业务分工而设置的职能岗位。会计人员是直接从事会计工作的人员。建立健全会计机构，配备与工作要求相适应、具有一定素质和数量的会计人员，是做好会计工作，充分发挥会计职能作用的重要保证。

会计职能：会计核算和会计监督。

会计目标是指通过行使会计职能所要实现的目的或达到的最终结果。

会计定义：是经济管理的重要组成部分，是以货币作为主要计量单位，运用一系列专门方法，对企业、事业、行政等单位的经济活动进行连续、系统、全面、综合的核算和监督，提供会计信息，并在此基础上对经济活动进行预测、决策和分析以提高经济效益的一种经济管理活动。

会计核算的基本前提：会计主体、持续经营、会计分期和货币计量。

会计信息质量要求：可靠性、相关性、可理解性、可比性、及时性、重要性、谨慎性和实质重于形式等。

会计核算方法主要通过确认、记录、计量和报告，提供有用的会计信息，这是整个会计工作的基础。具体方法主要包括设置账户、复式记账、填制和审核会计凭证、登记账簿、成本计算、财产清查和编制财务会计报告等。

会计法规是我国经济法规制度的一个重要组成部分，是国家和地方立法机关，以及中央、地方各级政府和行政部门制定颁发的有关会计方面的法律、法规、条例、规章、准则和制度等规范性文件的总称，主要包括会计法律、会计行政法规、会计部门规章和地方性会计法规。

项 目 训 练

一、单选题

1. 会计的基本职能是（　　）。

   A. 控制与监督　　　B. 反映与核算　　　C. 核算与监督　　　D. 反映与分析

2. 会计的职能是（　　）。

   A. 一成不变的

   B. 随着生产关系的变更而变更

   C. 只有在社会主义制度下才能发展

   D. 随着社会的发展、技术的进步、经济关系的复杂化和管理理论的提高而不断变化

3．会计主体是指（　　　）。

    A．企业的投资者　　　　　　　　　　B．企业的债权人

    C．管理当局　　　　　　　　　　　　D．会计工作为其服务的特定单位

4．确定会计核算工作空间范围的前提条件是（　　　）。

    A．会计主体　　　B．持续经营　　　C．会计分期　　　D．货币计量

5．下列各项中，符合会计主体假设的是（　　　）。

    A．甲厂的会计资料既记录本厂的经济业务，又记录其原材料供应商（乙厂）的经济业务

    B．某厂的会计资料既记录本厂的经济业务，又记录其所有者（甲乙两人）的私人财务活动

    C．某厂的会计资料仅记录本厂的经济业务

    D．某厂的会计人员除办理本厂的经济业务外，还把税务专管员个人旅游费用列作本厂的开支

6．在会计核算中，（　　　）要求合理核算可能发生的费用和损失。

    A．谨慎性　　　　B．可比性　　　　C．一贯性　　　　D．客观性

7．企业会计核算必须以（　　　）为首要前提。

    A．会计主体　　　B．持续经营　　　C．会计分期　　　D．货币计量

8．下列各项中，（　　　）不属于会计核算的内容。

    A．赊购机器设备　　　　　　　　　　B．赊销货物

    C．制订下年度管理费用开支计划　　　D．结转完工产品成本

9．（　　　）是由全国人民代表大会常务委员会制定的，是我国会计工作的基本法律与母法。

    A．《会计法》　　　　　　　　　　　B．《宪法》

    C．《企业会计制度》　　　　　　　　D．《企业会计准则》

10．（　　　）不是会计人员的专业技术职务。

    A．高级会计师　　　B．会计师　　　C．助理会计师　　　D．会计主管

二、多选题

1．会计核算的基本前提包括（　　　）。

    A．会计主体　　　B．持续经营　　　C．会计分期　　　D．货币计量

2．下列各项中，（　　　）可作为会计主体。

    A．学校　　　　　B．集团公司　　　C．分公司　　　　D．个体工商户

3．企业的资金运动包括（　　　）。

    A．资金投入　　　B．资金运用　　　C．资金退出　　　D．资金增值

4．属于会计中期的会计期间有（　　　）。

    A．年度　　　　　B．半年度　　　　C．季度　　　　　D．月度

5．下列各项中，（　　　）是会计工作规范体系中会计核算方面的法律和法规。

    A．《会计法》　　　　　　　　　　　B．《企业会计准则》

    C．《会计基础工作规范》　　　　　　D．《注册会计师法》

三、判断题

1．"四柱清册""龙门账""四脚账"是我国会计发展史上的飞跃，也为复式记账奠定了基础。　　　　（　　）

2．各单位应根据会计业务的需要设置会计机构，配置专职会计人员。　　（　　）

3．企业按照国民经济行业分类标准分为制造企业、商品流通企业、服务企业。
　　　　　　　　　　　　　　　　　　　　　　　　　　　　　　　　（　　）

4．会计信息使用者包括投资者、债权人、政府有关部门及企业内部管理者等。
　　　　　　　　　　　　　　　　　　　　　　　　　　　　　　　　（　　）

5．一般来说，会计主体都可以作为法律主体，而法律主体则不一定成为会计主体。
　　　　　　　　　　　　　　　　　　　　　　　　　　　　　　　　（　　）

6．会计核算方法包括设置账户、记账、填制和审核会计凭证、登记账簿、成本计算、财产清查和编制财务会计报告等。　　　　　　　　　　　　　　　　（　　）

7．会计人员岗位只能一人一岗、一岗一人，不可以一人多岗、一岗多人。（　　）

8．持续经营是指在可以预见的未来，会计主体将会按当前的规模和状态继续经营下去，不会停业，也不会大规模地削减业务。　　　　　　　　　　　　（　　）

9．会计分期通常以年来计量，称为会计年度，即从公历元月 1 日起到 12 月 31 日止。
　　　　　　　　　　　　　　　　　　　　　　　　　　　　　　　　（　　）

10．出纳人员可以兼管会计档案。　　　　　　　　　　　　　　　　　（　　）

项目二

填制和审核原始凭证

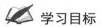 **学习目标**

项目二学习课件（任务一、二）

目标类型		目标要素
知识目标	基础知识	了解原始凭证的概念和基本分类
		了解原始凭证的构成要素
		掌握原始凭证的填制方法
		在掌握原始凭证作用的基础上，熟悉原始凭证的审核及保管内容
能力目标	基本技能	能正确书写会计数字
		能判断原始凭证的正确性
		会填制原始凭证
	拓展技能	能识别不同种类的原始凭证，并能判断经济业务的内容

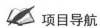 **项目导航**

潍坊新宇有限责任公司（以下简称潍坊新宇公司）外派的出差人员在饭店用餐后，向饭店索取的发票可作为报销的凭据。除此之外，出差人员报销时还提供了酒店住宿发票、交通车票等。这些单据在会计处理过程中起什么样的作用呢？单据内容不同，格式各异，种类繁多，如何将单据发票的一般数据转化为会计语言？

任务一　认知会计凭证

一、会计凭证的概念和作用

（一）会计凭证的概念

会计凭证是具有一定格式、用以记录经济业务发生和完成情况、明确经济责任，并作为登记账簿依据的一种具有法律效力的书面证明文件。为了保证会计记录能如实反映企业的经营状况，保证会计账户记录的真实性、准确性，记账必须严格以审核无误的会计凭证为依据。

（二）会计凭证的作用

填制和审核会计凭证是会计核算工作的起点，是会计核算的基本方法之一，是对企业经济业务活动进行核算和监督的基本环节，对于保证会计资料的真实性、合理性和合法性具有重要意义。

1. 记录经济业务，提供记账依据

任何单位，每发生一项经济业务，如现金的收付、商品的进出，以及往来款项的结算等，都必须通过填制会计凭证来如实记录经济业务的内容、数量和金额，审核无误后才能登记入账。如果没有合法的凭证作依据，任何经济业务都不能登记到账簿中去。因此，做好会计凭证的填制和审核工作，是保证会计账簿资料真实性、正确性的重要前提。

2. 明确经济责任，强化内部控制

会计凭证记录和反映了每项经济业务的具体内容，并由相关部门和有关人员盖章或签名，这就表明相关部门和有关人员须对该项经济业务的真实性、准确性、合法性负责。这样就能加强相关部门和有关人员的责任意识，促进单位内部分工协作，互相监督和牵制，以防止舞弊行为，强化内部控制。

3. 监督经济活动，控制经济运行

审核会计凭证，可以查明每一项经济业务是否符合国家法规、制度的规定，是否符合单位的计划和预算，有无铺张浪费和违纪违法行为等，从而发挥会计的监督作用，实现对经济活动的事中控制，改善经营管理，保护单位资产的安全完整，维护投资者、债权人和有关各方的合法权益。

二、会计凭证的种类

按照填制的程序和用途不同，会计凭证可以分为原始凭证和记账凭证两大类。

原始凭证和记账凭证虽然存在着密切的联系，但在完成会计任务中，又有着明确的分工，各自担负着不同的使命。同时，由于两者在格式、内容、作用、填制和审核等方面都存在着各自的特点，有必要对两者进行详细的阐述（本项目只介绍原始凭证，记账凭证相关内容见项目三）。

任务二　认知原始凭证

一、原始凭证的概念

原始凭证又称单据，是在经济业务发生或完成时，由经济业务的当事者取得或填制的，载明经济业务具体情况和发生及完成情况，明确经济责任并具有法律效力的一种书面证明。它是进行会计核算的重要原始资料，是记账的原始依据，是会计资料中最具有法律效力的一种书面证明文件，如购货发票、收据、银行结算凭证、收料单、发料单等。

凡是不能证明经济业务已经发生或完成的凭证、文件，如融资协议、购销合同、费用预算、派工单等，都不属于原始凭证，不能作为记账的原始依据。

二、原始凭证的分类

（一）按来源分类

原始凭证按其来源可以分为自制原始凭证和外来原始凭证。

1）自制原始凭证，是指由本单位内部具体经办业务的部门和人员在执行或完成某项经济业务时，根据经济业务的内容自行填制的、仅供本单位内部使用的原始凭证，如收料单、领料单、借款单（图2-1）、销货发票、现金收据、产品入库单、产品出库单（图2-2）、工资薪酬结算表、差旅费报销单等。

潍坊新宇有限责任公司　借款单

2019 年 9 月 5 日

单位：元

借款单位	供销科	借款人	夏建仁	出差地点	南京市
借款事由	参加产品展销会	**现金付讫**			
借款金额	人民币（大写）叁仟伍佰元整				￥3 500.00
付款方式	现金		还款或报销日期		
部门负责人 批　　示	同意。 刘彩构 2019 年 9 月 5 日		财务负责人 审核意见	同意。 钱发财 2019 年 9 月 5 日	

出纳员签章：甄仔细　　　　　　　　　　　　　　　　　借款人签章：夏建仁

图 2-1　自制原始凭证（借款单）

潍坊新宇有限责任公司　产品出库单

仓库：成品库

购货单位：宏盛机械公司　　　　　　2019 年 9 月 13 日　　　　　　单位：元

产品编号	规格	产品名称	计量单位	数量		单位成本	金额	备注
				应发	实发			
（略）	（略）	合金圆钢	吨	30	30			对外销售
		合金钢管	吨	20	20			

供销主管：朱轶群　　　保管员：刘珍香　　　记账：高标准　　　　　　制单：严尧秋

图 2-2　自制原始凭证（产品出库单）

2）外来原始凭证，是指在经济业务活动发生或完成时，从其他单位或个人处直接取得的原始凭证，如企业购买原材料时从供货单位取得的增值税专用发票和普通发票，销售商品时收到的购货方支付货款的银行结算凭证，职员出差报销时从铁路运输部门取得的火车票等。增值税专用发票的格式如图2-3所示。

（二）按填制方法和手续分类

原始凭证按其填制方法和手续可以分为一次原始凭证、累计原始凭证和汇总原始凭证，如图2-4所示。

1）一次原始凭证，是指一次填制完成、只记录一笔经济业务的原始凭证。一次原始凭证是一次有效的凭证，其填制手续一次完成，已填制的凭证不能再重复填制使用。所有的外来原始凭证和大部分的自制原始凭证属于一次原始凭证，如领料单、现金收据、发货票、借款单、银行结算凭证等。

图 2-3　增值税专用发票的格式

图 2-4　原始凭证的分类

2）累计原始凭证，是指在一定时期内连续记录若干同类经济业务的原始凭证。累计凭证是多次有效的原始凭证，其填制手续是随着经济业务的发生而分次（多次）完成的，如限额领料单、费用限额卡等。限额领料单的具体格式如图 2-5 所示。

限额领料单

领用部门：生产车间　　　　　　　　　　　　　　　　　　　　　　　发料仓库：第二仓库
用　途：A 产品生产　　　　　　　　　　　2019 年 9 月　　　　　　编　号：01

材料类别	材料编号	材料名称及规格	计量单位	领用限额	实际领用	单价	金额	备注
略	略	1#螺栓	套	6 240	6 230	15	93 450	

| 日期 | 领用 | | | | | 限额结余 | 退料 | | |
	请领数量	实发数量	领料单位负责人	发料人	领料人		退料数量	退料人	收料人
5	1 250		莫愁	任真	蔡购	4 990			
10	1 250		莫愁	任真	蔡购	3 740			
15	1 240		莫愁	任真	蔡购	2 500			
20	1 260		莫愁	任真	蔡购	1 240			
25	1 230		莫愁	任真	蔡购	10			
30			莫愁				10	蔡购	任真
合计									

供应部门负责人：纪划　　　　　　生产计划部门负责人：盛产　　　　　　仓库负责人：管仓

图 2-5　限额领料单的具体格式

3）汇总原始凭证，又称原始凭证汇总表，是指在会计核算工作中，为简化记账凭证的编制工作，将一定时期内若干份记录同类经济业务的原始凭证加以汇总，用以集中反映某项经济业务总括发生情况的原始凭证，如原材料领用汇总表、工资结算汇总表、差旅费报销单等。编制汇总原始凭证可以简化编制凭证的手续，但它本身不具备法律效力。汇总原始凭证只能将同类经济业务汇总填列在一张汇总凭证中。原材料领用汇总表的具体格式如图 2-6 所示。

原材料领用汇总表

2019 年 1 月 8 日

原始凭证编号自 0015 至 0018 共 4 张

用途	甲材料			乙材料			合计
	数量	单价	金额	数量	单价	金额	
生产成本							
A 产品耗用	150	100.00	15 000.00	140	60.00	8 400.00	23 400.00
B 产品耗用	100	100.00	10 000.00	120	60.00	7 200.00	17 200.00
制造费用							
车间一般耗用				40	60.00	2 400.00	2 400.00
管理费用							
厂部一般耗用				20	60.00	1 200.00	1 200.00
在建工程							
合计	250	100.00	25 000.00	3 200	60.00	19 200.00	44 200.00

记账：李雷生　　　　　　复核：冯海霞　　　　　　制单：李二香

图 2-6　原材料领用汇总表的具体格式

任务三　填制原始凭证

一、原始凭证的基本内容

原始凭证是会计核算的基础和起点，是记账的原始依据。由于经济业务的多样性，原始凭证种类繁多，但是，无论哪一种原始凭证，都要说明每一项经济业务的具体发生和完成情况，都要明确经办单位、人员及其他相关单位的经济责任。因此，任何一张原始凭证都必须同时具备一些相同的内容，这些内容被称为原始凭证的基本内容或基本要素。原始凭证的基本内容主要包括以下几个方面。

项目二学习课件
（任务三、四）

1）原始凭证的名称。

2）填制凭证的日期和编号。

3）填制凭证单位的名称或填制人姓名。

4）接受凭证的单位名称。

5）经济业务的基本内容，包括经济业务的内容摘要、数量、单价和金额等。

6）经办人员的签章。

为了满足其他管理的需要，在有些原始凭证上还要列入一些补充内容，如在原始凭证上注明与该笔经济业务有关的生产计划任务、预算项目及经济合同号码等，以便更加完整地反映经济业务。

二、原始凭证的填制要求

为了保证原始凭证能够正确、及时、清晰地反映企业经济业务活动的真实情况，提高会计工作质量，原始凭证的填制应遵循以下要求。

（一）填制原始凭证不但要真实，而且要及时

填制原始凭证时，对经济业务发生或完成情况应如实地进行记录，不得弄虚作假。原始凭证上所记载的内容必须与实际发生的经济业务内容相一致，实事求是、严肃认真地进行填写。为了保证原始凭证的记录真实可靠，经办业务的部门或人员都要在原始凭证上签字或盖章，对凭证的真实性和正确性负责。经济业务发生后，单位应及时填制原始凭证，并按规定的程序传递、审核，不得任意拖延或隔时补填。

（二）填制原始凭证的内容要完整、手续要完备、附件要齐全

在填写原始凭证时，对于其基本内容和补充资料都要按照规定的格式、内容逐项填写齐全，不得漏填或省略不填。特别是有关签字盖章部分，都必须有填制单位公章或个人签字盖章。项目填列不全的原始凭证，不能作为经济业务的合法证明，也不能作为编制记账凭证的依据和附件。

（三）填制原始凭证要明确经济责任，签名、盖章要齐全

单位自制的原始凭证必须有经办单位领导人或者其他指定的人员签名盖章。从外单位取得的原始凭证，必须盖有填制单位的公章；从个人取得的原始凭证，必须有填制人员的签名或盖章；对外开出的原始凭证，必须加盖本单位的公章；购买实物的原始凭证，必须有验收证明；支付款项的原始凭证，必须有收款单位和收款人的收款证明。所有经办人员和有关部门的负责人要在凭证上签名或盖章，对旁证的真实性和正确性负责。

（四）文字、数字填写要规范

在填写原始凭证时，应认真书写原始凭证上的数字和文字，字迹要工整、清晰，易于辨认，不得使用未经国务院公布的简化字。

1. 阿拉伯数字的填写要求

阿拉伯数字应一个一个地写，不能连笔书写，易于混淆的数字（如 1 与 7、3 与 5、5 与 8、0 与 6 等）要特别注意，如图 2-7 所示。

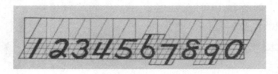

图 2-7　阿拉伯数字的书写

1）数字大小以占横格高度的 1/2 或 2/3 为宜，且应有一定的斜度（与底平线呈 60°）。

2）以"元"为单位的阿拉伯数字应填写到角、分，无角、分的，角位和分位可写"00"或符号"—"；有角无分的，分位应写"0"，不写符号"—"。

2．货币符号的书写要求

阿拉伯数字前应加写人民币符号"¥"，符号与阿拉伯数字之间不能留空白。凡阿拉伯数字前写有货币符号的，数字后面不再写货币单位。

3．汉字大写数字的书写要求

1）金额大写汉字一律用正楷字或行书写，如壹、贰、叁、肆、伍、陆、柒、捌、玖、拾、佰、仟、万、亿、元（圆）、角、分、零、整等。

2）大写金额数字到元或角为止的，在"元"或"角"字后写"整"或"正"；大写金额数字有"分"的，"分"字后不写"整"或"正"。

3）填写大写金额时，未印好货币名称的应加填货币名称，且与金额数字之间不能留空白。

4．"0"的书写

1）阿拉伯金额数字中间有"0"时，汉字大写金额要写"零"字。如 ¥2 409.80，汉字大写金额应写成人民币贰仟肆佰零玖元捌角整。

2）阿拉伯金额数字中间连续有几个"0"时，汉字大写金额中可以只写一个"零"字。如 ¥3 005.14，汉字大写金额应写成人民币叁仟零伍元壹角肆分。

3）阿拉伯金额数字万位或元位是"0"，或者数字中间连续有几个"0"，元位也是"0"，但千位、角位不是"0"时，汉字大写金额中可以只写一个"零"字，也可以不写"零"字。如 ¥1 580.32，应写成人民币壹仟伍佰捌拾元零叁角贰分，或者写成人民币壹仟伍佰捌拾元叁角贰分；又如 ¥107 000.53，应写成人民币壹拾万柒仟元零伍角叁分，或者写成人民币壹拾万零柒仟元伍角叁分。

4）阿拉伯金额数字角位是"0"，而分位不是"0"时，汉字大写金额"元"后面应写"零"字。如 ¥16 409.02，应写成人民币壹万陆仟肆佰零玖元零贰分。

5．票据日期的书写

1）票据日期书写必须规范，票据的出票日期必须使用中文大写。

2）在填写月、日时，月为壹、贰和壹拾的，以及日为壹至玖及壹拾、贰拾和叁拾的，应在其前加"零"。如 2 月 23 日，应写成零贰月贰拾叁日；10 月 10 日，应写成零壹拾月零壹拾日。

3）日为拾壹至拾玖的，应在其前面加"壹"。如 2 月 13 日，应写成零贰月壹拾叁日；11 月 11 日，应写成壹拾壹月壹拾壹日。

4）票据出票日期使用小写的，银行不予受理。大写日期未按要求规范填写的，银行可予受理；但由此造成损失的，由出票人自行承担。

6. 错误修改的要求

在填写原始凭证的过程中，如果发生错误，应采用正确的方法予以更正，不得随意涂改、刮擦凭证。如果原始凭证上的金额发生错误，则不得在原始凭证上更改，而应由出具单位重开。对于支票等重要的原始凭证如果填写错误，一律不得在凭证上更正，应按规定的手续注销留存，另行重新填写。

（五）各种原始凭证要连续编号

原始凭证必须连续编号，以便事后查考。如果凭证上已预先印制编号，应按编号连续使用，在写错作废时，应加盖"作废"戳记，与存根一起保存，不得任意撕毁。

三、原始凭证的填制方法

（一）支票的填写

支票分两部分：第一部分是支票存根，是企业银行存款减少的证明——原始凭证（企业留存）；第二部分是支票，是企业授权企业的开户银行支付其存款的证明（银行留存）。

1）支票的出票日期填写必须使用中文大写。

2）支票上的收款人应写单位全称或个人的姓名，不得简写。

3）签发人签章处应盖上签发人在银行预留的印鉴（本单位授权的财务专用章和法人代表的私章）。

4）人民币（大写）和金额之间不留空格。

5）人民币小写前加"¥"，与金额之间不留空格。

6）用途一般填写"备用金""工资""货款"等。

【例2-1】2019年12月8日，潍坊新宇公司采购员李强参加上海机械产品展销会借差旅费6 100元，出纳员管倩开出现金支票（图2-8）一张给李强，付款行名称为中国工商银行文化路办事处（账号为625736899）。供应科科长艾彩购，财务经理张全明，法人代表李国英。

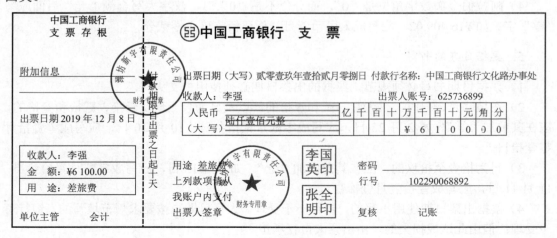

图2-8　现金支票

（二）借据的填写

【**例 2-2**】2019 年 12 月 8 日，潍坊新宇公司采购员李强参加上海机械产品展销会借差旅费 6 100 元，出纳员管倩开出一张借款单给李强，如图 2-9 所示。

借 款 单

2019 年 12 月 8 日

借款单位：供销科		
借款理由：参加上海机械产品展销会	**现金付讫**	
借款金额：人民币（大写）陆仟壹佰元整		¥6 100.00
本单位负责人意见：同意。 李国英	借款人签字：李强	
会计主管审批：同意。 张全明	付款方式：现金	出纳：管倩

图 2-9　借款单

（三）收料单的填写

收料单也称材料入库单，是证明材料已验收入库的一种原始凭证，属于自制一次原始凭证。当企业购进材料验收入库时，由仓库保管员根据购入材料的实际验收情况，按实收材料的数量填制材料单。收料单一式三联，一联留仓库，据以登记材料物资明细账和材料卡片；一联随发票账单到会计部门报账；一联交采购部门存查。

【**例 2-3**】2019 年 12 月 15 日，潍坊新宇公司从淄博利达公司购买甲材料 1 100 千克（单价 20 元，已入库），填制的收料单如图 2-10 所示。

潍坊新宇有限责任公司收料单

供货单位：淄博利达公司　　　　　　　　　　　　　　　　　　　凭证编号：

发票编号：0096377　　　　　　2019 年 12 月 15 日　　　　　　收料仓库：一仓库

类别	编号	名称	规格	单位	数量		实际成本			
					应收	实收	单价	金额	运费	合计
		甲材料		千克	1 100	1 100	20	22 000		22 000

主管：　　　　　　记账：　　　　　　仓库保管：张悦　　　　　　经办人：李大力

图 2-10　收料单

（四）发票的填写

企业销售商品（提供劳务）时，一般由销售方（提供劳务方）向购买方（接受劳务方）出具发票，记载交易的内容。发票分为增值税专用发票和普通发票两种。

1. 增值税专用发票

增值税专用发票是增值税一般纳税人（以下简称一般纳税人）销售货物或者提供应税劳务（加工、修理修配劳务）开具的发票。销售方或者提供劳务方开具的专业发票是购买方支付增值税税额并可按照增值税有关规定据以抵扣增值税进项税额的凭证。

增值税专用发票由基本联次或者基本联次附加其他联次构成。基本联次分为三联：发票联、抵扣联和记账联。销售方开具了专用发票后，发票联、抵扣联交给购买方。购买方可以将发票联作为购买货物和增值税进项税额的原始凭证，将抵扣联报送主管税务机关认证和留存备查；记账联由销货方自留，作为核算销售收入和增值税销项税额的原始凭证。其他联次用途，由一般纳税人自行确定。

一般纳税人应通过增值税防伪税控系统使用专用发票。

【例 2-4】2019 年 12 月 16 日，永光化工厂向潍坊新宇公司购买机床 3 台，每台价格 20 000 元，增值税税率为 13%，潍坊新宇公司办理了委托收款手续。相关发票如图 2-11 所示。

图 2-11　增值税专用发票

2. 普通发票

普通发票是小规模纳税人销售货物时开具的发票。一般纳税人在特定情形下销售货物时也可能开具普通货物销售发票。

普通货物销售发票基本联次为三联：存根联、发票联和记账联。销售方开具了普通发票后，存根联备查；发票联交给购买方，可以作为购买货物的原始凭证；记账联由销货方自留，作为核算销售收入和增值税销项税额的原始凭证。

普通发票应当按照规定的时限、顺序，逐栏、全部联次一次性如实开具，并加盖单位财务印章或者发票专用章。

开具普通发票时应注意以下几点。

1）填写日期时，必须按业务发生先后顺序填写。

2）必须如实填开付款单位全称，不得以简称或其他文字、符号等代替。

3）"单价""金额"栏填写含税单价、金额，并在"金额"栏合计数（小写）前用"¥"符号封顶。

4）填写时不得涂改。如填写有误，应另行开具，并在误填的发票上注明"误填作废"

四字。填错的发票，全部联次应当完整保存。

（五）差旅费报销单的填写

【例2-5】2019年12月18日，员工李强报销差旅费6 820元，原预借款6 100元，用现金给员工补款720元。差旅费报销单如图2-12所示。

差旅费报销单

报销日期：2019年12月18日

姓名		李强		出差事由		参加上海机械产品展销会						
起程日期和地点			到达日期和地点			交通工具	车船费	出差补助		住宿费	其他费用		金额合计	单据24张
月	日	地点	月	日	地点			天	金额		摘要	金额		
12	14	本市	12	14	上海	飞机	800.00	10	2 000.00	2 500.00	交通费	320.00	5 620.00	
12	24	上海	12	24	本市	飞机	900.00				会务费	300.00	1 200.00	
						现金付讫								
							1 700.00		2 000.00	2 500.00		620.00	6 820.00	
合计														
预借金额		6 100.00	报销金额		6 820.00		应退金额			应补金额		720.00		

负责人批示：艾彩购　　　审核人签章：王国华　　　出差人签章：李强

图2-12　差旅费报销单

任务四　审核原始凭证

一、原始凭证的审核

原始凭证填制后，要及时送交会计部门，由会计主管或指定的人员进行审查和核对。审核原始凭证不但是保证会计资料真实可靠的重要措施，而且是发挥会计监督作用的重要手段，必须严肃认真地进行。原始凭证审核的要点主要有以下几个。

1）真实性。真实性是指审核原始凭证是否如实反映了经济业务的本来面貌，是否具备成为本单位合法原始凭证的条件。

2）合法性。合法性是指审核原始凭证是否有假票据，是否有不允许报销的内容。

3）合理性。合理性是指审核原始凭证是否符合企业生产经营活动的需要，是否符合有关的计划和预算。

4）完整性。完整性是指审核原始凭证的应填项目是否填写完整，经办人员签章是否齐全，手续是否全部办妥；有关数量、单价、金额的填写是否清楚，计算是否正确，小计合计的加总及数字的大小写是否一致。

二、错误原始凭证的处理原则

1）对不真实、不合法、不合理的原始凭证，有权不予受理，应拒绝付款、拒绝报销或拒绝执行，并向单位负责人报告，请求查明原因，追究有关当事人的责任。

2）对于填写不齐全、手续不完备、书写不清楚、计算不正确的原始凭证予以退回，应责成经办人员补填齐全，补办手续，更正错误或更换原始凭证。

项 目 小 结

会计凭证是记录经济业务、明确经济责任并具有法律效力的书面证明，也是据以登记账簿的依据。会计凭证按照填制的程序和用途可分为原始凭证和记账凭证。

原始凭证是用以记录、证明经济业务已经发生或完成的文字凭据。

原始凭证的填制要求：真实、及时；内容完整、手续完备、附件齐全；责任明确，签名、盖章齐全；文字、数字填写规范；各种原始凭证连续编号。

常见原始凭证的填制要规范。

原始凭证审核的要点：真实性、合法性、合理性、完整性。

项 目 训 练

一、单选题

1. 一次原始凭证和累计原始凭证的主要区别是（　　）。
   A. 一次原始凭证比较简单，累计原始凭证比较复杂
   B. 累计原始凭证是自制原始凭证，一次原始凭证是外来原始凭证
   C. 累计原始凭证填制的手续是多次完成的，一次原始凭证填制的手续是一次完成的
   D. 累计原始凭证是汇总凭证，一次原始凭证是单式凭证

2. 下列各项中，属于外来原始凭证的是（　　）。
   A. 入库单　　　　　　　　　　　B. 出库单
   C. 发料凭证汇总表　　　　　　　D. 银行收款通知单

3. 下列各项中，不能作为会计核算原始凭证的是（　　）。
   A. 发票　　　　B. 材料入库单　　　C. 购销合同　　　D. 银行支票

4. 会计人员对于不真实、不合法的原始凭证，应当（　　）。
   A. 不予受理　　　　　　　　　　B. 给予受理，但应向单位领导口头报告
   C. 视具体情况而定　　　　　　　D. 给予受理，但应向单位领导书面报告

5. 对取得的有关原始凭证进行审核，体现了会计的（　　）。
   A. 分析职能　　　　B. 预测职能　　　C. 监督职能　　　D. 核算职能

二、多选题

1. 下列各项中，属于原始凭证必须具备的基本内容的有（　　）。
   A. 经济业务详细内容　　　　　　B. 凭证日期、编号
   C. 接受单位的名称　　　　　　　D. 应借应贷的会计科目及金额

2. 在商品销售的业务中，企业编制记账凭证所依据的原始凭证可以有（　　）。
   A. 银行的托收凭证受理回单　　　B. 支付运费的转账支票的存根
   C. 库存商品的出库单　　　　　　D. 增值税专用发票的发票联

3. 采购员报销 950 元差旅费，出纳员又补付给采购员现金 150 元，从而结清其暂借款。该会计交易或事项应填制或取得的原始凭证有（　　　）。

  A. 员工提供的车船票   B. 采购原料的入库单

  C. 差旅费报销单   D. 员工提供的住宿发票

4. 下列原始凭证中，属于自制原始凭证的有（　　　）。

  A. 材料的出入库单   B. 工资计算单

  C. 差旅费报销单   D. 产品成本计算单

5. 下列审核无误的凭证中，可以据以编制记账凭证的原始凭证有（　　　）。

  A. 供应单位开来的发票   B. 经签字生效的购销合同

  C. 对购货单位开出的发票   D. 经领导批准的材料请购单

三、判断题

1. 原始凭证不一定都由会计人员填制。   （　　　）

2. 原始凭证在特定情况下，经批准可以涂改。   （　　　）

3. 原始凭证是具有法律效力的证明文件。   （　　　）

4. 一张累计原始凭证可连续记录所发生的各项会计交易或事项。   （　　　）

5. 填制和审核会计凭证是会计核算和监督单位经济活动的起点和基础。（　　　）

四、技能题

单位：九江市新华机械公司；开户行：中国工商银行九江支行；账号：2600650078 0089；地址及电话：九江市友谊路 68 号，0792-97865321。

1）2019 年 12 月 1 日，财务科出纳员李玲开出现金支票一张 12 000 元，从银行提取现金，以备零用。

要求：填写现金支票，如图 2-13 所示。

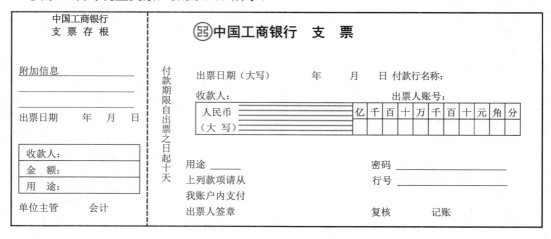

图 2-13 空白现金支票

2）12 月 3 日，供销科杨明因采购材料去南京，经供销科长刘璐批准同意借款 6 000 元。

要求：填制借款单并以现金付讫，如图 2-14 所示。

借 款 单

年 月 日

借款单位：			
借款理由：	现金付讫		￥
借款金额：人民币（大写）			
本单位负责人意见：		借款人签字：	
会计主管审批：	付款方式：		出纳：

图 2-14 空白借款单

3）12 月 10 日，收到从光明公司购买的原材料乙材料 500 千克，单价为 10 元，增值税税率为 13%，运费为 500 元，已办理验收入库手续。

要求：填制收料单，如图 2-15 所示。

收 料 单

供货单位：   凭证编号：

发票编号：   年   月   日   收料仓库：

类别	编号	名称	规格	单位	数量		实际成本			
					应收	实收	单价	金额	运费	合计

主管：   记账：   仓库保管：张悦   经办人：李大力

图 2-15 空白收料单

项目三

填制和审核记账凭证

📖 **学习目标**

目标类型		目标要素
知识目标	基础知识	掌握会计要素的概念、分类，会计等式，会计等式的平衡性
		掌握会计科目的概念，账户的概念、结构，复式记账的概念、种类，借贷记账法的概念，记账规则，会计分录
		掌握记账凭证的概念、种类，记账凭证的填制方法
能力目标	基本技能	能理解会计恒等式不受会计事项变化的影响
		会编制会计分录
		会编制各种记账凭证
	拓展技能	能根据企业的实际情况填制记账凭证

📖 **项目导航**

潍坊新宇公司采购员李强要参加上海机械产品展销会，经领导批准后，填写借款单，来财务科借差旅费 6 100 元。出纳以现金支付，如图 3-1 所示。会计人员如何根据这张原始凭证（即借款单）对这项业务进行账务处理呢？记账凭证应该如何填制、审核和保管呢？

借 款 单

2019 年 12 月 8 日

借款单位：供销科			
借款理由：参加上海机械产品展销会		现金付讫	
借款金额： 人民币（大写）陆仟壹佰元整			¥6 100.00
本单位负责人意见：同意。 李国英		借款人签字：李强	
会计主管审批：同意。 张全明	付款方式：现金		出纳：管倩

图 3-1　借款单

任务一　认知记账凭证

一、记账凭证的概念

记账凭证又称记账凭单，是会计人员根据审核无误的原始凭证按照经济业务的内容加以归类，并据以确定会计分录后所填制的会计凭证，它是登记会计账簿的直接依据。

项目三学习课件
（任务一）

二、记账凭证的种类

（一）按用途分类

记账凭证按其用途，可分为专用记账凭证和通用记账凭证。

1. 专用记账凭证

专用记账凭证是指分类反映经济业务的记账凭证，按其反映经济业务内容的不同，又可以分为收款凭证、付款凭证和转账凭证。

（1）收款凭证

收款凭证是用于记录库存现金和银行存款收款业务的记账凭证。收款凭证根据有关库存现金和银行存款收款业务的原始凭证填制，是登记现金日记账、银行存款日记账及有关明细账和总分类账的依据，也是出纳人员收讫款项的依据。收款凭证可以分为库存现金收款凭证和银行存款收款凭证。其格式如图 3-2 所示。

收 款 凭 证

借方科目：　　　　　　　　　　　　　年　　月　　日　　　　　　　　收字第　　号

摘要	贷方总账科目	明细科目	金额										√	
			千	百	十	万	千	百	十	元	角	分		附单据
合计														张

会计主管　　　　　　记账　　　　　　出纳　　　　　　制单　　　　　　审核

图 3-2　收款凭证

（2）付款凭证

付款凭证是用于记录库存现金和银行存款付款业务的记账凭证。付款凭证根据有关库存现金和银行存款付款业务的原始凭证填制，是登记现金日记账、银行存款日记账及有关明细账和总分类账的依据，也是出纳人员支付款项的依据。其格式如图 3-3 所示。

（3）转账凭证

转账凭证是用于记录不涉及库存现金和银行存款业务的记账凭证。转账凭证根据有关转账业务的原始凭证填制，是登记有关明细账和总分类账的依据。其格式如图 3-4 所示。

将专用记账凭证划分为收款凭证、付款凭证和转账凭证，既便于按经济业务对会计人员的工作进行分工，又便于提供分类核算依据，为记账工作提供方便，但工作量较大。专用记账凭证主要适用于规模较大、收付业务较多的单位。

付 款 凭 证

贷方科目：　　　　　　　　　　　　　年　　月　　日　　　　　　　　　　　付字第　　号

摘要	借方总账科目	明细科目	金额										√	
			千	百	十	万	千	百	十	元	角	分		附单据张
合计														

会计主管　　　　　记账　　　　　　出纳　　　　　　制单　　　　　审核

图 3-3　付款凭证

转 账 凭 证

　　　　　　　　　　　　　　　　　年　　月　　日　　　　　　　　　　转字第　　号

摘要	总账科目	明细科目	借方金额										√	贷方金额										
			千	百	十	万	千	百	十	元	角	分		千	百	十	万	千	百	十	元	角	分	附单据张
合计																								

会计主管　　　　　记账　　　　　　制单　　　　　审核

图 3-4　转账凭证

2．通用记账凭证

通用记账凭证是指用来反映所有经济业务的记账凭证，为各类经济业务所共同使用，因此也称标准凭证。其格式与转账凭证的格式基本相同，如图 3-5 所示。

对于经济业务较简单、规模较小、收付业务较少的单位，可采用通用记账凭证来记录所有经济业务，这时记账凭证不再区分收款、付款及转账业务，而将所有的经济业务统一编号，在同一格式的凭证中进行记录。

（二）按填列方式分类

记账凭证按其填列方式，可分为单式记账凭证和复式记账凭证。

记 账 凭 证

摘要	总账科目	明细科目	借方金额										√	贷方金额										附单据张
			千	百	十	万	千	百	十	元	角	分		千	百	十	万	千	百	十	元	角	分	
	合计																							

会计主管　　　　　记账　　　　　出纳　　　　　制单　　　　　审核

图 3-5　记账凭证

1．单式记账凭证

单式记账凭证又称单项记账凭证，是指在一张记账凭证上只填列每笔会计分录中一方科目的记账凭证，其对应科目只作参考，不据以记账。只填列借方科目的记账凭证称为借项记账凭证；只填列贷方科目的记账凭证称为贷项记账凭证。这样，每笔会计分录至少要填制两张单式记账凭证，并用编号将其联系起来，以便查对。由于一张凭证只填列一个会计科目，使用单式记账凭证虽便于汇总每个会计科目的发生额和进行分工记账，但填制工作量大，在一张凭证上反映不出经济业务的全貌，不便于查账。

2．复式记账凭证

复式记账凭证是指把一项经济业务完整地填列在一张记账凭证上，即该项经济业务所涉及的所有会计科目在一张记账凭证中集中反映的记账凭证。专用记账凭证和通用记账凭证均属于复式记账凭证。

三、记账凭证的基本要素

记账凭证是登记账簿的依据，为了保证账簿记录的正确性，记账凭证必须具备以下基本要素，如图 3-6 所示。

1）填制凭证的日期。

2）凭证编号。

3）经济业务摘要，应能清晰地揭示经济业务的内容，同时应简明扼要。

4）会计科目，即经济业务事项所涉及的会计科目。

5）金额。

6）所附原始凭证的张数。

7）填制凭证人员、稽核人员、记账人员、会计机构负责人、会计主管人员签名或者盖章。收款和付款记账凭证还应当由出纳人员签名或者盖章。

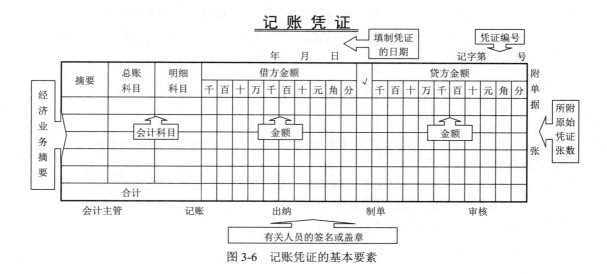

图 3-6 记账凭证的基本要素

任务二 开设会计科目和账户

一、会计要素

企业活动中能够用货币计量的内容统称为会计交易或事项。对会计交易或事项按其经济特征进行归类并予以抽象概括的会计专业术语即会计要素。也就是说，会计要素是会计对象的具体化。

项目三学习课件
（任务二）

我国财政部颁布的《企业会计准则——基本准则》明确指出，企业应当按照交易或者事项的经济特征确定会计要素。会计要素包括资产、负债、所有者权益、收入、费用和利润，统称为"六大会计要素"。

（一）资产

1. 资产的概念及特征

资产是指企业过去的交易或者事项形成的、由企业拥有或者控制的、预期会给企业带来经济利益的资源。

根据资产的概念，资产具有以下特征。

1）资产由过去的交易或事项形成。

2）资产由企业拥有或者控制。这是指企业享有某项资源的所有权，或者虽然不享有某项资源的所有权，但该资源能被企业控制。会计意义上的控制概念类似于但不完全等同于所有权的法律概念。

3）资产是一种预期会给企业带来经济利益的资源。

2. 资产的构成

按照资产的流动性（变现能力），资产可分为流动资产和非流动资产。

1）流动资产是指预计在一个正常营业周期内或一个会计年度内变现、出售或耗用的资产，主要包括库存现金、银行存款、交易性金融资产、应收及预付款和存货等。

2）非流动资产是指流动资产以外的资产，主要包括长期股权投资、固定资产、无形资产和长期待摊费用等。

（二）负债

1. 负债的概念及特征

负债是指企业过去的交易或者事项形成的、预期会导致经济利益流出企业的现时义务。根据负债的概念，负债具有以下特征。

1）负债是企业承担的现时义务（包括法定义务和推定义务两大类）。

2）负债预期会导致经济利益流出企业。

3）负债是由过去的交易或事项形成的。

2. 负债要素的构成

企业的负债按其流动性（偿还期限的长短）可分为流动负债和非流动负债两大类。

1）流动负债是指企业将在一年内（含一年）或者超过一年的一个营业周期内清偿的负债，主要包括短期借款、应付账款、应付票据、预收账款、应付职工薪酬、应交税费、应付利息、其他应付款等。

2）非流动负债是指偿还期在一年或者超过一年的一个营业周期以上的负债，主要包括长期借款、应付债券、长期应付款等。

（三）所有者权益

1. 所有者权益的概念及特征

所有者权益是指企业资产扣除负债后由所有者享有的剩余权益。

根据所有者权益的概念，所有者权益具有以下特征。

1）所有者权益是所有者对企业资产的剩余索取权，它是企业资产中扣除债权人权益后应由所有者享有的部分。

2）企业的资产一般由投资者的投资和借入的负债两部分资产形成，投资者只对其投资所形成的那部分资产享有要求权，而且这种权益包括对经营成果的分享权利和对所有资产的管理权。

3）所有者权益既反映了所有者投入资本的保值增值情况，又体现了保护债权人权益的观念。

4）所有者权益的确认主要依赖于其他会计要素，尤其是资产要素和负债要素的确认。

2. 所有者权益的构成

所有者权益包括所有者投入的资本、其他综合收益、留存收益等，通常由实收资本（或股本）、资本公积（含股本溢价或资本溢价、其他资本公积）、其他综合收益、盈余公积和未分配利润等构成。

1）所有者投入的资本是指所有者投入企业的资本部分，既包括构成企业注册资本或者股本的金额，也包括投入资本超过注册资本或股本部分的金额［即资本溢价或股本溢价，这部分投入资本作为资本公积（资本溢价）反映］。

2）其他综合收益是指企业根据《企业会计准则》的规定未在当期损益中确认的各项利得和损失。

3）留存收益是指企业从历年实现的利润中提取或形成的留存于企业的内部积累，包括盈余公积和未分配利润。盈余公积是指企业从税后净利润中提取形成的、存留于企业内部、具有特定用途的收益积累。未分配利润是本年度所实现的净利润经过利润分配后所剩余的利润。

（四）收入

1．收入的概念及特征

收入是指企业在日常活动中形成的、会导致所有者权益增加的、与所有者投入资本无关的经济利益的总流入。

根据收入的概念，收入具有以下特征。

1）收入应当是企业在日常活动中形成的。

2）收入会导致经济利益的流入。

3）收入最终会导致所有者权益的增加。

2．收入的构成

按企业经营业务的主次，收入可以分为主营业务收入和其他业务收入。

1）主营业务收入是指企业销售商品、提供劳务及让渡资产使用权等正常经营活动而取得的收入。

2）其他业务收入是指除主营业务以外的其他销售或其他业务所取得的收入，如材料销售、包装物出租、代购代销等业务取得的收入。

（五）费用

1．费用的概念及特征

费用是指企业在日常活动中发生的、会导致所有者权益减少的、与向所有者分配利润无关的经济利益的总流出。

根据费用的概念，费用具有以下特征。

1）费用是企业在日常活动中发生的。

2）费用会导致经济利益的流出。

3）费用最终会导致所有者权益的减少。

2．费用的构成

按照经济用途，费用可以分为生产费用和期间费用。

1）生产费用是指与企业日常生产经营活动有关的费用，按其经济用途可分为直接材料、直接人工和制造费用。生产费用按其实际发生情况计入产品的生产成本；对于生产几种产品共同发生的生产费用，应该按照受益原则，采用适当的方法和程序分配计入相关产品的成本。企业的产品销售以后，其生产成本就转换为销售当期的费用，成为产品的销售成本。

2）期间费用是指企业本期发生的、不能直接或间接计入产品生产成本，而是直接计入当期损益的各项费用，包括管理费用、财务费用和销售费用。

（六）利润

1．利润的概念

利润是指企业在一定会计期间的经营成果。

2．利润的构成

利润包括收入减去费用后的净额、直接计入当期利润的利得和损失等。

1）收入减去费用后的净额反映的是企业日常活动的业绩。

2）直接计入当期利润的利得和损失，是指不应当计入当期损益、会导致所有者权益发生增减变动的、与所有者投入资本或者向所有者分配利润无关的利得或者损失。其中，利得是指由企业非日常活动所形成的、会导致所有者权益增加的、与所有者投入资本无关的经济利益的流入；损失是指由企业非日常活动所发生的、会导致所有者权益减少的、与向所有者分配利润无关的经济利益的流出。

从六大要素的含义及特征中可以看出，资产、负债和所有者权益反映了企业在一定时期的财务状况，是对企业资金运动的静态反映；而收入、费用和利润反映了企业在一定时期的经营成果，是对企业资金运动的动态反映。

二、会计等式

（一）会计等式的含义

会计的六大要素反映了企业资金运动的静态和动态两个方面，即反映了企业某一时点的财务状况和某一期间的经营成果，具有紧密的相关性。它们在数量上存在着特定的平衡关系，即存在着会计等式。

企业要进行生产经营活动，必须拥有一定数量的资产。一方面，这些资产分布在经济活动的各个方面，表现为不同的占用形态，如现金、银行存款、原材料、厂房设备等。另一方面，这些资产均有其来源：一个是所有者的资本投入，对企业来说形成所有者权益；另一个是债权人，形成企业的负债。所有者和债权人向企业投入经济资源不可能是无偿的，其代价就是对企业的资产享有一定的要求权，会计上称为权益。资产与权益之间存在着相互依存的关系，资产表明企业拥有什么经济资源和拥有多少经济资源；权益则表明，谁提供了这些经济资源谁就对这些经济资源拥有要求权。它们是同一价值运动的两个方面：资产体现了资金的占用形态，权益则体现了资金的来源渠道。从数量上看，有一定数额的资产，就必然有相应数额的权益；反之，有一定数额的权益，也必然有相应数额的资产。在某一时点上，资产与权益的数量是平衡的，用公式表示为

$$资产＝权益 \tag{3-1}$$

不同的经济资源提供者对企业资产的要求权是不同的，会计上将债权人对企业资产的要求权称为负债（债权人权益），所有者将企业资产的要求权称为所有者权益。所以，某一

时点上资产与权益的数量关系可用公式表示为

$$资产＝负债＋所有者权益 \qquad (3\text{-}2)$$

式（3-2）被称为会计恒等式，它直接反映出资产负债表中资产、负债及所有者权益三要素之间的内在联系和数量关系，高度概括了企业在一定时点上的财务状况，是建立资产负债表的理论基础。

企业通过销售产品和提供劳务取得收入（当然企业还有其他方面的收入），在取得收入的同时会发生资产的耗费（即费用）。收入和费用是可以比较的，当收入大于费用时，企业便获得了利润，反之则为亏损。这三个要素在一定期间的数量关系可用公式表示为

$$收入－费用＝利润 \qquad (3\text{-}3)$$

由于利润是归属所有者的，会计恒等式也可以用式（3-4）来表示：

$$资产＝负债＋所有者权益＋收入－费用 \qquad (3\text{-}4)$$

即

$$资产＋费用＝负债＋所有者权益＋收入 \qquad (3\text{-}5)$$

将收入、费用两要素列入会计恒等式，可以将资产负债表和利润表联系起来，从而揭示资产负债表要素和利润表要素各自内部及相互之间的内在联系和数量关系。

综上所述，会计恒等式表达了各会计要素之间的关系，是复式记账、账户余额试算平衡及编制会计报表的理论依据。

（二）经济业务对会计等式的影响

企业在经营过程中发生的各种经济活动，在会计上称为经济业务。经济业务的发生，必然会引起企业的资产和权益的增减变动。那么，经济业务的发生会不会破坏会计等式的平衡呢？

经济业务的发生，会引起各项会计要素的增减变动，归纳起来，可以概括为四种类型：①资产和权益同时等额增加；②资产和权益同时等额减少；③资产内部有关项目有增有减；④权益之间有关项目有增有减。

这四种类型又可以具体分为九种形式，如表 3-1 所示。

表 3-1　经济业务对会计等式的影响

经济业务	资产	＝	负债	＋	所有者权益
1	增加		增加		
2	增加				增加
3	减少		减少		
4	减少				减少
5	增加，减少				
6			增加，减少		
7					增加，减少
8			增加		减少
9			减少		增加

【例 3-1】12 月 1 日，甲公司从银行借入短期借款 50 000 元，存入银行存款账户。

这项经济业务的发生，一方面使企业的资产（银行存款）增加了 50 000 元，另一方面

使企业的负债（短期借款）增加了 50 000 元，资产和负债同时等额增加，对"资产＝负债＋所有者权益"这一恒等式没有影响。这种情况属于表 3-1 中第 1 种经济业务。

【例 3-2】12 月 2 日，甲公司收到投资者投入机器设备一台，价值 100 000 元。

这项经济业务的发生，一方面使企业的资产（固定资产）增加了 100 000 元，另一方面使企业的所有者权益（实收资本）增加了 100 000 元，资产和所有者权益同时等额增加，对"资产＝负债＋所有者权益"这一恒等式没有影响。这种情况属于表 3-1 中第 2 种经济业务。

【例 3-3】12 月 5 日，甲公司用银行存款 10 000 元偿还以前所欠的货款。

这项经济业务的发生，一方面使企业的资产（银行存款）减少了 10 000 元，另一方面使企业的负债（应付账款）减少了 10 000 元，资产和负债同时等额减少，对"资产＝负债＋所有者权益"这一恒等式没有影响。这种情况属于表 3-1 中第 3 种经济业务。

【例 3-4】12 月 8 日，股东大会决定减少注册资本 500 000 元，以银行存款向投资者退回其投入的资本。

这项经济业务的发生，一方面使企业的资产（银行存款）减少了 500 000 元，另一方面使企业的所有者权益（实收资本）减少了 500 000 元，资产和所有者权益同时等额减少，对"资产＝负债＋所有者权益"这一恒等式没有影响。这种情况属于表 3-1 中第 4 种经济业务。

【例 3-5】12 月 10 日，甲公司用银行存款 10 000 元购买原材料。

这项经济业务的发生，一方面使企业的资产（原材料）增加了 10 000 元，另一方面使企业的资产（银行存款）减少了 10 000 元，资产内部有关项目的增减，对"资产＝负债＋所有者权益"这一恒等式没有影响。这种情况属于表 3-1 中第 5 种经济业务。

【例 3-6】12 月 15 日，甲公司从银行借入短期借款 100 000 元，用于偿还应付账款。

这项经济业务的发生，一方面使企业的负债（短期借款）增加了 100 000 元，另一方面使企业的负债（应付账款）减少了 100 000 元，负债内部有关项目的增减，对"资产＝负债＋所有者权益"这一恒等式没有影响。这种情况属于表 3-1 中第 6 种经济业务。

【例 3-7】12 月 20 日，经批准，甲公司用资本公积转增实收资本 500 000 元。

这项经济业务的发生，一方面使企业的所有者权益（实收资本）增加了 500 000 元，另一方面使企业的所有者权益（资本公积）减少了 500 000 元，所有者权益内部有关项目的增减，对"资产＝负债＋所有者权益"这一恒等式没有影响。这种情况属于表 3-1 中第 7 种经济业务。

【例 3-8】12 月 31 日，甲公司宣布向投资者分配利润 50 000 元。

这项经济业务的发生，一方面使企业的所有者权益（未分配利润）减少了 50 000 元，另一方面使企业的负债（应付利润）增加了 50 000 元，一项所有者权益减少而另一项负债等额增加，对"资产＝负债＋所有者权益"这一恒等式没有影响。这种情况属于表 3-1 中第 8 种经济业务。

【例 3-9】12 月 31 日，经批准，甲公司将已发行的公司债券 200 000 元转为实收资本。

这项经济业务的发生，一方面使企业的所有者权益（实收资本）增加了 200 000 元，另一方面使企业的负债（应付债券）减少了 200 000 元，一项所有者权益增加而另一项负债等额减少，对"资产＝负债＋所有者权益"这一恒等式没有影响。这种情况属于表 3-1 中第 9 种经济业务。

从例 3-1~例 3-9 可以看出，如果发生只涉及资产或权益一方内部项目之间增减变动的经济业务，不会破坏会计恒等式的平衡；如果发生涉及资产和权益双方项目同增或同减的经济业务，仍然不会破坏会计恒等式的平衡。由此可见，任何一项经济业务的发生，无论资产和权益发生怎样的增减变动，都不会破坏会计恒等式的平衡。

三、会计科目

要想全面、系统、分类地核算与监督各项经济业务的发生情况，以及由此而引起的各项资产、负债、所有者权益和各项损益的增减变动，就有必要按照各项会计对象分别设置会计科目。设置会计科目是对会计对象的具体内容加以科学归类，是进行分类核算与监督的一种方法。

（一）会计科目的概念

会计科目是对会计要素对象的具体内容进行分类核算的类目。

（二）会计科目的设置

1. 设置会计科目的原则

一般来讲，会计科目名称的规范，以及会计科目的多少、分类及解释口径等，决定着各单位会计核算的粗细程度。各单位会计核算要求决定着会计科目的具体设置。在实际工作中，会计科目是通过会计制度预先规定的，每个会计科目都反映其特定的经济内容。

设置会计科目时，一般应遵循以下几项原则。

（1）必须能够全面反映会计对象的内容与特点

设置会计科目的目的是分门别类地核算和监督各项经济业务，为加强经济管理提供必要的核算指标。因此，除了共性的会计科目外，必须根据本单位会计对象的特点来确定应设置的会计科目。例如，制造企业是制造工业产品的单位，根据这一业务特点，就必须设置核算和监督生产过程的会计科目。

（2）必须符合经济管理的要求

设置会计科目时应充分考虑各有关方面对会计信息的需求，不仅应当符合国家宏观经济管理的要求，还要满足债权人、所有者等有关各方了解企业财务状况和经营成果的需要，以及满足企业加强内部经营管理的需要。这就要求企业在设置会计科目时，要同时兼顾企业内部和外部两个方面对会计信息的需要，对会计科目适当分类，既要设置能够提供总括核算指标的会计科目，以满足企业外部有关方面的需要；又要设置能够提供明细核算指标的明细科目，以满足企业内部经营管理的需要。

（3）必须坚持统一性和灵活性相结合

统一性是指设置会计科目时要符合会计制度的要求。灵活性是指在不影响会计核算要求和会计报表指标汇总的前提下各单位根据自己的具体情况可以自行增减或合并某些会计科目。例如，根据管理要求，企业可以将"生产成本""制造费用"科目合并为"生产费用"科目，或将"生产成本"科目分为"基本生产成本""辅助生产成本"两个科目。但应注意的是，会计科目的设置，既要防止会计科目设置过多的烦琐倾向，又要防止不顾实际需要随意简化、合并会计科目的简单化做法。

（4）必须使会计科目具备可操作性

为了便于理解和便于实际运用，必须对每一个会计科目都明确规定其特定的核算内容。会计科目的名称应字义相符、简练明确、通俗易懂；同时，为了符合会计信息可比性的要求，会计科目要保持相对稳定。

为了便于会计账务处理，加快会计核算速度，每个会计科目都要有固定编号（不要随意改变或打乱重编），以便编制会计凭证、登记账簿、查阅账目、实行会计电算化。为便于会计科目的增减，在顺序号中一般留有间隔。

2．主要会计科目

我国企业现行的会计科目（一级科目）采用的是四位数编号法，如"固定资产"科目的编号为1601，"累计折旧"科目的编号为1602等。一般企业所设置的主要会计科目如表3-2所示。

表3-2　一般企业主要会计科目表

序号	编号	会计科目名称	序号	编号	会计科目名称
		一、资产类	29	2211	应付职工薪酬
1	1001	库存现金	30	2221	应交税费
2	1002	银行存款	31	2231	应付利息
3	1012	其他货币资金	32	2232	应付股利
4	1101	交易性金融资产	33	2241	其他应付款
5	1121	应收票据	34	2501	长期借款
6	1122	应收账款	35	2502	应付债券
7	1123	预付账款			三、共同类（略）
8	1131	应收股利			四、所有者权益类
9	1132	应收利息	36	4001	实收资本
10	1221	其他应收款	37	4002	资本公积
11	1231	坏账准备	38	4101	盈余公积
12	1401	材料采购	39	4103	本年利润
13	1402	在途物资	40	4104	利润分配
14	1403	原材料			五、成本类
15	1405	库存商品	41	5001	生产成本
16	1411	周转材料	42	5101	制造费用
17	1501	持有至到期投资			六、损益类
18	1511	长期股权投资	43	6001	主营业务收入
19	1601	固定资产	44	6051	其他业务收入
20	1602	累计折旧	45	6111	投资收益
21	1701	无形资产	46	6301	营业外收入
22	1702	累计摊销	47	6401	主营业务成本
23	1801	长期待摊费用	48	6402	其他业务成本
24	1901	待处理财产损溢	49	6403	税金及附加
		二、负债类	50	6601	销售费用
25	2001	短期借款	51	6602	管理费用
26	2201	应付票据	52	6603	财务费用
27	2202	应付账款	53	6711	营业外支出
28	2203	预收账款	54	6801	所得税费用

（三）会计科目的分类

1）会计科目根据其反映的经济内容，可分为资产类、负债类、共同类、所有者权益类、成本类和损益类六类。

2）会计科目根据其所提供信息的详细程度及其统驭关系，可分为总分类科目和明细分类科目两类。

① 总分类科目，又称一级科目或总账科目，是对会计要素具体内容进行总括分类，提供总括信息的会计科目。总分类科目反映各种经济业务的概括情况，是进行总分类核算的依据。

② 明细分类科目，又称明细科目或细目，是对总分类科目的经济内容所做的进一步分类，是用来辅助总分类科目反映会计核算资料详细、具体指标的科目。例如，"库存商品"总分类科目下会按商品名称分设明细科目，具体反映有哪些商品。

四、会计账户

（一）会计账户的概念

会计账户是根据会计科目设置的，具有一定格式和结构，用于连续、系统、全面地记录会计交易或事项，分类反映会计要素各具体项目增减变动情况及其结果的一种工具。

（二）账户的分类

账户是根据会计科目设置的，因此，账户的分类必须与会计科目的分类一致。

1．按其所反映的经济内容分类

会计账户与会计科目的分类方法一致，根据账户所反映的经济内容，可分为资产类账户、负债类账户、共同类账户、所有者权益类账户、成本类账户、损益类账户六大类。

2．按其所反映会计要素具体内容的详细程度及统驭关系分类

与会计科目的分类相对应，根据其所反映会计要素具体内容的详细程度及统驭关系，账户也分为总分类账户和明细分类账户。

1）总分类账户，是指根据总分类科目设置的、用来对会计要素具体内容进行总括分类核算的账户，简称总账账户或总账。与总分类科目一致，总分类账户一般根据国家的统一会计制度规定设置。

2）明细分类账户，是根据明细分类科目设置的、用来对会计要素具体内容进行明细分类核算的账户，简称明细账。总账账户称为一级账户，总账以下的账户称为明细账户。与明细分类科目一致，明细分类账户也可分为二级、三级等多级账户。

（三）会计科目与账户的关系

1）会计科目是按照会计要素的具体内容进行分类的项目，是账户的名称，也是设置账户的依据。

2）账户在会计科目的基础上，通过一定的结构详细反映该类经济业务或事项增减变动的过程和结果。

设置相应的账户可以将同类经济业务集中反映在同一个账户里，有助于对经济业务数据进行信息处理，可以提供对决策有用的信息。

（四）账户的基本结构

在实际工作中，账户的基本结构一般包括以下内容：①账户的名称（即会计科目名称）；②日期（根据记账凭证的日期填写）；③凭证号数（账户记录的依据，目的是建立起凭证与账户、账簿之间的联系）；④摘要（概要说明经济业务的内容）；⑤增减方金额（即增加额和减少额）；⑥余额。

一般账户的格式如表 3-3 所示。

表 3-3　××××账户

年		凭证号数	摘要	增加额	减少额	余额
月	日					

表 3-3 所示账户格式是手工记账经常采用的格式。在采用电子计算机记账的情况下，尽管账户的格式不明显，但仍然要按上列格式的内容，提供有关核算资料。

账户左、右两方的金额栏，其中一方记录增加额，另一方记录减少额。增减金额相抵后的差额，称为账户余额。因此，在账户中所记录的金额提供了四种核算指标，即期初余额、本期增加额、本期减少额和期末余额。

期初余额是指将上期的期末余额转入本期的金额。本期增加额是指一定时期（如月份、季度或年度）内账户所登记的增加金额的合计，也称本期增加发生额。本期减少额是指一定时期（如月份、季度或年度）内账户所登记的减少金额的合计，也称本期减少发生额。期末余额是指期初余额加计本期增加额与本期减少额相抵后的差额，也就是在一定时期的期末结存额。

本期增加额和本期减少额属于动态核算指标，反映有关会计要素的增减变动情况。期初余额和期末余额属于静态核算指标，反映有关会计要素的具体内容增减变动的结果。

四项金额的关系，可以用等式表示为

$$期末余额＝期初余额＋本期增加额－本期减少额 \qquad (3-6)$$

每个账户的本期增加额和本期减少额都应分别记入各该账户左、右两方的金额栏，以便于分别计算增减额和余额。如果在左方记增加额，则在右方记减少额，余额在左方；反之，如果在右方记增加额，则在左方记减少额，余额在右方。

为了便于说明，可将上列账户格式略去有关栏次，只突出账户的基本结构：左方和右方。这种格式很像英文字母"T"，所以称为 T 形账户，如图 3-7 所示。

左方　　　　　　　　　　　账户名称（会计科目）　　　　　　　　　右方

图 3-7　T 形账户的结构

至于账户左、右两方的名称及用哪一方登记增加额，用哪一方登记减少额，则取决于所采用的记账方法和各账户所记录的经济业务内容，这些将在本项目任务三的"复式记账法"中介绍。

任务三 认知记账方法

会计科目和账户对会计要素进行了进一步分类，并为记录经济业务提供了载体。为了能够正确地记录经济业务，必须运用科学的记账方法。所谓记账方法，就是指在账户中记录经济交易与事项的具体手段及方式。记账方法按记账方式可分为单式记账法和复式记账法。

项目三学习课件
（任务三）

一、单式记账法

单式记账法是指对发生的每一项经济业务，只在一个账户中加以登记的记账方法。它不能全面、系统地反映各项会计要素的增减变动情况和经济业务的来龙去脉，也不便于检查账户的正确性和完整性。这种方法早已被淘汰，实务工作中使用的是复式记账法。

二、复式记账法

（一）复式记账法的概念

复式记账法是指对于每一笔经济业务，都必须用相同的金额在两个或两个以上的相互联系的账户中进行登记，全面、系统地反映会计要素增减变化的一种记账方法。它是以会计的基本等式"资产＝负债＋所有者权益"为依据建立起来的一种科学记账方法。

复式记账法是在单式记账法的基础上通过长期的会计实践逐步发展而形成的，目前被世界各国广泛采用。

（二）复式记账法的优点

与单式记账法相比，复式记账法具有以下两个明显的优点。

1．能够全面反映经济业务内容和资金运动的来龙去脉

复式记账法对于发生的每一笔经济业务，都要在两个或两个以上的相互联系的账户中进行同时登记。这样，通过账户记录不仅可以全面、清晰地反映出经济业务的来龙去脉，还能通过会计要素的增减变动，全面、系统地反映经济活动的过程和结果。

2．能够进行试算平衡，便于查账和对账

每项经济业务发生后，都要以相等的金额在有关账户中进行登记，因此，利用复式记账法可以对账户记录的结果进行试算平衡，以便检查账户记录的正确性。

（三）复式记账法的种类

根据记账符号，复式记账法可分为收付记账法、增减记账法和借贷记账法三种。

1．收付记账法

收付记账法以"收"和"付"作为记账符号，是我国传统的复式记账法。

2．增减记账法

增减记账法以"增"和"减"作为记账符号，是 20 世纪 60 年代我国商业系统改革记账方法时创设的。这种记账方法在 20 世纪 60～80 年代被广泛推广到各行各业，现已废止。

3．借贷记账法

借贷记账法是目前国际上通用的记账方法。我国会计准则规定，企业、行政单位和事业单位会计采用借贷记账法记账。

（1）借贷记账法的概念

借贷记账法是以"借"和"贷"作为记账符号，遵循"有借必有贷，借贷必相等"的记账规则，以"资产＝负债＋所有者权益"作为理论依据，对每一项经济业务都在两个或两个以上相互联系的账户中进行全面登记的一种复式记账方法。

（2）借贷记账法的记账符号

借贷记账法以"借""贷"作为记账符号，"借"和"贷"表示账户中两个固定部位，左边为"借"，右边为"贷"。所有账户的借方和贷方按相反的方向记录增加数和减少数，即一方登记增加额，另一方就登记减少额。至于"借"表示增加，还是"贷"表示增加，则取决于所记录经济内容的性质和账户的性质。

通常情况下，资产、成本和费用类账户的增加用"借"表示，减少用"贷"表示；负债、所有者权益和收入类账户的增加用"贷"表示，减少用"借"表示。备抵账户的结构与所调整账户的结构正好相反。

（3）借贷记账法下的账户结构

1）资产类和成本类账户的结构。在借贷记账法下，资产类、成本类账户的借方登记增加额；贷方登记减少额；期末余额一般在借方，有些账户可能无余额。其账户结构用 T 形账户表示如下：

借方	资产类和成本类账户	贷方
期初余额		
本期增加额		本期减少额
本期借方发生额合计		本期贷方发生额合计
期末余额		

其期末借方余额的计算公式为

期末借方余额＝期初借方余额＋本期借方发生额－本期贷方发生额 　　　（3-7）

2）负债类和所有者权益类账户的结构。在借贷记账法下，负债类、所有者权益类账户的借方登记减少额；贷方登记增加额；期末余额一般在贷方，有些账户可能无余额。其账户结构用 T 形账户表示如下：

借方	负债类和所有者权益类账户	贷方
	期初余额	
本期减少额	本期增加额	
本期借方发生额合计	本期贷方发生额合计	
	期末余额	

其期末贷方余额的计算公式为

$$期末贷方余额＝期初贷方余额＋本期贷方发生额－本期借方发生额 \quad （3-8）$$

3）损益类账户的结构。损益类账户主要包括收入类账户和费用类账户。

① 在借贷记账法下，收入类账户的借方登记减少额，贷方登记增加额。本期收入净额在期末转入"本年利润"账户，用以计算当期损益，结转后无余额。其账户结构用 T 形账户表示如下：

借方	收入类账户	贷方
本期减少额	本期增加额	
本期转出额		
本期借方发生额合计	本期贷方发生额合计	

② 在借贷记账法下，费用类账户的借方登记增加额，贷方登记减少额。本期费用净额在期末转入"本年利润"账户，用以计算当期损益，结转后无余额。其账户结构用 T 形账户表示如下：

借方	费用类账户	贷方
本期增加额	本期减少额	
	本期转出额	
本期借方发生额合计	本期贷方发生额合计	

（4）借贷记账法的记账规则

记账规则是指采用某种记账方法登记具体经济业务时应当遵循的规律。借贷记账法的记账规则是"有借必有贷，借贷必相等"，即运用借贷记账法记账，要求对发生的每一笔经济业务都应在一个或几个账户的借方和另一个或几个账户的贷方同时进行登记，并且记入借方账户的金额必须等于记入贷方账户的金额。

运用"借""贷"符号表示例 3-1～例 3-9 中九种经济业务所涉及的资产与权益的增减变动情况，如表 3-4 所示。从表 3-4 中可以看出，每一笔经济业务在记账时都遵循了"有借必有贷，借贷必相等"的记账规则。

表 3-4　借贷记账法的记账规则

单位：元

经济业务类型	会计等式及借贷方向					
	资产		＝　负债		＋　所有者权益	
	借	贷	借	贷	借	贷
1	50 000			50 000		
2	100 000					100 000
3		10 000	10 000			

续表

经济业务类型	会计等式及借贷方向					
	资产	=	负债	+	所有者权益	
	借	贷	借	贷	借	贷
4		500 000				500 000
5	10 000	10 000				
6			100 000	100 000		
7					500 000	500 000
8				50 000	50 000	
9			200 000			200 000

任务四　编制会计分录

企业日常要发生大量的经济业务，如果按照经济业务逐笔记入账户，不但工作量大，而且易发生差错，进而影响到企业所提供的会计信息的正确性。因此，在实务工作当中，为了保证账户记录的正确性和便于事后检查，在将经济业务记入账户之前，要采用一种专门的方法来确定各项经济业务正确的账户对应关系，即确定经济业务涉及的账户及其借贷方向和金额。这种方法就是编制会计分录。

项目三学习课件
（任务四）

一、会计分录的概念

会计分录，简称分录，是按照复式记账的要求，对每项经济业务列示出应借、应贷的账户名称（科目）及其金额的一种记录。一笔会计分录主要包括三个要素：应借应贷方向、相互对应的科目及其金额。在我国，会计分录记载于记账凭证中。

二、会计分录的分类

根据其所涉及的账户的数量，会计分录可分为简单会计分录和复合会计分录两类。

1．简单会计分录

简单会计分录，是指所涉及的账户数量只有两个，也就是一个账户的借方与另一个账户的贷方发生对应关系的会计分录，即一借一贷的会计分录。

【例 3-10】甲公司于 2019 年 5 月 12 日从银行取得 3 个月期限的短期借款 100 000 元，存入其银行账户。分析如下：

1）该项经济业务涉及的"短期借款"和"银行存款"分别是负债类及资产类账户。

2）该项经济业务导致企业短期借款增加 100 000 元，银行存款增加 100 000 元。

3）由记账规则可知，资产类账户增加记借方，负债类账户增加记贷方。所以"银行存款"记入借方，"短期贷款"记入贷方。

4）确认两个账户的金额都相等，为 100 000 元。

编制会计分录如下：

借：银行存款　　　　　　　　　　　　　　　　　　　　　　　100 000

贷：短期借款　　　　　　　　　　　　　　　　　　　　　　　　　　100 000

2. 复合会计分录

复合会计分录，是指涉及的账户数量在两个以上（也就是一个账户的借方与另外几个账户的贷方，或几个账户的借方与另外一个账户的贷方，或几个账户的借方与另外几个账户的贷方发生对应关系）的会计分录，即一借多贷、多借一贷或多借多贷的会计分录。

复合会计分录实际上由若干简单会计分录复合而成，但为了保持账户对应关系清晰，一般不应把不同经济业务合并在一起，编制多借多贷的会计分录。一笔复合会计分录可以分解为若干笔简单的会计分录，而若干笔简单的会计分录又可复合为一笔复合会计分录，复合或分解的目的是便于会计工作和更好地反映经济业务的实质。

【例 3-11】甲公司以银行存款 20 000 元购买原材料，其余货款 30 000 元暂欠。

分析如下：

1）该项经济业务涉及的"原材料"和"银行存款"是资产类账户，"应付账款"是负债类账户。

2）该项经济业务导致原材料增加 50 000 元，银行存款减少 20 000 元，应付账款增加 30 000 元。

3）由记账规则可知，资产类账户增加记借方，负债类账户增加记贷方。所以"原材料"记入借方，"银行存款"记入贷方，"应付账款"记入贷方。

4）确认借方、贷方金额都相等，为 50 000 元。

编制会计分录如下：

借：原材料　　　　　　　　　　　　　　　　　　　　　　　　　　　50 000
　　贷：银行存款　　　　　　　　　　　　　　　　　　　　　　　　20 000
　　　　应付账款　　　　　　　　　　　　　　　　　　　　　　　　30 000

任务五　填制记账凭证

一、记账凭证填制的基本要求

记账凭证应根据审核无误的原始凭证或原始凭证汇总表填制。记账凭证填制的正确与否，直接影响整个会计系统最终提供信息的质量。与原始凭证的填制相同，记账凭证也有记录真实、内容完整、手续齐全、填制及时等要求。

项目三学习课件
（任务五）

填制记账凭证的基本要求如下：

1）记账凭证各项内容必须完整。

2）记账凭证的书写应清楚、规范。

3）除结账和更正错误的记账凭证可以不附原始凭证外，其他记账凭证都必须附有原始凭证。所附原始凭证张数，一般以原始凭证的自然张数为准。与记账凭证中的经济业务事项记录有关的每一张证据都应当作为原始凭证。如果原始凭证需要另行保管，则应在附件栏目内加以注明。

4）记账凭证可以根据每一张原始凭证填制，或根据若干张同类原始凭证汇总填制，也可以根据原始凭证汇总表填制。但不得将不同内容和类别的原始凭证汇总填制在一张记账凭证上，否则，会导致经济业务的具体内容不清楚，难以填写摘要，会计科目也会因没有明确的对应关系而无法反映经济业务的来龙去脉，容易造成会计账簿记录错误。

5）记账凭证应连续编号。凭证应由主管该项业务的会计人员，按业务发生的顺序并按不同种类的记账凭证采用字号编号法①连续编号。每一会计期间，都必须按月编制序号，不得采用按年或按季连续编号方法。如果采取收款凭证、付款凭证和转账凭证的形式，则记账凭证应该按照字号编号法连续编号。如果一笔经济业务需要填制 2 张以上（含 2 张）记账凭证，可以采用分数编号法编号，如第 5 项经济业务需要填制 3 张记账凭证，就可以编号成 5 1/3、5 2/3、5 3/3，其中，"5"代表该项经济业务是当月第 5 项经济业务，分母"3"代表该项经济业务一共有 3 张记账凭证，分子代表该张凭证是该项经济业务的第几张凭证。

6）填制记账凭证时若发生错误，应当重新填制。

7）记账凭证填制完成后，如有空行，应当自金额栏最后一笔金额数字下的空行处至合计数上的空行处划线注销。

二、专用记账凭证的填制要求

（一）收款凭证的填制要求

收款凭证是根据审核无误的有关库存现金和银行存款的收款业务的原始凭证填制的。

收款凭证左上角的"借方科目"栏应按收款的性质填写"库存现金"或"银行存款"；日期填写的是填制该凭证的日期；右上角填写编制收款凭证的顺序号；"摘要"栏填写对所记录的经济业务的简要说明；"贷方科目"栏填写与"库存现金"或"银行存款"相对应的会计科目；"记账"栏是指该收款凭证已登记账簿的标记，防止经济业务重记或漏记；"金额"栏是指该项经济业务的发生额；凭证右边"附件×张"是指该收款凭证所附原始凭证的张数；最下边分别由有关人员签名或盖章，以明确经济责任。

出纳人员在办理收款业务后，要在原始凭证上加盖"收讫"的戳记，以避免重收。

【例 3-12】2019 年 12 月 3 日，甲公司收到乙公司支付的上月购货款 100 000 元，存入银行，附原始凭证 1 张。这是甲公司 12 月的第 2 项收款业务。该项业务填制的收款凭证如图 3-8 所示。

（二）付款凭证的填制要求

付款凭证是根据审核无误的有关库存现金和银行存款的付款业务的原始凭证填制的。付款凭证的填制方法与收款凭证基本相同，不同的是在付款凭证的左上角应填列贷方科目，即"库存现金"或"银行存款"，"借方科目"栏应填写与"库存现金"或"银行存款"相应的一级科目和明细科目。

对于涉及现金和银行存款之间的划转业务，为了避免重复记账，一般只填制付款凭证，不再填制收款凭证。

---

① 字号编号法，即把不同类型的记账凭证用"字"加以区别，再把同类的记账凭证按照顺序加以连续编号，如"收字第××号""付字第××号""转字第××号"等。

收 款 凭 证

借方科目：银行存款   2019 年 12 月 3 日   收字第 2 号

摘要	贷方总账科目	明细科目	金额										√
---	---	---	千	百	十	万	千	百	十	元	角	分	
收回前欠货款	应收账款	乙公司		1	0	0	0	0	0	0	0	0	
合计			¥	1	0	0	0	0	0	0	0	0	

附单据 1 张

会计主管   记账   出纳   制单   审核

图 3-8 收款凭证

出纳人员在办理付款业务后，应在原始凭证中加盖"付讫"的戳记，以避免重复付款。

【例 3-13】 2019 年 12 月 5 日，甲公司行政部门购买办公用品支付现金 800 元，附原始凭证 3 张。这是甲公司 12 月的第 3 项付款业务。该项业务填制的付款凭证如图 3-9 所示。

付 款 凭 证

贷方科目：库存现金   2019 年 12 月 5 日   付字第 3 号

摘要	借方总账科目	明细科目	金额										√
---	---	---	千	百	十	万	千	百	十	元	角	分	
购买办公用品	管理费用	办公费						8	0	0	0	0	
合计							¥	8	0	0	0	0	

附单据 3 张

会计主管   记账   出纳   制单   审核

图 3-9 付款凭证

（三）转账凭证的填制要求

转账凭证通常是根据不涉及现金和银行存款的转账业务的原始凭证填制的。

转账凭证的格式与收、付款凭证的格式不同之处在于，左上角不设主体科目，而将经济业务的对应科目按先借后贷的顺序全部填入"总账科目"和"明细科目"栏目，并将各科目金额按记账方向填入相应的"借方金额"或"贷方金额"栏来确定科目间的对应关系。转账凭证其他栏目的填写方法与收款凭证、付款凭证相同。

【例 3-14】2019 年 12 月 12 日，甲公司收到丙公司投入的机器设备一台，价值 200 000 元，附原始凭证 1 张。这是甲公司 12 月的第 10 项转账业务。该项业务填制的转账凭证如

图 3-10 所示。

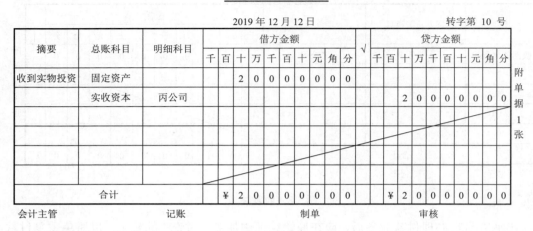

转 账 凭 证

2019 年 12 月 12 日　　　　　　　　　　　　　　转字第 10 号

摘要	总账科目	明细科目	借方金额										√	贷方金额										
			千	百	十	万	千	百	十	元	角	分		千	百	十	万	千	百	十	元	角	分	
收到实物投资	固定资产			2	0	0	0	0	0	0	0	0												附单据1张
	实收资本	丙公司													2	0	0	0	0	0	0	0	0	
合计			¥	2	0	0	0	0	0	0	0	0		¥	2	0	0	0	0	0	0	0	0	

会计主管　　　　　　记账　　　　　　　　　　制单　　　　　　　　审核

图 3-10　转账凭证

三、通用记账凭证的填制要求

通用记账凭证是一种适合各种经济业务的记账凭证。采用通用记账凭证的经济单位，不再根据经济业务的内容分别填制收款凭证、付款凭证和转账凭证。通用记账凭证的格式和填制要求与转账凭证相同。

【例 3-15】2019 年 12 月 15 日，甲公司销售 A 产品一批，取得增值税专用发票，注明的价款为 50 000 元，增值税税额为 6 500 元，款项存入银行，附原始凭证 3 张。这是甲公司 12 月的第 20 项经济业务。该项业务填制的通用记账凭证如图 3-11 所示。

记 账 凭 证

2019 年 12 月 15 日　　　　　　　　　　　　　　记字第 20 号

摘要	总账科目	明细科目	借方金额										√	贷方金额										
			千	百	十	万	千	百	十	元	角	分		千	百	十	万	千	百	十	元	角	分	
销售 A 产品	银行存款				5	6	5	0	0	0	0	0												附单据3张
	主营业务收入															5	0	0	0	0	0	0	0	
	应交税费	应交增值税（销项税额）															6	5	0	0	0	0	
合计				¥	5	6	5	0	0	0	0	0			¥	5	6	5	0	0	0	0	0	

会计主管　　　　　记账　　　　　　出纳　　　　　　制单　　　　　　审核

图 3-11　通用记账凭证

任务六　认知记账凭证的审核与会计凭证的传递、保管

一、记账凭证的审核

项目三学习课件
（任务六）

为保证会计信息的质量，在记账之前应由有关稽核人员对记账凭证进行严格的审核。审核的主要内容包括以下几项。

1）内容是否真实。审核记账凭证是否有原始凭证为依据，所附原始凭证的内容是否与记账凭证内容一致。

2）项目是否齐全。检查记账凭证中有关项目是否填列完备，有关人员的签章是否完备。

3）科目是否正确。审核记账凭证的应借、应贷科目是否正确，是否有明确的账户对应关系，所使用的会计科目是否符合国家统一的会计制度的规定等。

4）金额是否正确。审核记账凭证与原始凭证的有关金额、原始凭证汇总表的金额是否一致。

5）书写是否规范。审核记账凭证的文字是否工整、数字是否清晰，是否按规定进行更正等。

6）手续是否完备。记账凭证应根据审核无误的原始凭证登记，如果原始凭证手续不完备，应补办完整。对于出纳人员办理的收款、付款业务要审核是否已在原始凭证上加盖"收讫"或"付讫"的戳记。实行会计电算化的企业，对于机制记账凭证，要认真审核，做到会计科目使用正确、数字准确无误。打印出的机制记账凭证要加盖制单人员、审核人员、记账人员及会计机构负责人、会计主管人员印章或者签字，以加强审核，明确责任。

在审核过程中，如果发现差错，应查明原因，按规定办法及时处理和更正。只有审核无误的记账凭证，才能据以登记账簿。

二、会计凭证的传递

会计凭证的传递是指会计凭证从填制或取得时起，经过审核、登账至装订归档为止，在单位内部各有关部门及人员之间传递的程序。其具体内容包括两部分：一是会计凭证在企业内部各部门及经办人员之间传递的线路，即会计凭证的传递程序；二是会计凭证在各环节及其有关人员中的停留及传送时间，即会计凭证的传递时间。

（一）会计凭证的传递程序

会计凭证的传递程序是会计管理制度的组成部分，应当在会计制度中作出明确的规定。为了使会计凭证有序地传递，并遵循内部牵制制度，应当为各种会计凭证规定科学合理的传递程序，明确取得或填制会计凭证以后，应交到哪个部门的哪个工作岗位上，依次由何人接办业务手续，直至归档保管为止。如果为一式数联的会计凭证，应当具体规定每一联移交何处、有何用途。每一个企业都应该根据其经济业务的主要特点，以及经营管理和会计核算方面的要求，按照其不同部门、不同的员工，设计一个合理的传递程序，以便使会计凭证流转线路通畅，提高传递速度，增强工作实效。同时，还要根据各业务部门的特点及人员的配置，规定会计凭证在每一个业务部门合理的停留时间及传送时间，确保会计凭

证核算的质量，从而加速会计凭证的传递。

（二）会计凭证的传递时间

会计凭证的传递时间是指从取得或填制会计凭证至该会计凭证归档保管的间隔时间。各种会计凭证所反映的经济业务的内容、性质不同，对会计凭证内部控制制度的规定有所区别，所以，传递时间的长短也不尽一致。一般来讲，重要的经济事项、严格控制的经济事项、控制环节的经济事项，其会计凭证传递的时间相对长一些；反之，其传递时间则相对短一些。各单位为了使每个工作环节有序衔接、相互督促、提高工作效率、确保会计核算的质量，应当根据办理各项业务手续所需要的时间规定会计凭证的传递时间。在规定中，应具体明确会计凭证在各部门、各业务环节的停留时间和有关人员的责任，确保及时反映会计信息。

三、会计凭证的保管

会计凭证的保管是指会计凭证记账后的整理、装订、归档和存查工作。会计凭证作为记账的依据，是重要的会计档案和经济资料。任何单位在完成经济业务手续和记账后，必须将会计凭证按规定的立卷归档制度形成会计档案资料，妥善保管，不得任意销毁，以便日后随时查阅。

会计凭证的保管要求主要有以下几点。

1）会计机构在依据会计凭证记账以后，应定期（每天、每旬或每月）对各种会计凭证进行分类整理，将各种记账凭证按照编号顺序，连同所附的原始凭证一起加具封面和封底装订成册，并在装订线上加贴封签。会计凭证封面应注明单位名称、凭证种类、凭证张数、起止号数、年度、月份、会计主管人员和装订人员等有关事项，会计主管人员和保管人员等应在封面上签章。

从外单位取得的原始凭证遗失时，应取得原签发单位盖有公章的证明，并注明原始凭证的号码、金额、内容等，由经办单位会计机构负责人、会计主管人员和单位负责人批准后，才能代作原始凭证。若确实无法取得证明，如车票丢失，则应由当事人写明详细情况，由经办单位会计机构负责人、会计主管人员和单位负责人批准后，代作原始凭证。

2）会计凭证应加贴封条，防止抽换凭证。原始凭证不得外借，其他单位有特殊原因确实需要使用时，经本单位会计机构负责人、会计主管人员批准，才可以复制。向外单位提供的原始凭证复制件，应在专设的登记簿上登记，并由提供人员和收取人员共同签名或者盖章。

3）原始凭证较多时，可单独装订，但应在凭证封面注明所属记账凭证的日期、编号和种类，同时在所属的记账凭证上应注明"附件另订"及原始凭证的名称和编号，以便查阅。对各种重要的原始凭证（如押金收据、提货单等），以及各种需要随时查阅和退回的单据，应另编目录、单独保管，并在有关的记账凭证和原始凭证上分别注明日期和编号。

4）每年装订成册的会计凭证，在年度终了时可暂由单位会计机构保管一年，期满后应当移交本单位档案机构统一保管；未设立档案机构的，应在会计机构内部指定专人保管。出纳人员不得兼管会计档案。

5）严格遵守会计凭证的保管期限要求，期满前不得任意销毁。《会计档案管理办法》规定，会计凭证的最低保管期限为 30 年。

项 目 小 结

记账凭证又称记账凭单，是会计人员根据审核无误的原始凭证按照经济业务的内容加以归类，并据以确定会计分录后所填制的会计凭证，它是登记会计账簿的直接依据。

记账凭证按其用途可分为专用记账凭证和通用记账凭证；记账凭证按其填制方式可分为单式记账凭证和复式记账凭证。专用记账凭证按其反映的经济业务内容又可分为收款凭证、付款凭证和转账凭证。

企业活动中能够用货币计量的内容统称为会计交易或事项。对会计交易或事项按其经济特征进行归类并予以抽象概括的会计专业术语即为会计要素。也就是说，会计要素是会计对象的具体化。会计的六大要素包括资产、负债、所有者权益、收入、费用和利润。

会计的六大要素反映了企业资金运动的静态和动态两个方面，即反映了企业某一时点的财务状况和某一期间的经营成果，具有紧密的相关性。它们在数量上存在着特定的平衡关系，即存在着会计等式。"资产＋费用＝负债＋所有者权益＋收入"为会计恒等式。任何一项经济业务的发生，无论资产和权益发生怎样的增减变动，都不会破坏会计恒等式的平衡。

会计科目是对会计要素对象的具体内容进行分类核算的类目。会计科目按照其反映的经济内容可分为资产类、负债类、共同类、所有者权益类、成本类、损益类六类；会计科目按照其所提供信息的详细程度及其统驭关系可分为总分类科目和明细分类科目。

会计账户是根据会计科目设置的，具有一定格式和结构，用于连续、系统、全面地记录会计交易或事项，分类反映会计要素各具体项目增减变动情况及其结果的一种工具。其分类方法与会计科目的分类方法一致。

会计科目和账户对会计要素进行了进一步分类，并为记录经济业务提供了载体。要想正确地记录经济业务，必须运用科学的记账方法。复式记账法是指对于每一笔经济业务，都必须用相同的金额在两个或两个以上的相互联系的账户中进行登记，全面、系统地反映会计要素增减变化的一种记账方法。它是以会计的基本等式"资产＝负债＋所有者权益"为依据建立起来的一种科学记账方法。在复式记账法中，目前最通用的方法是借贷记账法。借贷记账法的记账规则是"有借必有贷，借贷必相等"。借贷记账法是以"借"和"贷"作为记账符号，遵循"有借必有贷，借贷必相等"的记账规则，以"资产＝负债＋所有者权益"作为理论依据，对每一项经济业务都在两个或两个以上相互联系的账户中进行全面登记的一种复式记账方法。

为保证账户记录的正确性和便于事后检查，在将经济业务记入账户之前，要采用一种专门的方法来确定各项经济业务正确的账户对应关系，即确定经济业务涉及的账户及其借贷方向和金额。这种方法就是编制会计分录。会计分录是按照复式记账的要求，对每项经济业务列示出应借、应贷的账户名称及其金额的一种记录。根据所涉及的账户的数量，会计分录可分为简单会计分录和复合会计分录两种。

各单位及有关人员应按照记账凭证的填制要求和方法来填制各种记账凭证。会计人员还必须履行会计的监督职能对记账凭证的完整性和正确性进行审核。只有审核无误的会计凭证才能作为登记账簿的依据。各单位还应规定会计凭证从取得或填制时起至归档保管时止，在内部各有关部门和人员之间的传递程序及传递时间。会计凭证作为重要的经济档案，必须按规定妥善保管。

项 目 训 练

一、单选题

1. 预付账款属于会计要素中的（　　）。
   A. 资产　　　　　　　B. 负债　　　　　　C. 费用　　　　　　D. 收入
2. 资产和权益在数量上（　　）。
   A. 必然相等　　　　　　　　　　B. 不一定相等
   C. 只有期末时相等　　　　　　　D. 有时相等
3. 期末余额＝（　　）。
   A. 本期增加额－本期减少额
   B. 本期期初余额－本期减少额
   C. 本期期初余额＋本期增加额
   D. 本期期初余额＋本期增加额－本期减少额
4. 在复式记账法下，对发生的经济业务都要以相等的金额在相互联系的（　　）账户中登记。
   A. 一个　　　　　　　　　　　　B. 两个
   C. 两个或两个以上　　　　　　　D. 以上都可以
5. 复式记账法的理论依据是（　　）。
   A. 利润＝收入－费用
   B. 借方发生额＝贷方发生额
   C. 资产＝负债＋所有者权益
   D. 期末余额＝期初余额＋本期增加额－本期减少额
6. 对于现金与银行存款之间的相互划转业务，为了避免重复记账，一般只填制（　　）。
   A. 收款凭证　　　　B. 付款凭证　　　　C. 转账凭证　　　　D. 结算凭证
7. 以下经济业务中，应填制转账凭证的是（　　）。
   A. 职工借支差旅费 1 000 元
   B. 以现金 500 元购买办公用品
   C. 销售产品收入现金 20 000 元
   D. 购入设备一台，价款 10 000 元未付
8. 计提车间管理人员的工资应记入（　　）账户的贷方。
   A.“应付职工薪酬”　　　　　　　B.“生产成本”
   C.“管理费用”　　　　　　　　　D.“制造费用”
9.“生产成本”账户的期末借方余额表示（　　）。
   A. 完工产品成本　　　　　　　　B. 期末在产品成本
   C. 本月生产费用合计　　　　　　D. 库存产成品成本

10. 会计凭证的保管期限一般为（　　）年。

    A. 5   B. 10   C. 15   D. 30

二、多选题

1. 记账凭证按其用途可分为（　　）。

    A. 专用记账凭证   B. 通用记账凭证

    C. 复式记账凭证   D. 单式记账凭证

2. 属于成本类的会计科目的有（　　）。

    A. 主营业务成本   B. 生产成本

    C. 制造费用   D. 在建工程

3. 会计分录的要素包括（　　）。

    A. 记账方向   B. 记账方法   C. 账户名称   D. 记账金额

4. 年末结账后，下列会计科目中一定没有余额的有（　　）。

    A. 本年利润   B. 主营业务收入   C. 库存商品   D. 生产成本

5. 下列业务中，需要编制付款凭证的有（　　）。

    A. 从银行提现   B. 将现金存入银行

    C. 用现金购买办公用品   D. 收回前欠款项

三、判断题

1. 我国《企业会计准则》将会计要素划分为资产、负债、所有者权益、收入、费用和利润六大类。（　　）

2. 会计科目是设置账户的依据，账户是会计科目的具体运用。（　　）

3. "制造费用"账户属于费用类账户。（　　）

4. 所有经济业务的发生，都会引起会计等式左右两边发生变化。（　　）

5. 编制会计分录时，只能编制一借一贷、一借多贷、一贷多借的会计分录，而不能编制多借多贷的会计分录，以避免对应关系混乱。（　　）

6. 借贷记账法中的"借""贷"分别表示增加和减少。（　　）

7. 生产成本由直接材料、直接人工、制造费用和期间费用等构成。（　　）

8. 原始凭证是编制记账凭证的依据，记账凭证是登记账簿的依据。（　　）

9. 生产完工的产品入库结转产品成本时，应借记"主营业务成本"账户，贷记"生产成本"账户。（　　）

10. "营业外收入"账户一般期末无余额。（　　）

四、简答题

1. 记账凭证应包括哪些基本要素？

2. 什么是会计要素？会计要素与会计对象是什么关系？

3. 什么是会计科目？什么是账户？会计科目和账户是什么关系？

4. 什么是借贷记账法？借贷记账法的规则是什么？

5. 填制记账凭证的基本要求有哪些？

项目四

核算制造企业的主要经济业务

学习目标

目标类型		目标要素
知识目标	基础知识	了解制造企业的主要经济业务流程
		掌握筹集资金、供应过程、生产过程、销售过程、经营成果业务的核算
能力目标	基本技能	能认知制造业的基本经济业务活动
		能准确使用会计账户，能编制会计分录
		能根据经济业务编制记账凭证
	拓展技能	根据实际制造企业的各项经济业务编制记账凭证

项目导航

潍坊新宇公司是一家生产制造企业，生产 A、B 两种产品，在买和卖之间多了生产环节，正是因为多了这个环节，会计核算增加了材料领用、工时统计、成本费用分摊等诸多事项。那么，该公司应如何以科学、系统、专门的会计核算方法对其经济业务进行记录与计量呢？

任务一　了解制造企业的主要经济业务流程

相对于其他行业来说，制造企业的生产经营活动比较复杂，业务涉及面较广，其会计业务具有代表性，因此，本项目将以制造企业的基本业务为例来说明复式记账法的运用。

项目四学习课件
（任务一、二）

供应过程是制造企业生产经营过程的第一个阶段，也是生产的准备阶段。在这一过程中，企业用货币资金购进生产必需的原材料等生产资料，资金形态从货币资金转化为储备资金。供应过程的主要经济业务包括材料的采购和因材料采购而发生的增值税的核算和货款结算等。

生产过程是制造企业生产经营过程的第二个阶段，也是产品的形成阶段。在这一过程中，企业通过对材料进行生产加工制造出产品，资金形态从生产储备资金转化为生产资金，继而形成成品资金。生产过程的主要经济业务包括生产费用的归集和分配，以及生产成本的计算和结转。

销售过程是制造企业生产经营过程的第三个阶段，在这一过程中企业将产品售出并取得货款，成品资金转化为货币资金，从而完成资金形态转化的一个循环过程。销售过程的主要经济业务包括销售产品、货款结算，以及依法计算、交纳相关销售税金等。

供应过程、生产过程及销售过程构成了一个完整的会计经营周期，以供应过程为起点，以销售过程为终点，不断地循环往复。随着生产经营活动不间断地进行，其经营资金也依次从货币资金转化为储备资金、生产资金、成品资金，直到销售产品后收回货币资金，周而复始地循环。上述资金周转运动过程如图 4-1 所示。

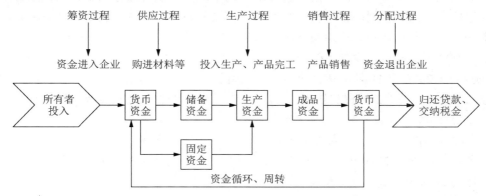

图 4-1　制造企业资金周转运动过程

会计核算的主要任务，就是对企业生产经营过程中所发生的经济业务，以科学、系统、专门的会计核算方法进行记录与计量。本项目将以潍坊新宇公司 2019 年 12 月的经济业务为例，介绍制造企业主要经济业务的核算。假设，潍坊新宇公司有一个基本生产车间，生产两种产品，A 产品和 B 产品。生产 A、B 产品共同消耗甲、乙材料。潍坊新宇公司为增值税一般纳税人，适用的增值税税率为 13%。

任务二　掌握会计基础

会计基础是指会计确认、计量和报告的基础，是确认一定会计期间的收入和费用，从而确认损益的标准。企业在一定会计期间，为进行生产经营活动而发生的费用，可能在本期已付出货币资金，也可能在本期尚未付出货币资金；所形成的收入，可能在本期已经收到货币资金，也可能在本期尚未收到货币资金；同时，本期发生的费用可能与本期收入的取得有关，也可能与本期收入的取得无关。诸如此类的经济业务必须以所采用的会计基础为依据进行处理。

会计基础主要有两种：权责发生制和收付实现制。

一、权责发生制

权责发生制是指收入、费用的确认应当以收入和费用的实际发生作为标准，合理确认当期损益的一种会计基础。权责发生制要求凡是当期已经实现的收入、已经发生和应当负担的费用，不论款项是否已经收付，都应作为当期的收入、费用；凡是不属于当期的收入、费用，即使款项已经在当期收付完毕，也不应作为当期的收入、费用。

《企业会计准则——基本准则》第九条规定："企业应当以权责发生制为基础进行会计

确认、计量和报告。"在会计实务中，企业交易或者事项的发生时间与相关货币收支的时间有时并不完全一致。例如，预收销货款、预付购货款等情况，虽然款项已经收到或者支付，但实际的经济业务在本期并未实现，为了更加真实、公允地反映特定会计期间的财务状况和经营成果，就不能将预收或者预付的款项作为本期的收入或费用处理。

权责发生制主要是从时间上规定会计确认的基础，其核心是根据权、责关系实际发生的期间来确认收入和费用。根据权责发生制进行收入与成本、费用的核算，最大的优点是能够更加准确地反映特定会计期间真实的财务状况及经营成果。

下面举例说明权责发生制下的会计处理。

【例 4-1】 2019 年 11 月，某企业销售一批商品，12 月收到款项。

该项收入尽管在 12 月收到款项，但属于 11 月实现的收入，按照权责发生制处理，应当作为 11 月的收入入账。

【例 4-2】 2019 年 11 月，某企业预收货款，12 月发出货物。

该项收入尽管在 2019 年 11 月收到款项，但属于 12 月实现的收入，按照权责发生制处理，应作为 2019 年 12 月的收入入账。

【例 4-3】 2019 年 11 月，某企业预付下月水电费。

该项费用尽管在 11 月支付，但属于 12 月的费用，按照权责发生制处理，应作为 2019 年 12 月的费用。

【例 4-4】 2019 年 12 月，某企业支付上月水电费。

该项费用尽管在 2019 年 12 月支付，但属于 2019 年 11 月的费用，按照权责发生制处理，应作为 2019 年 11 月的费用。

二、收付实现制

收付实现制是以收到或支付现金作为确认收入和费用的标准，是与权责发生制相对应的一种会计基础。按照收付实现制，收入和费用的归属期间将与现金收支行为的发生与否紧密地联系在一起。换言之，现金收支行为在其发生的期间全部记作收入和费用，而不考虑与现金收支行为相连的经济业务实质是否发生。

事业单位会计核算一般采用收付实现制；事业单位部分经济业务或者事项，以及部分行业事业单位的会计核算采用权责发生制核算的，由财政部在相关会计制度中具体规定。

《政府会计准则——基本准则》规定，政府会计由预算会计和财务会计构成。预算会计实行收付实现制（国务院另有规定的，依照其规定），财务会计实行权责发生制。

下面举例说明收付实现制下的会计处理。

【例 4-5】 2019 年 11 月，某企业销售一批商品，12 月收到款项。

该项收入尽管属于 11 月实现的收入，但是由于在 12 月收到了款项，按照收付实现制处理，应当作为 12 月的收入入账。

【例 4-6】 2019 年 11 月，某企业预收货款，12 月发出货物。

该项收入尽管属于 2019 年 12 月实现的收入，但是由于在 11 月收到了款项，按照收付实现制处理，应当作为 2019 年 11 月的收入入账。

【例 4-7】2019 年 11 月，某企业预付下月水电费。

该项费用尽管属于 12 月的费用，但由于在 11 月支付，按照收付实现制处理，应作为 2019 年 11 月的费用。

【例 4-8】2019 年 12 月，某企业支付上月水电费。

该项费用尽管属于 2019 年 11 月的费用，但是由于在 2019 年 12 月支付，按照收付实现制处理，应作为 2019 年 12 月的费用。

任务三　资金筹集过程的核算

一、筹集资金核算应设置的账户

（一）"实收资本"账户

项目四学习课件
（任务三）

"实收资本"账户为权益类账户，用来核算企业投资人投入的资本。实际收到投资人作为资本投入的现金、银行存款及建筑物、机器设备、材料物资等实物或无形资产时，记入该账户的贷方；当投资人收回资本时，记入该账户的借方；其贷方余额表示投资人投入企业的资本总额。本账户应按投资人、投资单位设置明细分类账，进行明细分类核算。

"实收资本"账户的账户结构如下：

借方	实收资本	贷方
减少注册资本的金额		投资人投入的货币资金、非货币性资金，"资本公积""盈余公积"账户转入的金额
		投入资本实有数

（二）"短期借款"账户

"短期借款"账户为负债类账户，用于核算企业向银行或其他金融机构借入的期限在 1 年以内（含 1 年）的各种借款。该账户的贷方登记借入的款项，借方登记归还的各项借款，贷方余额表示期末尚未归还的借款。本账户一般按照借款单位、借款种类设置明细账户，进行明细分类核算。

"短期借款"账户的账户结构如下：

借方	短期借款	贷方
归还的短期借款		取得的短期借款
		尚未归还的短期借款

（三）"长期借款"账户

"长期借款"账户为负债类账户，用于核算企业向银行或其他金融机构借入的期限在一年或超过一年的一个营业周期以上的各种借款的取得、利息的计提及偿还本息情况。本账户的贷方登记取得的长期借款及应付未付的利息，借方登记长期借款本息的支付数，贷方余额表示尚未归还的长期借款的本息数。本账户一般按照借款单位、借款种类设置明细账户，进行明细分类核算。

"长期借款"账户的账户结构如下：

借方	长期借款	贷方
长期借款本息的支付数	取得的长期借款及应付未付的利息	
	尚未归还的长期借款的本息数	

二、筹集资金的主要经济业务核算

（一）投入资本的核算

投入资本是企业生存和发展的基础，也是所有者权益的主要组成部分，构成投资者所拥有的根本权益。投资人投入企业的资本金，按照资本的不同物质形态，可分为货币资金投资、实物资产投资、无形资产投资等。

以货币资金投资的，按实际收到款项入账；以实物资产投资或无形资产投资的，应当进行合理估价，按双方认可的价款作为实际投资额入账。投资者按照出资比例或者合同、章程的规定，分享企业利润和分担风险与亏损。

【例 4-9】12 月 2 日，潍坊新宇公司取得兴盛公司投资 300 000 元，款项已经存入银行。

这笔经济业务的发生，一方面使企业的银行存款增加了 300 000 元，应记入"银行存款"账户的借方；另一方面使企业的资本增加了 300 000 元，应记入"实收资本"账户的贷方。编制会计分录如下：

借：银行存款　　　　　　　　　　　　　　　　　　　　　300 000
　　贷：实收资本——兴盛公司　　　　　　　　　　　　　　　300 000

【例 4-10】12 月 3 日，潍坊新宇公司收到兴隆公司投入的生产设备一台，取得的增值税专用发票注明的设备款为 200 000 元，增值税税额为 26 000 元。

这笔经济业务的发生，一方面使企业的固定资产增加了 200 000 元，应记入"固定资产"账户的借方，增值税税额 26 000 元应记入"应交税费——应交增值税"账户的借方；另一方面使企业的资本增加了 226 000 元，应记入"实收资本"账户的贷方。编制会计分录如下：

借：固定资产　　　　　　　　　　　　　　　　　　　　　200 000
　　应交税费——应交增值税（进项税额）　　　　　　　　　　26 000
　　贷：实收资本——兴隆公司　　　　　　　　　　　　　　　226 000

（二）借入资金的核算

企业在生产经营过程中，筹集资金的方式，除了所有者投入资本外，还可以向银行或其他金融机构借款，以补充生产周转资金的不足。借入资本按偿还期限的长短可分为短期借款和长期借款。偿还期限在一年以内（含一年）的借款称为短期借款，偿还期限在一年以上的借款称为长期借款。

借入的款项必须按规定支付利息，短期借款的利息处理比较简单，将在本任务期间费用的核算部分进行介绍；长期借款利息的处理相对比较复杂，在此不作介绍。

【例 4-11】12 月 5 日，潍坊新宇公司由于经营资金短缺，从银行借入期限为 3 个月、年利率为 6% 的借款 100 000 元，款项已经划入账户。

这笔经济业务的发生，一方面使企业的银行存款增加了 100 000 元，应记入"银行存款"账户的借方；另一方面使企业的短期借款增加了 100 000 元，应记入"短期借款"账户的贷方。编制会计分录如下：

> 借：银行存款 100 000
> 　贷：短期借款 100 000

【例 4-12】12 月 8 日，潍坊新宇公司从中国工商银行借入期限为 3 年、年利率为 12% 的借款 300 000 元，款项已经存入银行。

这笔经济业务的发生，一方面使企业的银行存款增加了 300 000 元，应记入"银行存款"账户的借方；另一方面使企业的长期借款增加了 300 000 元，应记入"长期借款"账户的贷方。编制会计分录如下：

> 借：银行存款 300 000
> 　贷：长期借款 300 000

任务四　供应过程的核算

一、供应过程核算的主要内容

供应过程是制造企业生产经营活动的准备阶段，主要是购置生产材料（包括厂房、生产设备、原材料等），可以分成购建固定资产的过程和采购材料的过程两个部分。购建固定资产过程的主要任务就是购置需要安装和不需要安装的生产设备投入使用、自行建造固定资产等。采购材料过程的主要任务就是采购生产经营所需的各种原材料，形成材料储备。

项目四学习课件（任务四）

在供应过程中，企业一方面要根据供应计划和合同的规定及时购置生产材料，并验收入库，保证生产需要；另一方面应按经济合同和结算制度的规定支付货款及采购费用。企业要有计划地采购生产材料，力求既满足生产上的需要，又避免因过多储备而造成资金的浪费。

供应过程业务核算的主要内容：购置固定资产并与供货方办理价款结算，计算确定资产的入账价值，固定资产投入使用；采购材料并与供货方办理价款结算，计算确定材料的采购成本，材料验收入库。

二、固定资产成本的核算

固定资产是指企业为生产产品、提供劳务、出租或者经营管理而持有的使用时间超过 12 个月、价值达到一定标准的非货币性资产，如房屋、建筑物、机器、机械、运输工具，以及其他与生产经营活动有关的设备、器具、工具等。

固定资产应当按照成本进行初始计量。固定资产的成本是指企业购建某项固定资产达到预定可使用状态前所发生的一切合理、必要的支出。这些支出既包括直接发生的价款、运杂费、包装费和安装成本等，也包括间接发生的费用，如应承担的借款利息、外币借款折算差额及应分摊的其他间接费用。取得固定资产的方式有很多，如外购、自行建造、租入、投资者投入等。下面将重点介绍外购、自行建造及投资者投入的固定资产的成本核算。

（一）外购固定资产

企业外购固定资产的成本，包括购买价款、相关税费，以及使固定资产达到预定可使用状态前所发生的可归属于该项资产的运输费、装卸费、安装费和专业人员服务费等。外购固定资产分为购入不需要安装的固定资产和购入需要安装的固定资产两类。以一笔款项购入多项没有单独标价的固定资产，应当按照各项固定资产的公允价值比例对总成本进行分配，分别确定各项固定资产的成本。

（二）自行建造固定资产

自行建造的固定资产，按建造该项资产达到预定可使用状态前所发生的必要支出，作为入账价值，包括工程用物资成本、人工成本、交纳的相关税费、应予资本化的借款费用及应分摊的间接费用等。企业为在建工程准备的各种物资，应按实际支付的购买价款、增值税税额、运输费、保险费等相关税费，作为实际成本，并按各种专项物资的种类进行明细核算。

（三）投资者投入固定资产

投资者投入固定资产的成本，应当按照投资合同或协议约定的价值确定，但合同或协议约定价值不公允的除外。

三、材料采购成本的构成和计算

（一）材料采购成本的构成

材料采购成本是指为采购原材料而发生的各项费用，具体包括以下几点。

1）材料的买价，是指购货发票上注明的货款金额，不包含增值税专用发票中的增值税税额。

2）运杂费，包括材料的运输费、装卸费、保险费、包装费、仓储费等。

3）材料损耗，是指材料运输途中的合理损耗。

4）挑选整理费，是指材料入库前的挑选整理费用（包括挑选整理中发生的人工费支出和必要的损耗，并减去回收的废料价值）。

5）按规定应计入材料采购成本的各种税金，如关税等。

其中2）～5）项为材料的采购费用。材料买价加上采购费用，就构成了材料采购成本，用公式表示为

$$材料采购成本＝材料买价＋采购费用 \tag{4-1}$$

（二）材料采购成本的计算

在计算采购成本时，凡是能直接归属的采购费用，应直接计入相关材料的采购成本；几种材料共同发生的采购费用，应采用适当的分配标准分配计入各种材料的采购成本。一般以材料的重量或买价作为分配标准。分配采购费用时，应先计算采购费用分配率，再根据分配率计算各种材料应负担的采购费用。相关计算公式为

采购费用分配率＝采购费用总额/各种材料的重量（或买价）之和　　　（4-2）

某种材料应负担的采购费用＝该种材料的重量（或买价）×采购费用分配率　（4-3）

四、供应过程核算应设置的账户

根据对供应过程主要经济业务核算的要求，需要设置以下账户。

（一）"固定资产"账户

"固定资产"账户属于资产类账户，用来核算企业持有固定资产的原价。其借方登记企业购入、接受投资等原因增加的固定资产的原始价值，贷方登记企业因出售、报废、毁损及投资转出等原因减少的固定资产的原始价值。期末借方余额，反映企业期末固定资产的账面价值。本账户应当按照固定资产类别或项目设置明细分类账户，进行明细分类核算。

"固定资产"账户的账户结构如下：

借方	固定资产	贷方
核算企业购入、接受投资等原因增加的固定资产的原始价值	核算企业因出售、报废、毁损及投资转出等原因减少的固定资产的原始价值	
企业期末固定资产的账面价值		

（二）"在建工程"账户

"在建工程"账户属于资产类账户，用来核算企业正在建设中的工程项目投资及完工情况。其借方登记企业在建工程投资的增加，包括领用工程物资、发生有关工程人工费用等；贷方登记工程完工时，转入"固定资产"账户的价值。期末借方余额，反映企业尚未完工的在建工程的实际成本。本账户应当按照在建工程项目设置明细分类账户，进行明细分类核算。

"在建工程"账户的账户结构如下：

借方	在建工程	贷方
核算投入在建工程的各项支出增加数	核算工程达到预定可使用状态时转出的成本	
尚未完工的在建工程的实际成本		

（三）"在途物资"账户

"在途物资"账户属于资产类账户，用来核算企业购入材料物资的采购成本。其借方登记购入材料物资的买价和采购费用，贷方登记已完成采购手续、验收入库材料物资的采购成本。期末如有借方余额，则表示尚未验收入库的在途物资成本。本账户应按材料物资的种类设置明细分类账户，进行明细分类核算。

"在途物资"账户的账户结构如下：

借方	在途物资	贷方
核算材料买价、材料采购费用	核算已验收入库材料的实际采购成本	
尚未验收入库材料的采购成本		

（四）"原材料"账户

"原材料"账户属于资产类账户，用来核算企业库存原材料的收、发、存情况。其借方登记验收入库的原材料的实际成本，贷方登记发出材料的实际成本。余额在借方，表示期末库存材料的实际成本。为了反映每种库存材料的增减变化情况，"原材料"账户应根据材料的品种、规格等设置明细分类账户。

"原材料"账户的账户结构如下：

借方	原材料	贷方
核算入库材料的实际成本		核算发出材料的实际成本
反映库存材料的实际成本		

（五）"应交税费——应交增值税"账户

"应交税费——应交增值税"账户属于负债类账户，用来核算企业应交纳的增值税。本账户的借方用来登记企业在采购原材料时支付给供货方的进项税额及本月上缴的应纳税额，贷方用来登记销售产品时应向购买方收取的销项税额。余额一般在贷方，表示企业应交而尚未交纳的增值税税额。其中，进项税额是指纳税人购进货物或接受应税劳务所支付或负担的增值税税额；销项税额是指纳税人销售货物或提供应税劳务，按照销售额和规定的税率向买方收取的增值税税额。

"应交税费——应交增值税"账户的账户结构如下：

借方	应交税费——应交增值税	贷方
核算增值税的进项税额、实际交纳的增值税税额		核算增值税的销项税额
		反映应交而尚未交纳的增值税税额

（六）"应付账款"账户

"应付账款"账户属于负债类账户，用来核算企业因采购材料物资和接受劳务等而发生的结算债务，以及这些债务的清偿情况。其贷方登记应付给供应单位的款项，借方登记实际已归还的款项。其期末余额一般在贷方，反映企业尚未偿还的款项；如果期末余额在借方，反映企业期末预付账款余额。为了具体反映与各个供应单位的债务结算情况，"应付账款"账户应按供应单位名称设置明细分类账户。

"应付账款"账户的账户结构如下：

借方	应付账款	贷方
核算已偿还的款项		核算应付的款项
反映预付账款余额		反映尚未偿还的款项

（七）"应付票据"账户

"应付票据"账户属于负债类账户，用来核算企业为了购买材料、商品和接受劳务等行为而开出、承兑的商业汇票，包括银行承兑汇票和商业承兑汇票。其贷方登记企业开出的商业汇票的金额，借方登记企业已经支付或者到期无力支付的商业汇票的金额；期末余额一般在贷方，反映企业应付的、尚未到期的商业汇票的金额。"应付票据"账户可根据供货商设置明细分类账户。

"应付票据"账户的账户结构如下：

借方	应付票据	贷方
核算企业已经支付或者到期无力支付的 商业汇票的金额	核算企业开出、承兑的商业汇票的金额	
	反映企业应付的、尚未到期的 商业汇票的金额	

（八）"预付账款"账户

"预付账款"账户属于资产类账户，用来核算企业按照合同规定或交易双方约定，向购买单位或接受劳务的单位在未发出商品或提供劳务时预付的款项。预付账款情况不多的，也可以不设置本账户，而将预付的款项直接记入"应付账款"账户。

"预付账款"账户的借方登记企业向购货方或接受劳务单位预付的款项，贷方登记企业收到所购货物时应支付的款项等。期末余额在借方，反映企业预付的款项；期末余额在贷方，表示企业尚未补付的款项。"预付账款"账户应按供货单位名称设置明细分类账户。

"预付账款"账户的账户结构如下：

借方	预付账款	贷方
核算企业向购货方或接受劳务单位 预付的款项	核算企业向购货方或接受劳务单位 预收的款项、退回的款项	
期末企业预付的款项	期末企业尚未补付的款项	

五、供应过程主要经济业务的核算

（一）购进固定资产的核算

1. 购入不需要安装的固定资产

【例4-13】12月10日，潍坊新宇公司购入一台不需要安装的机器设备，取得的增值税专用发票注明的设备款为200 000元，增值税税额为26 000元，另支付包装费1 000元，上述款项已通过银行存款支付。

这笔经济业务的发生，一方面使企业的固定资产增加了201 000元，应记入"固定资产"账户的借方，增值税进项税额26 000元应记入"应交税费——应交增值税"账户的借方；另一方面使企业的银行存款减少了227 000元，应记入"银行存款"账户的贷方。编制会计分录如下：

借：固定资产　　　　　　　　　　　　　　　　　　　　　　　　201 000
　　应交税费——应交增值税（进项税额）　　　　　　　　　　　　26 000
　　　贷：银行存款　　　　　　　　　　　　　　　　　　　　　　　　227 000

2. 购入需要安装的固定资产

【例 4-14】12 月 11 日，潍坊新宇公司购入需要安装的流水线设备，取得的增值税专用发票注明的设备价款为 500 000 元，增值税税额为 65 000 元，上述款项已通过银行存款支付。

这笔经济业务的发生，一方面使企业在建工程增加了 500 000 元，应记入"在建工程"账户的借方，增值税进项税额 65 000 元应记入"应交税费——应交增值税"账户的借方；另一方面使企业的银行存款减少了 565 000 元，应记入"银行存款"账户的贷方。编制会计分录如下：

借：在建工程 500 000
　应交税费——应交增值税（进项税额） 65 000
　贷：银行存款 565 000

【例 4-15】12 月 12 日，以银行存款支付流水线设备的安装费 5 000 元。

这笔经济业务的发生，一方面使企业在建工程增加了 5 000 元，应记入"在建工程"账户的借方；另一方面也使银行存款减少了 5 000 元，应记入"银行存款"账户的贷方。编制会计分录如下：

借：在建工程 5 000
　贷：银行存款 5 000

【例 4-16】12 月 22 日，流水线设备达到预定可使用状态。

这笔经济业务的发生，一方面使企业固定资产增加了 505 000 元，应记入"固定资产"账户的借方；另一方面使在建工程减少了 505 000 元，应记入"在建工程"账户的贷方。编制会计分录如下：

借：固定资产 505 000
　贷：在建工程 505 000

（二）购入材料的核算

1. 现款交易

【例 4-17】12 月 12 日，潍坊新宇公司从华兴公司购入甲材料 15 000 千克，单价为 20 元，共计 300 000 元，增值税税额为 39 000 元。上述款项已用银行存款支付，材料尚未到达。

这笔经济业务的发生，一方面使企业的在途物资增加 300 000 元，应记入"在途物资"账户的借方，增值税进项税额 39 000 元应记入"应交税费——应交增值税"账户的借方；另一方面使企业的银行存款减少 339 000 元，应记入"银行存款"账户的贷方。编制会计分录如下：

借：在途物资——甲材料 300 000
　应交税费——应交增值税（进项税额） 39 000
　贷：银行存款 339 000

【例 4-18】12 月 12 日，潍坊新宇公司从华兴公司购入的甲材料验收入库。

这笔经济业务的发生，一方面使企业库存原材料增加了 300 000 元，应记入"原材料"

账户的借方；另一方面使在途的材料减少了 300 000 元，应记入"在途物资"账户的贷方。编制会计分录如下：

借：原材料——甲材料 300 000
　　贷：在途物资——甲材料 300 000

2．欠款交易

【例 4-19】12 月 12 日，潍坊新宇公司从华丰公司购入乙材料 15 000 千克，单价为 10 元，共计 150 000 元，增值税税额为 19 500 元。对方代垫运费 1 000 元，增值税税率为 9%。款项尚未支付，材料已验收入库。

这笔经济业务的发生，一方面使企业的原材料增加了 150 910 元（150 000＋910），应记入"原材料"账户的借方，增值税进项税额为 19 590 元（19 500＋1 000×9%）应记入"应交税费——应交增值税"账户的借方；另一方面使企业的应付账款增加了 170 500 元，应记入"应付账款"账户的贷方。编制会计分录如下：

借：原材料——乙材料 150 910
　　应交税费——应交增值税（进项税额） 19 590
　　贷：应付账款——华丰公司 170 500

3．预付款交易

【例 4-20】12 月 14 日，潍坊新宇公司以银行存款向华安公司预付购买乙材料货款 50 000 元。

这笔经济业务的发生，一方面使企业的银行存款减少了 50 000 元，应记入"银行存款"账户的贷方；另一方面使企业预付账款增加了 50 000 元，应记入"预付账款"账户的借方。编制会计分录如下：

借：预付账款——华安公司 50 000
　　贷：银行存款 50 000

【例 4-21】12 月 14 日，潍坊新宇公司收到华安公司发运来的乙材料 5 000 千克，单价为 10 元，共计 50 000 元，增值税进项税额为 6 500 元，剩余货款用银行存款支付。材料已验收入库。

这笔经济业务的发生，一方面使企业原材料增加了 50 000 元，应记入"原材料"账户的借方，增值税进项税额 6 500 元应记入"应交税费——应交增值税"账户的借方；另一方面使企业的预付账款减少了 56 500 元，应记入"预付账款"账户的贷方。此外，剩余货款需要补付，由于原来预付货款为 50 000 元，还需补付 6 500 元，一方面，预付账款增加 8 000 元，应记入该账户的借方；另一方面，企业的银行存款减少 6 500 元，应记入"银行存款"账户的贷方。因此，编制会计分录如下：

借：原材料——乙材料 50 000
　　应交税费——应交增值税（进项税额） 6 500
　　贷：预付账款——华安公司 56 500
借：预付账款——华安公司 6 500
　　贷：银行存款 6 500

任务五　生产过程的核算

一、生产过程核算的主要内容

制造企业的生产过程是指从投入材料到产品完工并验收入库的全过程。

项目四学习课件
（任务五）

企业在生产产品的过程中要消耗材料，支付职工工资及其他费用，会发生固定资产的损耗等，这些耗费就是生产费用。制造企业的生产过程就是成本的耗费过程，为生产产品而发生的各种费用按一定的方法和程序归集到各种产品中去，计算出为制造某种产品而耗用的生产费用即产品成本，一般称为生产成本。

在生产过程中所发生的生产费用主要包括为生产产品所消耗的原材料、辅助材料、燃料和动力费用，生产工人的工资及福利费，厂房和机器设备等固定资产的折旧费，以及管理和组织生产、为生产服务而发生的各种费用。这些费用要按一定种类的产品进行归集和分配，以计算产品的生产成本。因此，生产过程核算的主要内容是产品生产成本的计算和生产费用的核算。

二、产品生产成本的构成和计算

（一）产品生产成本的构成

按照产品的品种归集、分配生产成本时，可以将生产费用简单地归纳为三部分，即直接材料费、直接人工费、制造费用，简称"料、工、费"。

1）直接材料费是指在生产经营过程中实际消耗的，构成产品实体的原材料、辅助材料及其他直接材料费。

2）直接人工费是指企业直接从事产品生产的工人工资和按规定提取的福利费。

3）制造费用是指为生产产品和提供劳务而发生的各种间接费用，即与产品生产有关但不能直接归属于某种产品的生产费用，如车间管理人员的工资和福利费、车间使用的固定资产折旧费、水电费等。

（二）产品生产成本的计算

在计算产品生产成本时，应将生产过程中发生的各项生产费用，按照产品的名称或类别分别进行归集和分配，以便分别计算各种产品的生产总成本和单位成本。在不同生产类型的企业里，因为生产流程各不相同，所以产品成本的计算方法也不尽相同。这些专门的产品成本计算方法，将在成本会计中进行介绍。

三、生产过程核算应设置的账户

为了对生产过程进行核算，企业应设置如下账户。

（一）"生产成本"账户

"生产成本"账户属于成本类账户，用来核算产品生产过程中发生应计入产品成本的各项费用。其借方登记生产产品直接耗用的材料费和人工费，以及月末转入的制造费用；贷方登记月末转出的完工入库产品的成本；期末借方余额表示尚未完工的在产品成本。本账户应按产品的种类设置明细分类账户，进行明细分类核算。

"生产成本"账户的账户结构如下：

借方	生产成本	贷方
核算生产产品直接耗费的材料费、人工费及月末转入的制造费用	核算月末转出的完工入库产品成本转入的制造费用	
反映尚未完工的在产品成本		

（二）"制造费用"账户

"制造费用"账户属于成本类账户，用来核算生产车间为组织和管理生产而发生的各项间接费用，如固定资产折旧、水电费及生产车间管理人员工资等。其借方登记车间发生的各项间接费用，贷方登记月末分配转入"生产成本"账户的费用，本账户期末一般无余额。

"制造费用"账户的账户结构如下：

借方	制造费用	贷方
核算车间发生的各项间接费用	核算月末分配转入"生产成本"账户的费用	

（三）"应付职工薪酬"账户

"应付职工薪酬"账户属于负债类账户，用来核算企业应支付给职工的各种薪酬。其借方登记支付给职工的工资、奖金、津贴、福利费、社会保险费和住房公积金等，贷方登记应付职工薪酬，贷方余额表示尚未支付的职工薪酬。本账户可按"工资""职工福利""社会保险费""住房公积金"等设置明细账户进行核算。

"应付职工薪酬"账户的账户结构如下：

借方	应付职工薪酬	贷方
核算支付给职工的工资、福利费、工会经费，以及交纳的社会保险费和住房公积金等	核算应付未付的职工薪酬	
	反映应付而未付的职工薪酬	

（四）"累计折旧"账户

"累计折旧"账户属于资产类账户，它是固定资产的备抵账户，用来核算固定资产因磨损而减少的价值。其贷方登记固定资产累计折旧的增加数（即固定资产价值减少），借方登记已提固定资产折旧的减少或转销数，月末贷方余额表示现有固定资产已计提的累计折旧数。"累计折旧"账户的贷方余额抵扣"固定资产"借方余额，即为现有固定资产的净值。

"累计折旧"账户的账户结构如下：

借方	累计折旧	贷方
核算固定资产折旧的减少或转销数	核算计提的固定资产的折旧额	
	反映已计提的固定资产累计折旧数	

（五）"库存商品"账户

"库存商品"账户属于资产类账户，用来核算企业库存商品的增减变动情况。其借方登记已完工入库的产成品成本，贷方登记销售发出的产品成本，期末借方余额反映企业库存商品的实际成本。本账户应按产品的种类设置明细分类账户，进行明细分类核算。

"库存商品"账户的账户结构如下：

借方	库存商品	贷方
核算已完工入库的产成品实际成本	核算结转已销售产品成本	
反映期末库存商品成本		

四、生产过程主要经济业务的核算

（一）材料费用的核算

企业生产产品必定会耗用一定的原材料。生产部门领用原材料时应填制领料单，向仓库办理领料手续。仓库根据领料单发料后，应将领料凭证递交会计部门，据以作为入账的依据。会计部门一般在月末编制汇总领料凭证，据以编制记账凭证。

生产过程领用的材料应根据用途进行分类，记入相应的成本或费用类账户。生产产品耗用的材料属于直接材料，可直接记入"生产成本"账户的相关产品明细账户中；生产车间一般耗用的材料属于间接材料，应记入"制造费用"账户；行政管理部门耗用的材料不应计入产品成本，而应记入"管理费用"账户，作为一项期间费用直接从当期利润中扣除。

【例 4-22】12 月 31 日，潍坊新宇公司会计部门根据领料凭证编制领料汇总表，如表 4-1 所示。

表 4-1 领料汇总表

2019 年 12 月   单位：元

项目	甲材料	乙材料	合计
生产产品用 A 产品	180 000	70 000	250 000
生产产品用 B 产品	35 000	90 000	125 000
小计	215 000	160 000	375 000
车间一般耗用	5 000		5 000
行政管理部门耗用		3 000	3 000
合计	220 000	163 000	383 000

在该项经济业务中，生产产品直接耗用的材料费用记入"生产成本"账户；车间一般性耗用的材料费用记入"制造费用"账户；行政管理部门耗用的材料费用记入"管理费用"账户。

这笔经济业务的发生，一方面使成本费用增加，另一方面使原材料减少。发生的成本费用增加记入相应账户的借方；原材料的减少，应记入"原材料"账户的贷方。编制会计分录如下：

借：生产成本——A 产品　　　　　　　　　　　　　　　　　　　250 000

——B 产品	125 000
制造费用	5 000
管理费用——其他	3 000
贷：原材料——甲材料	220 000
——乙材料	163 000

（二）工资费用的核算

分配职工工资及福利费，要划清应直接计入产品成本、应计入制造费用与不应计入产品成本的人工费界限，即要区分直接人工费、间接人工费与不计入成本的人工费。凡属于生产车间直接从事产品生产的生产人员工资及计提的相关福利费，应直接记入"生产成本"的相关产品明细账户；车间管理人员工资及计提福利费属于间接人工，应通过"制造费用"账户进行核算；办公室行政管理人员工资及福利不应计入生产成本，应作为期间费用处理，通过"管理费用"账户进行核算。

【例 4-23】12 月 31 日，潍坊新宇公司会计部门计算并分配本月职工工资：生产工人工资共 180 000 元（其中，生产 A 产品的工人工资为 120 000 元，生产 B 产品的工人工资为 60 000 元）；车间管理人员工资为 22 000 元；行政管理人员工资为 18 000 元。

这笔经济业务的发生，一方面，企业给职工的工资费用增加，应记入"应付职工薪酬"账户的贷方；另一方面，根据职工岗位的不同，将工资费用记入有关成本费用账户。凡直接生产某种产品的工人工资等薪酬，应直接记入"生产成本"账户；车间管理人员的工资等薪酬，记入"制造费用"账户；行政管理人员的工资等薪酬，记入"管理费用"账户。编制会计分录如下：

借：生产成本——A 产品	120 000
——B 产品	60 000
制造费用	22 000
管理费用——工资	18 000
贷：应付职工薪酬——工资	220 000

【例 4-24】12 月 31 日，潍坊新宇公司以银行存款发放职工工资 220 000 元。

这笔经济业务的发生，一方面使银行存款减少了 220 000 元，应记入"银行存款"账户的贷方；另一方面使应付职工薪酬减少了 220 000 元，应记入"应付职工薪酬"账户的借方。编制会计分录如下：

借：应付职工薪酬——工资	220 000
贷：银行存款	220 000

（三）其他费用的核算

企业在产品生产过程中，除了发生材料、工资等费用外，还要发生一些诸如固定资产的折旧费、水电费等其他费用。这些费用都是间接费用，不能直接计入产品成本，要经过归集、分配后才能计入某种产品的成本。下面介绍一下固定资产的折旧。

固定资产折旧是指固定资产在使用过程中逐渐损耗而转移到商品或费用中去的那部分价值，也是企业在生产经营过程中由于使用固定资产而在其使用年限内分摊的固定资产耗费。

　　企业应当在固定资产的使用寿命内，按照确定的方法对应计折旧额进行系统分摊。其中，使用寿命是指固定资产预期使用的期限。应计折旧额是指应计提折旧的固定资产的原价扣除其预计净残值后的余额；如已对固定资产计提减值准备，还应扣除已计提的固定资产减值准备累计金额。

　　固定资产应当按月计提折旧，并根据用途计入相关资产的成本或者当期损益。当月增加的固定资产，当月不计提折旧，从下月起计提折旧；当月减少的固定资产，当月仍计提折旧，从下月起停止计提折旧。固定资产提足折旧后，不管能否继续使用，均不再提取折旧；提前报废的固定资产，也不再补提折旧。

　　企业应当根据与固定资产有关的经济利益的预期实现方式，合理选择固定资产折旧方法。最常用的折旧方法有直线法、工时法、产量法和加速折旧法。税法赋予企业固定资产折旧方法和折旧年限的选择权。企业固定资产折旧方法一般采用平均年限法。

　　平均年限法又称为直线法，是将固定资产的折旧均衡地分摊到各期的一种计算方法。采用这种方法计算的每期折旧额均是等额的。相关计算公式为

$$固定资产年折旧额 = （固定资产原价 - 预计净残值）/预计使用年限 \qquad (4\text{-}4)$$
$$月折旧额 = 固定资产年折旧额/12 \qquad (4\text{-}5)$$
$$年折旧率 = 固定资产年折旧额/固定资产原值 \times 100\% \qquad (4\text{-}6)$$
$$月折旧率 = 年折旧率/12 \qquad (4\text{-}7)$$

　　采用平均年限法计算固定资产折旧虽然简单，但也存在一些局限性。例如，固定资产在不同使用年限提供的经济效益不同，平均年限法没有考虑这一事实。又如，固定资产在不同使用年限发生的维修费用也不一样，平均年限法也没有考虑这一因素。因此，只有当固定资产各期的负荷程度相同、各期应分摊相同的折旧费时，采用平均年限法计算折旧才是合理的。

　　企业至少应当于每年年度终了时对固定资产的使用寿命、预计净残值和折旧方法进行复核。使用寿命预计数与原先估计数有差异的，应当调整固定资产使用寿命。预计净残值预计数与原先估计数有差异的，应当调整预计净残值。

　　【例4-25】12月31日，潍坊新宇公司以银行存款支付本月生产车间水电费8 000元。

　　这笔经济业务的发生，一方面使银行存款减少，应记入"银行存款"账户的贷方；另一方面使制造费用增加，应记入"制造费用"账户的借方。编制会计分录如下：

　　　借：制造费用　　　　　　　　　　　　　　　　　　　　　　　　8 000
　　　　　贷：银行存款　　　　　　　　　　　　　　　　　　　　　　　　　8 000

　　【例4-26】12月31日，潍坊新宇公司计提本月生产车间应负担的固定资产折旧10 000元。

　　固定资产在使用过程中发生的价值损耗应按月计算，当月增加的固定资产，下个月开始计提折旧，增加当月的制造费用，同时增加固定资产已提折旧的累计数。这笔经济业务的发生，一方面使折旧额增加，应记入"累计折旧"账户的贷方；另一方面使制造费用减少，应记入"制造费用"账户的借方。编制会计分录如下：

　　　借：制造费用　　　　　　　　　　　　　　　　　　　　　　　　10 000
　　　　　贷：累计折旧　　　　　　　　　　　　　　　　　　　　　　　　　10 000

（四）制造费用的归集与分配

制造费用是指企业生产车间内为生产产品所发生的各项间接生产费用。这些费用的发生一般不能直接确定其受益对象，所以，制造费用在发生时，应首先通过"制造费用"账户的借方进行归集，期末在所有的受益对象间采用一定的方法进行分配后，再记入"生产成本"账户的借方。

1. 制造费用的归集

制造费用归集的内容主要包括生产车间管理用原材料及辅助材料，车间管理人员的工资和福利费，机器设备、厂房等固定资产的折旧费、修理费，车间管理的日常耗费等。

期末应将企业本期所发生的各项制造费用按车间或部门进行归集汇总。在实际工作中，这种归集汇总的工作是通过编制制造费用明细表的形式来完成的。

2. 制造费用的分配

如果生产车间只生产一种产品，归集的制造费用可直接计入该种产品成本。如果生产多种产品，归集的制造费用必须采用合理的分配方法，将制造费用分配计入各种产品成本。

制造费用的分配方法主要有：①按生产工人工资比例分配；②按生产工人工时比例分配；③按机器工时比例分配；④按耗用原材料的数量和成本比例分配；⑤按直接成本（原材料、燃料、动力、生产工人工薪费用）比例分配；⑥按产品产量比例分配。

制造费用分配的计算公式为

$$分配率＝待分配制造费用总额/各种产品的分配标准之和 \tag{4-8}$$
$$某产品分摊的制造费用＝分配率×该种产品的分配标准 \tag{4-9}$$

【例4-27】12月31日，潍坊新宇公司将本月发生的制造费用按A、B产品生产工人工资比例进行分配，结转入生产成本。本月发生的制造费用汇总表如表4-2所示。

表4-2 制造费用汇总表

项目	金额/元
制造车间材料耗用	5 000
车间管理人员工资	22 000
车间水电费	8 000
车间固定资产折旧费	10 000
合计	45 000

本例中的制造费用分配步骤如下：

1）计算分配率：

$$分配率＝制造费用总额/生产工人工资总额$$
$$＝45\,000/180\,000$$
$$＝0.25$$

2）计算A、B产品应分配的制造费用。

A产品应分配的制造费用：

$$120\ 000\times0.25=30\ 000（元）$$

B 产品应分配的制造费用：

$$60\ 000\times0.25=15\ 000（元）$$

这笔经济业务的发生，一方面，企业的制造费用总额因分配结转而减少 45 000 元，应记入"制造费用"账户的贷方；另一方面，生产 A、B 产品的成本分别增加了 30 000 元和 15 000 元，应记入"生产成本"账户的借方。编制会计分录如下：

借：生产成本——A 产品   30 000
　　　　　　——B 产品   15 000
　　贷：制造费用   45 000

（五）完工产品成本结转的核算

月末，应计算出本月完工产品的生产成本，并将其从"生产成本"账户转入"库存商品"账户，以反映本期验收入库的产成品成本。月末还处在生产过程中尚未完工的产品，称为在产品。期末在产品的生产成本不需转入"库存商品"账户，而是转入下期，作为下期"生产成本"账户的期初余额。

计算产品生产成本要把在生产过程中发生的全部生产成本，即生产过程中发生的"料、工、费"，按一定的对象进行归集，然后在完工产品与未完工产品（在产品）之间进行分配，计算出完工产品的总成本与单位成本。其计算公式为

月初在产品成本＋本月发生生产成本＝本月完工产品成本＋月末在产品成本　　　（4-10）

其中，月初在产品成本和本月发生生产成本可从"生产成本"明细账户的核算资料中取得，本月完工产品成本和月末在产品成本则需要通过计算确定。一般是先计算月末在产品成本，然后从全部生产成本中减去月末在产品成本，求得完工产品成本。其计算公式为

本月完工产品成本＝月初在产品成本＋本月发生生产成本－月末在产品成本　　　（4-11）

【例 4-28】12 月 31 日，潍坊新宇公司结转本月完工入库产品的生产成本。其中，A 产品期初在产品成本为 160 000 元，本期发生的生产成本为 400 000 元，期末 A 产品全部完工。B 产品期初在产品成本为 140 000 元，本期发生的生产成本为 200 000 元，期末未完工 B 产品的生产成本为 20 000 元。

本例中 A 产品全部完工，应结转的生产成本为 160 000＋400 000＝560 000（元），B 产品应结转的生产成本为 140 000＋200 000－20 000＝320 000（元）。

这笔经济业务应按确定的 A、B 完工产品生产成本金额，将其从"生产成本"账户结转至"库存商品"账户，借记"库存商品"账户，贷记"生产成本"账户。编制会计分录如下：

借：库存商品——A 产品   560 000
　　　　　　——B 产品   320 000
　　贷：生产成本——A 产品   560 000
　　　　　　　　——B 产品   320 000

任务六　期间费用的核算

期间费用是指企业当期发生但不能归属于产品成本的费用。由于难以判定其所归属的产品，期间费用不能计入产品成本，而应在确认本期的相应费用后，直接计入当期损益，从当期的利润中扣减。期间费用主要包括财务费用、管理费用、销售费用等。

项目四学习课件
（任务六）

一、期间费用核算应设置的账户

（一）"财务费用"账户

"财务费用"账户属于损益类账户，用来核算企业为筹集生产经营所需资金而发生的各种费用，包括利息支出、汇兑损益及相关手续费等。其借方登记企业发生的各项财务费用，贷方登记期末转入"本年利润"账户的费用，结转后本账户无余额。本账户可按费用项目进行明细核算。

"财务费用"账户的账户结构如下：

借方	财务费用	贷方
核算企业发生的各项财务费用	核算期末转入"本年利润"账户的费用	

（二）"管理费用"账户

"管理费用"账户属于损益类账户，用来核算企业行政管理部门为组织和管理生产经营活动而发生的各项费用，包括行政管理部门职工工资、办公费、差旅费、业务招待费等。其借方登记企业发生的各项管理费用，贷方登记期末转入"本年利润"账户的费用，结转后本账户无余额。本账户可按费用项目进行明细核算。

"管理费用"账户的账户结构如下：

借方	管理费用	贷方
核算企业发生的各项管理费用	核算期末转入"本年利润"账户的费用	

（三）"销售费用"账户

"销售费用"账户属于损益类账户，用来核算企业销售商品和材料、提供劳务的过程中所发生的各种费用，包括包装费、广告费、运输费、销售人员薪酬等。其借方登记企业发生的各种销售费用，贷方登记期末转入"本年利润"账户的费用，结转后本账户无余额。本账户可按费用项目进行明细核算。

"销售费用"账户的账户结构如下：

借方	销售费用	贷方
核算企业发生的各项销售费用	核算期末转入"本年利润"账户的费用	

（四）"其他应收款"账户

"其他应收款"账户属于资产类账户，用于核算企业在生产经营中发生的预付费用及其他应收款项。预付费用是指本期或以前期间已经支付但应由后续会计期间负担的费用，如预付保险费、预付租金、预付报刊订阅费等。预付费用支付时记入"其他应收款"账户的借方，在受益期进行摊销时，由贷方转入"制造费用"或"管理费用"等账户的借方。本账户可根据具体内容开设明细科目，进行明细核算。

"其他应收款"账户的账户结构如下：

借方	其他应收款	贷方
核算发生的各种其他应收款项、预付款项	核算已收回或转销、分摊的款项	
企业尚未收回的其他应收款项或尚未转销、分摊完毕的预付款项		

（五）"其他应付款"账户

"其他应付款"账户属于负债类账户，用于核算企业在生产经营中预提的应计费用及其他应付、暂收款项。应计费用是指应由本期负担但在以后的会计期间才予以实际支付结算的费用，如企业借款利息的账务处理就是典型的应计费用计提方式。银行是按季度收取贷款利息的，所以季度前两个月应预提应付利息，预提时应记入"其他应付款"账户的贷方，表示应付而未付款项的增加，即负债增加；支付时记入该账户的借方和"银行存款"账户的贷方。本账户可根据具体内容开设明细科目，进行明细核算。

"其他应付款"账户的账户结构如下：

借方	其他应付款	贷方
核算支付的各种其他应付款项、暂收款项	核算发生的各种其他应付款项、暂收款项	
	反映应付而未付的其他应付款项	

二、期间费用的主要经济业务核算

【例4-29】12月1日，潍坊新宇公司从银行提现2 000元。

这笔经济业务的发生，一方面使银行存款减少，应记入"银行存款"账户的贷方；另一方面使库存现金增加，应记入"库存现金"账户的借方。编制会计分录如下：

借：库存现金　　　　　　　　　　　　　　　　　　　　　　　　　　2 000

　　贷：银行存款　　　　　　　　　　　　　　　　　　　　　　　　　　2 000

【例4-30】12月3日，潍坊新宇公司以现金支付行政管理部门的招待费300元。

这笔经济业务的发生，一方面使库存现金减少，应记入"库存现金"账户的贷方；另一方面使招待费增加，应记入"管理费用"账户的借方。编制会计分录如下：

借：管理费用——招待费　　　　　　　　　　　　　　　　　　　　　300

　　贷：库存现金　　　　　　　　　　　　　　　　　　　　　　　　　　300

【例4-31】12月5日，潍坊新宇公司员工王芳预借差旅费1 000元，以现金支付。

这笔经济业务的发生，一方面使库存现金减少，应记入"库存现金"账户的贷方；另一方面反映发生预付款项，应记入"其他应收款"账户的借方。编制会计分录如下：

借：其他应收款——王芳   1 000

    贷：库存现金   1 000

【例4-32】12月13日，员工王芳出差回来，报销差旅费1 200元，以库存现金支付剩余款项。

这笔经济业务的发生，一方面使管理费用增加1 200元，应记入"管理费用"账户的借方；另一方面使其他应收款减少1 000元，库存现金减少200元，应分别记入"其他应收款"账户、"库存现金"账户的贷方。编制会计分录如下：

借：管理费用——差旅费   1 200

    贷：其他应收款——王芳   1 000

        库存现金   200

【例4-33】12月5日，潍坊新宇公司以银行存款支付办公用品费用1 500元。

这笔经济业务的发生，一方面使管理费用增加1 500元，应记入"管理费用"账户的借方；另一方面使银行存款减少1 500元，应记入"银行存款"账户的贷方。编制会计分录如下：

借：管理费用——办公费   1 500

    贷：银行存款   1 500

【例4-34】12月13日，潍坊新宇公司以银行存款支付产品广告费5 000元。

这笔经济业务的发生，一方面使销售费用增加，应记入"销售费用"账户的借方；另一方面使银行存款减少，应记入"银行存款"账户的贷方。编制会计分录如下：

借：销售费用   5 000

    贷：银行存款   5 000

【例4-35】12月13日，潍坊新宇公司以银行存款支付应由当月负担的短期借款利息1 000元。

这笔经济业务的发生，一方面使企业的财务费用增加1 000元，应记入"财务费用"账户的借方；另一方面使企业的银行存款减少1 000元，应记入"银行存款"账户的贷方。编制会计分录如下：

借：财务费用   1 000

    贷：银行存款   1 000

任务七 销售过程的核算

销售过程会计核算的主要内容包括确认和反映销售收入、计算和交纳增值税及消费税等相关税金、计算并结转销售成本、归集销售费用等。

一、销售过程核算应设置的账户

项目四学习课件
（任务七）

（一）"主营业务收入"账户

该账户属于损益类账户，用来核算企业销售商品、提供劳务等主营业务的收入。其贷方登记企业取得的营业收入，借方登记期末转入"本年利润"账户的数额，结转后本账户无余额。本账户可按主营业务的种类进行明细核算。

"主营业务收入"账户的账户结构如下：

借方	主营业务收入	贷方
核算转入"本年利润"账户的金额	核算已销售商品、提供劳务取得的收入	

（二）"主营业务成本"账户

"主营业务成本"账户属于损益类账户，用来核算企业因销售商品、提供劳务及让渡资产使用权等日常活动而发生的成本。其借方登记已销商品、劳务提供等的实际成本，贷方登记期末转入"本年利润"账户的数额，结转后本账户无余额。本账户也应按产品的种类设置明细分类账户。

"主营业务成本"账户的账户结构如下：

借方	主营业务成本	贷方
核算已销售商品、提供劳务的实际成本	核算转入"本年利润"账户的金额	

（三）"税金及附加"账户

"税金及附加"账户属于损益类账户，用来核算企业经营活动发生的消费税、城市维护建设税、资源税、教育费附加及房产税、土地使用税、车船使用税、印花税等相关税费。其借方登记应负担的各种税金及附加，贷方登记期末转入"本年利润"账户的数额，结转后本账户无余额。

"税金及附加"账户的账户结构如下：

借方	税金及附加	贷方
核算应负担的各种税金及附加	核算转入"本年利润"账户的金额	

（四）"应收账款"账户

"应收账款"账户属于资产类账户，用来核算企业因销售商品、提供劳务等经营活动应收取的款项。其借方登记应向购货方或接受劳务单位收取的款项，贷方登记收回的应收款。其期末余额一般在借方，反映尚未收回的款项；如果期末余额在贷方，反映企业期末预收账款余额。"应收账款"账户应按客户单位名称设置明细分类账户。

"应收账款"账户的账户结构如下：

借方	应收账款	贷方
核算发生的应收账款	核算实际收到的应收账款	
反映尚未收回的应收账款	反映预收账款余额	

（五）"应收票据"账户

"应收票据"账户属于资产类账户，用来核算企业因销售商品、提供劳务等经营活动而

收到的商业汇票。其借方登记企业收到的应收票据的票面金额，贷方登记票据到期收回的
应收票据的票面金额；期末余额一般在借方，反映企业持有的商业汇票的票面金额。"应收
票据"账户可按开出、承兑商业汇票的单位名称设置明细分类账户。实务中，本账户应设
置"应收票据备查簿"，逐笔登记每笔应收票据的详细信息。

"应收票据"账户的账户结构如下：

借方	应收票据	贷方
核算企业收到的应收票据的票面金额		核算票据到期收回的应收票据的票面金额
反映企业持有的商业汇票的票面金额		

（六）"预收账款"账户

"预收账款"账户属于负债类账户，用来核算企业按照合同规定或交易双方约定，向购
买单位或接受劳务的单位在未发出商品或提供劳务时预收的款项。预收账款情况不多的，
也可以不设置本账户，将预收的款项直接记入"应收账款"账户的贷方。

"预收账款"账户的贷方登记企业向购货方或接受劳务单位预收的款项，借方登记销售实现
时按实现的收入转销的预收款项等。期末余额在贷方，反映企业预收的款项；期末余额在借方，
表示企业已转销但尚未收取的款项。"预收账款"账户应按购货单位名称设置明细分类账户。

"预收账款"账户的账户结构如下：

借方	预收账款	贷方
核算销售实现时按实现的收入转销的预收款项		核算企业向购货方或接受劳务单位预收的款项
期末企业已转销但尚未收取的款项		企业预收的款项

二、销售过程主要经济业务的核算

【例 4-36】12 月 13 日，潍坊新宇公司向振华公司销售 A 产品 4 000 件，单价为 50 元，
增值税专用发票上注明价款为 200 000 元，增值税税额为 26 000 元。产品已经发出，款项
已收到，并存入银行。

这笔经济业务的发生，一方面使企业的银行存款增加了 226 000 元，应记入"银行存
款"账户的借方；另一方面使企业实现 A 产品销售收入 200 000 元，增值税销项税额增加
了 26 000 元，应分别记入"主营业务收入"账户、"应交税费——应交增值税（销项税额）"
账户的贷方。编制会计分录如下：

借：银行存款   226 000
　　贷：主营业务收入   200 000
　　　　应交税费——应交增值税（销项税额）   26 000

【例 4-37】12 月 13 日，潍坊新宇公司向振国公司销售 A 产品 1 000 件，单价为 50 元，
增值税专用发票上注明价款为 50 000 元，增值税税额为 6 500 元；同时还销售 B 产品 2 500
件，单价为 40 元，增值税专用发票上注明价款为 100 000 元，增值税税额为 13 000 元。收
到对方开出的 6 个月到期的商业汇票，面额 169 500 元，产品已发出。

这笔经济业务的发生，一方面使企业实现产品销售收入 150 000 元，增值税销项税额

增加 19 500 元，应分别记入"主营业务收入"账户、"应交税费——应交增值税（销项税额）"账户的贷方；另一方面使企业的应收票据增加了 169 500 元，应记入"应收票据"账户的借方。编制会计分录如下：

借：应收票据——振国公司   169 500
  贷：主营业务收入   150 000
    应交税费——应交增值税（销项税额） 19 500

【例 4-38】12 月 17 日，潍坊新宇公司向振兴公司销售 A 产品 5 000 件，单价为 60 元，增值税专用发票上注明价款为 300 000 元，增值税税额为 39 000 元；同时还销售 B 产品 5 000 件，单价为 40 元，增值税专用发票上注明价款为 200 000 元，增值税税额为 26 000 元，货已发出，振兴公司尚未支付货款。12 月 22 日，潍坊新宇公司收回应收账款。

1）12 月 17 日，这笔经济业务的发生，一方面使企业实现产品销售收入 500 000 元，增值税销项税额增加 65 000 元，应分别记入"主营业务收入"账户、"应交税费——应交增值税（销项税额）"账户的贷方；另一方面使企业的应收账款增加了 565 000 元，应记入"应收账款"账户的借方。编制会计分录如下：

借：应收账款——振兴公司   565 000
  贷：主营业务收入   500 000
    应交税费——应交增值税（销项税额） 65 000

2）12 月 22 日，这笔经济业务的发生，一方面使企业银行存款增加 565 000 元，应记入"银行存款"账户的借方；另一方面使企业的应收账款减少了 565 000 元，应记入"应收账款"账户的贷方。编制会计分录如下：

借：银行存款   565 000
  贷：应收账款——振兴公司   565 000

【例 4-39】12 月 17 日，潍坊新宇公司预收振邦公司购买 A 产品的货款 30 000 元，款项已收存银行。

这笔经济业务的发生，一方面使企业的银行存款增加了 30 000 元，应记入"银行存款"账户的借方；另一方面使企业的预收账款增加了 30 000 元，应记入"预收账款"账户的贷方。编制会计分录如下：

借：银行存款   30 000
  贷：预收账款——振邦公司   30 000

【例 4-40】12 月 18 日，潍坊新宇公司向振邦公司发出 A 产品 800 件，单价为 50 元，增值税专用发票上注明价款为 40 000 元，增值税税额为 5 200 元。冲销原预收账款 30 000 元，其余货款于次日收回后存入银行。

这笔经济业务的发生，发出 A 产品时，一方面使企业的预收账款减少了 45 200 元，应记入"预收账款"账户的借方；另一方面使企业实现产品销售收入 40 000 元，增值税销项税额增加 5 200 元，应分别记入"主营业务收入"账户、"应交税费——应交增值税（销项税额）"账户的贷方；收回其余货款时，使企业的预收账款增加了 15 200 元，银行存款增加了 15 200 元，应分别记入"银行存款"账户的借方、"预收账款"账户的贷方。编制会计分录如下：

发出 A 产品时：

借：预收账款——振邦公司   45 200

贷：主营业务收入　　　　　　　　　　　　　　　　　　　40 000
　　应交税费——应交增值税（销项税额）　　　　　　　　 5 200

收到补付款时：

借：银行存款　　　　　　　　　　　　　　　　　　　　 15 200
　　贷：预收账款——振邦公司　　　　　　　　　　　　　 15 200

【例 4-41】12 月 31 日，潍坊新宇公司结转本月已经销售的 A 产品的销售成本共计500 000 元，B 产品的销售成本为 250 000 元。

这笔经济业务的发生，一方面销售导致了企业库存商品减少，应记入"库存商品"账户的贷方；另一方面涉及已经销售商品的生产成本的结转，应记入"主营业务成本"账户的借方。编制会计分录如下：

借：主营业务成本　　　　　　　　　　　　　　　　　　 750 000
　　贷：库存商品——A 产品　　　　　　　　　　　　　　 500 000
　　　　　　　　　——B 产品　　　　　　　　　　　　　 250 000

任务八　利润形成及分配的核算

一、利润的构成

利润是企业在一定会计期间内的经营活动所取得的财务成果，是综合反映企业经济效益的一个重要指标。企业在产品销售过程中所取得的营业利润还不能算是企业的最终利润，因为企业在经营过程中由于各种因素可能还会取得一些收入，而这些收入可能与企业的主营业务无关，如其他业务收入、营业外收入等。另外，企业也可能会发生一些支出，如其他业务支出、营业外支出等，这些项目也是企业利润的组成部分。

项目四学习课件
（任务八）

企业实现的利润，应按规定向国家交纳所得税，余下部分为净利润，要在投资者与企业之间进行分配。利润计算的相关公式如下：

1）营业利润的计算公式为

营业利润＝营业收入－营业成本－税金及附加－销售费用－管理费用－研发费用
　　　　　－财务费用－资产减值损失＋其他收益＋投资收益（－投资损失）
　　　　　＋公允价值变动收益（－公允价值变动损失）＋资产处置收益（－资产处置损失）

（4-12）

其中，营业收入是指企业经营业务所确认的收入总额，包括主营业务收入和其他业务收入；营业成本是指企业经营业务所发生的实际成本总额，包括主营业务成本和其他业务成本；资产减值损失是指企业计提各项资产减值准备所形成的损失；公允价值变动收益（或损失）是指企业交易性金融资产等公允价值变动形成的应计入当期损益的利得（或损失）；资产处置收益（或损失）是指企业以各种方式对外投资所取得的收益（或发生的损失）。

2）利润总额（税前利润）的计算公式为

利润总额（税前利润）＝营业利润＋营业外收入－营业外支出　　　（4-13）

其中，营业外收入是指企业发生的与其日常生产经营活动没有直接关系的各项利得，包括非流动资产处置利得、盘盈利得、捐赠利得、债务重组利得、政府补助利得等；营业外支出是指企业发生的与其日常生产经营活动没有直接关系的各项损失，包括非流动资产处置损失、盘亏损失、公益性捐赠支出、债务重组损失等。

3）净利润（税后利润）的计算公式为

$$净利润（税后利润）＝利润总额－所得税费用 \tag{4-14}$$

其中，所得税费用是指企业确认的应从当期利润总额中扣除的所得税费用。

二、利润形成及分配过程核算应设置的账户

（一）"其他业务收入"账户

"其他业务收入"账户属于损益类账户，用来核算企业确定的除主营业务活动以外的其他经营活动实现的收入，如出租固定资产、销售材料等实现的收入等。其贷方登记已实现的收入，借方登记期末转入"本年利润"账户的数额，结转后本账户月末无余额。

"其他业务收入"账户的账户结构如下：

借方	其他业务收入	贷方
核算转入"本年利润"账户的金额		核算已实现的其他的业务收入

（二）"其他业务成本"账户

"其他业务成本"账户属于损益类账户，用来核算企业确定的除主营业务活动以外的其他经营活动所发生的支出，如出租固定资产的折旧额、销售材料的成本等。其借方登记发生的除主营业务以外的其他业务成本，贷方登记期末转入"本年利润"账户的数额，结转后本账户月末无余额。

"其他业务成本"账户的账户结构如下：

借方	其他业务成本	贷方
核算除主营业务活动以外的其他成本		核算转入"本年利润"账户的金额

（三）"营业外收入"账户

"营业外收入"账户属于损益类账户，用来核算企业发生的各项与营业活动无关的营业外收入，如盘盈利得、政府补助收入、接受捐赠等。其贷方登记企业已确认的营业外收入，借方登记期末转入"本年利润"账户的数额，结转后本账户月末无余额。

"营业外收入"账户的账户结构如下：

借方	营业外收入	贷方
转入"本年利润"账户的金额		已实现的营业外收入

（四）"营业外支出"账户

"营业外支出"账户属于损益类账户，用来核算企业发生的各项与营业活动无关的营业

外支出，如盘亏损失、非常损失、公益性捐赠支出等。其借方登记企业确认的营业外支出，贷方登记期末转入"本年利润"账户的数额，结转后本账户月末无余额。

"营业外支出"账户的账户结构如下：

借方	营业外支出	贷方
核算已确认的营业外支出	转入"本年利润"账户的金额	

（五）"本年利润"账户

"本年利润"账户属于所有者权益类账户，用来核算企业当期实现的净利润（净亏损）。其贷方登记由"主营业务收入""其他业务收入""营业外收入"等收入类账户转入的余额，借方登记由"主营业务成本""销售费用""管理费用""财务费用""其他业务成本""税金及附加""营业外支出""所得税费用"等费用类账户转入的余额。期末应将本期收入与支出相抵后结出累计余额，贷方余额表示本年度截至本期的累计利润总额，借方余额则表示本年度截至本期的累计亏损额。

"本年利润"账户的账户结构如下：

借方	本年利润	贷方
核算主营业务成本转入金额	核算主营业务收入转入金额
税金及附加转入金额	其他业务收入转入金额
其他业务成本转入金额	投资收益转入金额
销售费用转入金额	营业外收入转入金额等
管理费用转入金额	
财务费用转入金额	
营业外支出转入金额	
资产减值损失转入金额	
所得税费用转入金额等	
表示本期发生的亏损数	表示本期实现的利润数

（六）"利润分配"账户

"利润分配"账户属于所有者权益类账户，用来核算企业利润的分配（或亏损的弥补）和历年分配（或弥补）后的余额。其借方登记提取的盈余公积、应付股利，以及由"本年利润"账户转入的本年累计亏损数；贷方登记盈余公积弥补的亏损数，以及年末由"本年利润"账户转入的本年累计净利润。贷方余额表示未分配利润，借方余额则表示未弥补亏损。本账户应按分配项目设置明细分类账户进行核算。

"利润分配"账户的账户结构如下：

借方	利润分配	贷方
核算提取的法定盈余公积	核算本年利润的转入金额
提取的任意盈余公积	盈余公积弥补亏损的金额
分配的利润	
表示未弥补亏损	表示未分配利润

（七）"应付股利"账户

"应付股利"账户属于负债类账户，用来核算企业分配的现金股利或利润。其贷方登记应付给投资者的股利或利润，借方登记已实际支付的股利或利润，期末余额在贷方表示尚未支付的股利或利润。

"应付股利"账户的账户结构如下：

借方	应付股利	贷方
核算实际支付的股利或利润	核算应付给投资者的股利或利润	
	表示应付未付的股利或利润	

（八）"所得税费用"账户

"所得税费用"账户属于损益类账户，用来核算企业确认的应从当期利润总额中扣除的所得税费用。其借方登记本期应交的所得税，贷方登记期末转入"本年利润"账户的所得税金额，结转后本账户无余额。

"所得税费用"账户的账户结构如下：

借方	所得税费用	贷方
核算本期应交的所得税金额	核算期末转入"本年利润"账户的金额	

（九）"盈余公积"账户

"盈余公积"账户属于所有者权益类账户，用来核算企业从净利润中提取的盈余公积。其贷方登记从净利润中提取的盈余公积，借方登记盈余公积的使用。例如，盈余公积弥补亏损或转增资本等，余额在贷方，表示提取的盈余公积结存数。本账户应按"法定盈余公积""任意盈余公积"设置明细账户进行核算。

"盈余公积"账户的账户结构如下：

借方	盈余公积	贷方
核算弥补企业亏损的金额 转增资本的金额	核算从净利润中提取的盈余公积	
	反映企业的累计盈余公积	

三、利润形成过程主要经济业务的核算

（一）其他业务的核算

【例4-42】12月21日，潍坊新宇公司对外出售甲材料500千克，单价为24元，增值税专用发票上注明价款为12 000元，增值税税额为1 560元，共计13 560元，款项已收存银行。12月31日，结转已销甲材料的采购成本，共计10 000元。

1）12月21日，这笔经济业务的发生，一方面使企业实现出售材料的销售收入12 000元，增值税销项税额增加1 560元，应分别记入"其他业务收入"账户、"应交税费——应

交增值税（销项税额）"账户的贷方；另一方面使企业的银行存款增加 13 560 元，应记入"银行存款"账户的借方。编制会计分录如下：

借：银行存款　　　　　　　　　　　　　　　　　　　　　　　13 560
　　贷：其他业务收入　　　　　　　　　　　　　　　　　　　　　12 000
　　　　应交税费——应交增值税（销项税额）　　　　　　　　　　 1 560

2）12 月 31 日，结转已销甲材料的实际采购成本 10 000 元，一方面，原材料减少了 10 000 元，记入"原材料"账户的贷方；另一方面，其他业务成本增加，应记入"其他业务成本"账户的借方。编制会计分录如下：

借：其他业务成本　　　　　　　　　　　　　　　　　　　　　　10 000
　　贷：原材料——甲材料　　　　　　　　　　　　　　　　　　　10 000

（二）营业外收支的核算

【例 4-43】 12 月 22 日，潍坊新宇公司向地震灾区捐款 10 000 元，以银行存款支付。

该项经济业务，一方面使企业银行存款减少，应记入"银行存款"账户的贷方；另一方面，捐赠款项属于与营业活动无关的支出，应记入"营业外支出"账户的借方。编制会计分录如下：

借：营业外支出　　　　　　　　　　　　　　　　　　　　　　　10 000
　　贷：银行存款　　　　　　　　　　　　　　　　　　　　　　　10 000

【例 4-44】 12 月 23 日，潍坊新宇公司获得客户违约赔偿金 5 000 元，款项已收存银行。

该项经济业务，一方面反映银行存款的增加，应记入"银行存款"账户的借方；另一方面，获得赔偿金，属于与营业活动无关的收入，表示营业外收入的增加，应记入"营业外收入"账户的贷方。编制会计分录如下：

借：银行存款　　　　　　　　　　　　　　　　　　　　　　　　 5 000
　　贷：营业外收入　　　　　　　　　　　　　　　　　　　　　　 5 000

（三）财务成果的核算

【例 4-45】 12 月 31 日，潍坊新宇公司计算并结转本期利润总额。本月各损益类账户余额如表 4-3 所示。

表 4-3　12 月各损益类账户余额

单位：元

账户名称	借方余额	贷方余额
主营业务收入		890 000
其他业务收入		12 000
营业外收入		5 000
主营业务成本	750 000	
其他业务成本	10 000	
营业外支出	10 000	
管理费用	24 000	
销售费用	5 000	
财务费用	1 000	
合计	800 000	907 000

期末应将所有损益类账户的贷方余额（一般为收入类账户）从相应账户的借方转入"本年利润"账户的贷方；将所有损益类账户的借方余额（一般为费用类账户）从相应账户的贷方转入"本年利润"账户的借方。编制会计分录如下：

```
借：主营业务收入                                          890 000
    其他业务收入                                           12 000
    营业外收入                                              5 000
    贷：本年利润                                          907 000
借：本年利润                                              800 000
    贷：主营业务成本                                       750 000
        其他业务成本                                        10 000
        管理费用                                            24 000
        销售费用                                             5 000
        财务费用                                             1 000
        营业外支出                                           10 000
```

以上各项收入抵补各项支出后的差额 107 000 元（907 000－800 000）为本年 12 月实现的利润总额。

【例 4-46】12 月 31 日，潍坊新宇公司计算和结转本月应交所得税，假设本年 1～11 月实现的利润总额为 893 000 元，按利润总额的 25%计算本年应交所得税并予以结转。

应交所得税＝（893 000＋107 000）×25%＝1 000 000×25%＝250 000（元）

这笔经济业务，一方面表明所得税增加，应记入"所得税费用"账户的借方；另一方面表明应交所得税增加，应记入"应交税费"账户的贷方。编制会计分录如下：

```
借：所得税费用                                            250 000
    贷：应交税费——应交所得税                              250 000
```

同时应将"所得税费用"账户余额结转至"本年利润"账户，应借记"本年利润"账户，贷记"所得税费用"账户。编制会计分录如下：

```
借：本年利润                                              250 000
    贷：所得税费用                                         250 000
```

当期利润总额扣除当期所得税费用后的数额 750 000 元（1 000 000－250 000）为当期净利润。

年末应将"本年利润"账户余额结转至"利润分配——未分配利润"账户。"利润分配——未分配利润"账户用来核算企业从"本年利润"账户转入的净利润中尚未分配利润的余额，以反映企业利润分配情况的全过程。

核算方法：年度终了，企业应将本年累计净利润自"本年利润"账户的借方转入"利润分配——未分配利润"账户的贷方，这时，"利润分配——未分配利润"账户的贷方便归集了当年可供分配的净利润总额；如果本年度是净损失（"本年利润"账户为借方余额），则做相反分录，应将本年累计亏损金额自"本年利润"账户的贷方转入"利润分配——未分配利润"账户的借方。

【例 4-47】12 月 31 日，潍坊新宇公司将本年净利润 750 000 元转入"利润分配——未分配利润"账户。

这笔经济业务应借记"本年利润"账户，贷记"利润分配——未分配利润"账户，表示可分配利润的增加。编制会计分录如下：

借：本年利润　　　　　　　　　　　　　　　　　　　　　　　750 000

　　贷：利润分配——未分配利润　　　　　　　　　　　　　　　　　750 000

项 目 小 结

制造企业的基本经济业务包括筹资、采购、生产、销售、利润核算与分配等经济活动。

会计基础是指会计确认、计量和报告的基础，是确认一定会计期间的收入和费用，从而确认损益的标准。会计基础主要有两种：权责发生制和收付实现制。权责发生制是指收入、费用的确认应当以收入和费用的实际发生作为确认的标准，合理确认当期损益的一种会计基础。权责发生制要求，凡是当期已经实现的收入、已经发生和应当负担的费用，不论款项是否收付，都应当作为当期的收入、费用；凡是不属于当期的收入、费用，即使款项已经在当期收付，也不应作为当期的收入、费用。收付实现制是以收到或支付现金作为确认收入和费用的标准，是与权责发生制相对应的一种会计基础。按照收付实现制，收入和费用的归属期间将与现金收支行为的发生与否紧密地联系在一起。换言之，现金收支行为在其发生的期间全部记作收入和费用，而不考虑与现金收支行为相连的经济业务实质是否发生。

资金筹集的核算包括资本金和借入资金的核算；采购过程的核算主要是采购材料、计算采购成本及材料入库的核算；生产过程的核算主要是在生产中发生的材料费、人工费和制造费用的核算及生产成本的计算；销售过程的核算主要是产品销售收入的确认、计算并结转产品成本等核算；利润的核算主要是企业实现的利润和对利润进行分配的核算。

项 目 训 练

技能题

1. 经营过程业务的核算。

某企业 2019 年 12 月发生下列经济业务。

1）12 月 1 日，收到光明公司投资 500 000 元存入银行。

2）12 月 2 日，从银行提现 5 000 元备用。

3）12 月 7 日，从胜利公司购买甲材料 30 吨，单位成本为 1 000 元，增值税税额为 3 900 元，款项未付，材料已验收入库。

4）12 月 12 日，以现金 800 元购买公司办公用品。

5）12 月 15 日，销售给前进公司 A 产品 50 件，单价为 4 000 元，共计 200 000 元，增值税税额为 26 000 元，款项尚未收到。

要求：根据以上经济业务，编制收款凭证、付款凭证、转账凭证。（财务主管：王明；记账：李红；出纳：张芳；复核：李玲。）

2．资金筹集过程业务的核算。

某企业 2019 年 1 月发生下列经济业务。

1）1 月 5 日，收到甲公司投资 200 000 元，已存入银行。

2）1 月 8 日，收到乙公司投资，其中设备估价 100 000 元，已交付使用。

3）1 月 10 日，从银行取得期限为 3 个月的借款 10 000 元存入银行。

4）1 月 12 日，上述借款年利率为 6%，计算提取本月的借款利息。

5）1 月 20 日，用银行存款 80 000 元偿还到期的银行临时借款。

要求：根据上述业务编制会计分录，填制通用记账凭证。

3．采购过程业务的核算。

某企业 2019 年 4 月发生下列经济业务。

1）4 月 1 日，从大华公司购入 A 材料 3 000 千克，单价为 10 元，适用的增值税税率为 13%，款项未付，材料已验收入库。

2）4 月 2 日，用银行存款 2 000 元支付上述 A 材料的运杂费。

3）4 月 5 日，购进 B 材料 5 000 千克，单价为 8 元，适用的增值税税率为 13%，款项已通过银行存款支付，材料已验收入库。

4）4 月 8 日，用银行存款 20 000 元预付订货材料款。

5）4 月 15 日，企业购入生产用不需要安装的设备一台，买价为 60 000 元，运杂费为 1 000 元，保险费为 300 元，全部款项已用银行存款支付。

要求：根据上述业务编制会计分录，填制通用记账凭证。

4．生产过程业务的核算。

某企业 2019 年 5 月发生下列经济业务。

1）月末用银行存款 10 000 元支付本月车间的水电费。

2）本月固定资产折旧情况如下：车间用固定资产折旧额为 8 000 元，行政管理部门用固定资产折旧额为 1 000 元。

3）本月领料汇总表如表 4-4 所示。

表 4-4　5 月领料汇总表

2019 年 5 月 　　　　　　　　　　　　　　　　　　　　　　　　　　　　　　　单位：元

项目	甲材料
生产 A 产品耗用	120 000
车间一般耗用	5 000
行政管理部门耗用	2 000
合计	127 000

4）月末计算并分配本月职工工资：生产工人工资共 50 000 元，车间管理人员工资共 15 000 元，行政管理人员工资共 10 000 元，共计 75 000 元。

5）从银行提现 75 000 元，用于发放工资。

要求：根据上述业务编制会计分录，填制通用记账凭证。

5．销售过程业务的核算。

某企业 2019 年 12 月发生下列经济业务。

　　1）12 月 3 日，向光明公司销售产品 200 台，单价为 2 000 元，增值税税率为 13%，价税款暂未收到。

　　2）12 月 5 日，用银行存款 6 000 元支付销售产品的广告费。

　　3）12 月 8 日，预收大力公司订货款 20 000 元存入银行。

　　4）12 月 10 日，向前进公司销售产品价款 500 000 元，增值税销项税额为 65 000 元，收到一张已承兑的商业汇票。

　　5）12 月 31 日，结转本月已销产品成本 600 000 元。

　　要求：根据上述业务编制会计分录，填制通用记账凭证。

项目五

登记会计账簿

学习目标

目标类型		目标要素
知识目标	基础知识	了解账簿的概念、种类和作用
		掌握日记账簿、明细分类账簿和总分类账簿的设置原则和登记规则
		了解对账、结账的方法
		掌握错账更正的方法
能力目标	基本技能	能够根据不同账户准确选择、设置账簿
		能够根据审核无误的会计凭证，使用正确的方法登记账簿
		能够对各种账簿按照要求结账
	拓展技能	能根据企业的实际情况进行账簿的登记、对账、更正和结账

项目导航

在"会计综合模拟手工实训"课上，老师要求学生根据所学理论讨论本学期所需的实训耗材。一名学生举手说："我们需要买会计账簿。"老师问他："你知道账簿有哪几种吗？如果让你去购买，你能买全制造企业所需要的账簿吗？你会正确使用这些账簿吗？……"

任务一　认知会计账簿

一、会计账簿的概念、内容与作用

通过会计凭证的填制和审核，虽然已将各项经济业务记录在会计凭证中，但会计凭证数量多、格式不一，所提供的资料比较分散且缺乏系统性，每张凭证一般只能反映个别经济业务的内容。要想连续、系统、全面地反映单位在一定时期内某一类或全部经济业务及其引起的资产与权益的增减变化情况，为经济管理提供完整而系统的会计核算资料，并为编制会计报表提供依据，就需要设置会计账簿，把分散在会计凭证中的大量核算资料加以集中和归类整理，分门别类地记录在会计账簿中。

项目五学习课件
（任务一、二）

1. 会计账簿的概念

会计账簿是指由一定格式、相互联系的账页组成的，根据已审核的会计凭证序时地、分类地记录和反映各项经济业务的会计簿记。在形式上，会计账簿是若干账页的组合；在实质上，会计账簿是会计信息形成的重要环节，是会计资料的主要载体，也是会计资料的重要组成部分。

2．会计账簿的内容

会计账簿的种类及格式有多种，但各类账簿都应具备以下基本内容。

1）封面。在封面上应写明账簿的名称及记账单位的名称。账簿名称如"总分类账""现金日记账""原材料明细账"等。

2）扉页。在扉页上应填制账簿启用及经管人员一览表，在表中应填明账簿名称、编号、页数、启用日期、经管人员姓名及交接日期、账户目录、主管会计人员签章等。

3）账页。账簿是由账页组成的，在账页上应列明账户名称、总页数和分户页数；页面中还应设置登账"日期"栏、"凭证字号"栏、"摘要"栏、"借方金额"栏、"贷方金额"栏、"余额"栏等。

3．会计账簿的作用

会计账簿的作用主要表现在以下四个方面。

1）会计账簿可以全面、连续、系统地反映经济活动。设置和登记账簿既能够提供总括核算资料，又能够提供明细分类资料；既能够提供分类核算资料，又能够提供序时核算资料。所以，会计账簿能够全面、连续、系统地反映经济活动的来龙去脉。

2）会计账簿是编制会计报表的依据。企业定期编制的资产负债表、利润表、现金流量表、所有者权益变动表及附注，所需数据均来自会计账簿的记录。从这层意义上说，会计账簿的设置与登记是否准确、完整，将直接影响会计报表的质量。

3）会计账簿可以为经济监督提供依据。企业各类经济业务的发生和完成情况都被记录在账簿中。这样会计监督部门和审计监督部门等有关经济监督部门，就可以通过对账簿记录的检查和监督，了解企业的经济活动是否合法、会计核算是否正确完整，从而对企业的经济活动及会计管理的水平和质量作出分析和评价，进而促进各企业各单位遵守财经法律，依法经营。

4）会计账簿是重要的经济档案。会计账簿是会计档案的主要资料，也是经济档案的重要组成部分。

二、会计账簿的种类

在会计账簿体系中，存在多种各自独立又相互补充的账簿。为了便于了解和更好地运用账簿，必须从不同的角度对会计账簿进行分类，如图 5-1 所示。

1．会计账簿按用途分类

会计账簿按用途可以分为日记账簿、分类账簿和备查账簿。

（1）日记账簿

日记账簿又称为序时账簿，是指按经济业务发生或完成时间的先后顺序进行登记的账簿。根据记录的内容，日记账簿又可分为普通日记账和特种日记账。

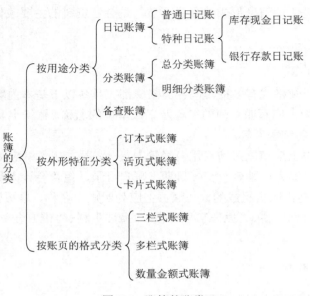

图 5-1　账簿的分类

1）普通日记账是指用来记录全部经济业务的日记账，即把每天发生的各项经济业务逐日逐笔地确定会计分录，然后登记入账。普通日记账不利于记账分工，不利于登账，工作量大，难以比较清晰地反映各类经济业务的情况，因此我国各单位一般不设置普通日记账。

2）特种日记账是指用来专门记录重要经济业务的序时账簿。利用这种日记账，可以反映、监督某些重要经济业务的完成情况。目前，我国大多数单位一般只设库存现金日记账和银行存款日记账。

（2）分类账簿

分类账簿提供的核算资料是编制会计报表的主要依据。按照账簿反映经济业务的详细程度，分类账簿可分为总分类账簿和明细分类账簿。

1）总分类账簿又称为总分类账，简称总账。它是根据总分类科目开设的账户，用来登记全部经济业务，进行总分类核算，提供总括核算资料的分类账簿。总分类账所提供的核算资料是编制会计报表的主要依据。任何单位都必须设置总分类账，用来总括反映各类经济业务的情况。

2）明细分类账簿又称为明细分类账、明细账簿，简称明细账。它是根据二级会计科目或明细科目开设的账户，明细登记某一类经济业务的账簿。明细分类账簿是根据企业单位经营管理的需要由企业单位自主设置的。一般来说，企业单位对各种财产物资、费用成本和收入成果、债权债务等往来款项，都应在有关总续账下设置明细分类账，进行明细分类核算，用来提供明细的核算资料。

（3）备查账簿

备查账簿又称为辅助账簿，简称备查账，是指对某些在序时账簿和分类账簿等主要账簿中不能登记或登记不全的经济业务事项进行补充登记时使用的账簿。备查账簿没有固定格式，可由各单位根据管理的需要自行设置，如租入固定资产登记簿、委托加工材料登记簿。

2. 会计账簿按外形特征分类

会计账簿按外形特征可以分为订本式账簿、活页式账簿和卡片式账簿。

（1）订本式账簿

订本式账簿也称为订本账，是指在账簿启用前就把具有账户基本结构并连续编号的若干张账页固定地装订成册的账簿。这种账簿的优点是可以避免账页散失，防止账页被随意抽换，比较安全。其缺点是账页固定，不能根据需要增加或减少，不便于按需要调整各账户的账页，也不便于分工记账。订本式账簿一般适用于总分类账、库存现金日记账和银行存款日记账。

（2）活页式账簿

活页式账簿也称为活页账，是指年度内账页不固定装订成册，而是将其放置在活页账夹中的账簿。当账簿登记完毕之后（通常是一个会计年度结束之后）才能将账页予以装订，加具封面，并给各账页连续编号。这种账簿的优点是可随时取放，便于账页的增加和重新排列，便于分工记账和记账工作电算化。其缺点是账页容易散失和被随意抽换。活页账在年度终了时，应及时装订成册，妥善保管。各种明细分类账一般采用活页账形式。

（3）卡片式账簿

卡片式账簿又称为卡片账，是指由许多具有一定格式的卡片组成，存放在一定卡片箱内的账簿。卡片账的卡片一般装在卡片箱内，不用装订成册，可随时存放，也可跨年度长期使用。这种账簿的优点是便于随时查阅，也便于按不同要求归类整理，不易损坏。其缺点是账页容易散失和被随意抽换。因此，在使用时，应对账页连续编号，并加盖有关人员图章；卡片箱应由专人保管，更换新账后也应封扎保管，以保证其安全。在我国，企业一般只对固定资产和低值易耗品等资产明细账采用卡片账形式。

3. 会计账簿按账页的格式分类

会计账簿按账页的格式可以分为三栏式账簿、多栏式账簿和数量金额式账簿。

（1）三栏式账簿

三栏式账簿是指其账页的格式主要部分为"借方""贷方""余额"三栏的账簿。三栏式账簿又可分为设对方科目和不设对方科目两种，两者的区别在于"摘要"栏和"借方科目"栏之间是否有"对方科目"栏。设有"对方科目"栏的，称为设对方科目的三栏式账簿；不设"对方科目"栏的，称为不设对方科目的三栏式账簿。这种格式的账簿主要适用于各种日记账、总分类账，以及资本、债权债务明细账等。

（2）多栏式账簿

多栏式账簿是指在账簿的两个基本栏目（即借方和贷方）按需要分设若干专栏的账簿。这种账簿可以按"借方"和"贷方"分别设专栏，也可以只设"借方"或"贷方"专栏，设多少栏则根据需要确定。收入、费用明细账一般采用多栏式账簿。

（3）数量金额式账簿

数量金额式账簿是指在账页中分设"借方""贷方""余额"三大栏，每个栏目再分设"数量""单价""金额"三小栏的账簿。数量金额式账簿能够反映出财产物资的实物数量和价值量。原材料、库存商品等明细账一般采用数量金额式账簿。

任务二　启用和登记账簿的规则

一、启用账簿的规则

为了保证账簿记录的合法性和账簿资料的完整性，保证会计核算工作的质量，明确记账责任，必须按照一定的规则启用账簿。

1）启用新的会计账簿，应当在账簿封面上写明单位名称和账簿名称。

2）填写账簿扉页上的账簿启用表。账簿启用表的内容包括启用日期、账簿页数（活页式账簿一般在装订成册后填写）、记账人员、会计机构负责人、会计主管人员姓名等，并加盖名章和单位公章。更换记账人员时，要在账簿启用表上注明交接日期、移交人员、接管人员和监交人员姓名，并由交接双方签名或者盖章，以明确有关人员的责任，加强有关人员的责任感，维护会计账簿记录的严肃性。账簿启用表的格式和内容如图 5-2 所示。

账簿启用表

单位名称								单位公章
账簿名称								
账簿编号	字第　　号第　　册共　　册							
账簿页数	本账簿共计　　　页							
启用日期	年　　　月　　　日							
经管人员		接管		移交		会计负责人		印花税票粘贴处
姓名	盖章	年	月	日	年	月	日	姓名	盖章

图 5-2　账簿启用表

3）按会计科目表的科目排列顺序填写账户目录，账户目录的格式和内容如图 5-3 所示。启用订本式账簿，从第一页到最后一页应顺序编写页码，不得跳页、缺号。使用活页式账页，应按账户顺序编号并定期装订成册，装订后再按实际使用的账页顺序编写页码。另外，还要加目录，记明每个账户的名称和页次。

账 户 目 录

页数	科目	页数	科目	页数	科目	页数	科目

图 5-3　账户目录

💡 **知识拓展**

印花税是对经济活动和经济交往中书立、使用、领用具有法律效力的应税凭证的单位和个人征收的一种税，因其采取在账簿上粘贴印花税票完税而得名。按规定，对于启用的非资金类账簿，按件贴花 5 元；对于记载单位资金的账簿，单位刚成立启用新账簿的，按实收资本和资本公积增加金额的 0.5‰ 贴花，若实收资本和资本公积未增加则免贴印花。

❓ **思考**

账簿启用为什么会涉及印花税？

二、登记账簿的规则

账簿记录是否客观、准确，内容是否清楚、完整，直接影响会计核算的进行和会计资料的质量，也影响会计职能作用的发挥。因此，会计人员在登记账簿时必须遵循以下规则。

1．准确完整

登记会计账簿时，必须将会计凭证的填写日期、种类、编号、经济业务内容摘要、金额和其他有关资料逐项填写入账，做到数字准确、摘要清楚完整、登记及时、字迹工整。

2．注明记账符号

登记完毕后，要在记账凭证上签名或者盖章，并注明账簿的页数或用"√"表示已登记入账，避免发生重记或漏记。

3．文字和数字整洁清晰、准确无误

在登记书写时，要注意以下几点。
1）摘要文字要简洁明了，紧靠左线。
2）数字书写要规范，写在金额栏内，不得越格错位、参差不齐。
3）文字、数字字体大小适中，紧靠本行底线，一般应为行宽的 1/2，以备按规定的方法改错。数字一般可自左向右适当倾斜，以使账簿记录整齐、清晰。

4．正确使用书写墨水

登记账簿必须使用蓝黑或者碳素墨水书写，不得使用铅笔或圆珠笔（银行的复写账簿除外）书写。

5．红墨水的使用

在特殊情况下，可以使用红色墨水记账。
1）按照红字冲账的记账凭证，冲销错误记录。
2）在不设借贷等栏的多栏式账页中，登记减少数。

3）在三栏式账户的余额栏前，如未印明余额方向，则在余额栏内登记负数余额。

4）注销空行或空页。

5）期末结账时划线。

6）根据国家统一会计制度的规定可以用红字登记的其他会计记录。

6．连续登记

各种账簿必须按照编定的页次，连续记录，不得隔页、跳行。如果发生隔页、跳行，应将空行、空页划线注销或者注明"此行空白""此页空白"字样，并由记账人员在空白处签名或盖章。

7．结出余额

凡需要结出余额的账户，结出余额后，应当在"借或贷"等栏内写明"借"或"贷等字样。没有余额的账户，应在"借或贷"栏内写"平"字，并在"余额"栏"元"位用"0"表示，以防舞弊。现金日记账和银行存款日记账必须逐日结出余额。

8．过次承前

每一张账页记录完毕结转下页时，应当结出本页发生额合计数及余额，写在本账页最末一行和下一张账页的第一行，并在"摘要"栏内注明"过次页"字样。然后，把这个发生额合计数及余额写在下页第一行有关栏内，并在"摘要"栏内注明"承前页"字样，以保证账簿记录的连续性。

9．登账错误，应按正确方法更正

账簿记录如果发生错误，严禁采用刮、擦、挖、补，或是使用化学药物清除字迹。发现错误后，应及时查找原因，按照规定的手续和更正错账的方法予以更正。

登记账簿是会计核算的基础环节，须认真对待，做到登记及时、内容规范。为了做好记账工作，应严格遵守各项记账要求。

任务三　登记日记账

日记账是按照经济业务发生或完成的时间顺序逐笔进行登记的账簿。日记账可以分为普通日记账和特种日记账，我国各单位主要采用特种日记账。特种日记账是用来专门逐笔记录某一经济业务的序时账簿。常见的特种日记账有库存现金日记账和银行存款日记账。

项目五学习课件
（任务三）

一、库存现金日记账的格式和登记方法

库存现金日记账是用来记录和核算库存现金每日的收入、支出和结存情况的账簿。它由出纳人员根据现金收款凭证、现金付款凭证和银行存款付款凭证，按经济业务发生时间的先后顺序逐日逐笔进行登记。库存现金日记账必须采用订本式账簿。

1．三栏式库存现金日记账的格式和登记方法

三栏式库存现金日记账是指在同一账页内设置库存现金的借方、贷方和余额三个金额栏。其账页格式如图 5-4 所示。

库存现金日记账

2019 年		凭证号数	摘要	对方科目	借方	贷方	余额
月	日						
12	1		期初余额				1 000
	1	记字 01	提备用金	银行存款	2 000		3 000
	5	记字 22	支付业务招待费	管理费用		300	2 700
	5	记字 23	预借差旅费	其他应收款		1 000	1 700
		记字 24	报销差旅费	管理费用		200	1 500

图 5-4　三栏式库存现金日记账

2．三栏式库存现金日记账的登记方法

"日期"栏：按照记账凭证经济业务发生的日期登记。

"凭证号数"栏：按照记账凭证的类型和编号登记。

"摘要"栏：按照记账凭证所记录经济业务的内容登记。

"对方科目"栏：登记与现金收入或支出对应的会计科目名称。

"借方"栏：登记现金增加的金额。

"贷方"栏：登记现金减少的金额。

"余额"栏：应根据"期末余额＝期初余额＋本期借方发生额－本期贷方发生额"的基本原理计算并填入。

对于从银行提取现金的业务，由于只填制银行存款付款凭证，而不填制库存现金收款凭证，库存现金的收入数应根据银行存款付款凭证登记。每日收付款项登记完毕，应分别计算收入金额和付出金额的合计数，并结出每日余额（通常每笔库存现金收入或支出后，都要随时计算出一个余额），再将每日账面余额与库存现金数额相核对，以保证账实相符。

3．多栏式库存现金日记账的格式和登记方法

多栏式库存现金日记账就是将"收入"栏和"支出"栏分别按照对应科目设置若干专栏，用以序时地、分类地反映与现金收支有关的经济业务。在会计实务中，采用多栏式库存现金日记账可以将多栏式库存现金日记账各科目发生额作为登记总分类账簿的依据。多栏式库存现金日记账如图 5-5 所示。

库存现金日记账

年		凭证号数	摘要	收入（贷记下列科目）		支出（借记下列科目）		余额
月	日				收入合计		支出合计	

图 5-5　多栏式库存现金日记账

二、银行存款日记账的格式和登记方法

1. 银行存款日记账的格式

银行存款日记账的外观是订本式的，格式有两栏式、三栏式两种，在实践工作中多采用三栏式。三栏式银行存款日记账如图 5-6 所示。

银行存款日记账

2019 年		凭证号数	摘要	对方科目	借方	贷方	借或贷	余额
月	日							
12	1		月初余额				借	566 000
	1	记字 01	提备用金	库存现金		2 000	借	564 000
	1	记字 02	收到兴盛公司投资款	实收资本	300 000		借	864 000
	5	记字 03	从银行借款	短期借款	100 000		借	964 000
	5	记字 25	购买办公用品	管理费用		1 500	借	962 500
	8	记字 04	从银行借款	长期借款	300 000		借	1 262 500
	10	记字 05	购买设备	固定资产		227 000	借	1 035 500
	11	记字 06	购买需安装设备	在建工程		565 000	借	470 500
	12	记字 07	支付设备安装费	在建工程		5 000	借	465 500
	12	记字 08	采购甲材料	在途物资		339 000	借	126 500
	13	记字 26	支付广告费	销售费用		5 000	借	121 500
	13	记字 27	支付借款利息	财务费用		1 000	借	120 500
	13	记字 28	销售 A 产品	主营业务收入	226 000		借	346 500
	14	记字 11	预付货款	预付账款		50 000	借	296 500
	14	记字 13	补付货款	预付账款		6 500	借	290 000
	17	记字 31	预收货款	预收账款	30 000		借	320 000
	18	记字 33	收到补付款	预收账款	15 200		借	335 200
	21	记字 34	销售甲材料	其他业务收入	13 560		借	348 760
	22	记字 37	向地震灾区捐款	营业外支出		10 000	借	338 760
	22	记字 45	收回振兴公司欠款	应收账款	565 000		借	903 760
	23	记字 38	获得客户违约赔偿金	营业外收入	5 000		借	908 760
	31	记字 16	发放工资	应付职工薪酬		220 000	借	688 760
	31	记字 17	支付生产车间水电费	制造费用		8 000	借	680 760

图 5-6　三栏式银行存款日记账

2．银行存款日记账的登记方法

银行存款日记账中的"日期""凭证号数""摘要""对方科目""借方""贷方""余额"栏的登记方法与库存现金日记账的登记方法相同。在"凭证号数"一栏内应注明结算凭证的种类及编号。登记银行存款日记账时，应按照业务发生的先后顺序，逐日逐笔进行登记，同时要做到日清月结，即本日合计、本月合计。

任务四　登记分类账

一、设置与登记明细分类账

项目五学习课件
（任务四）

明细分类账是指按明细分类账户开设的用来分类登记某类经济业务详细情况并提供明细核算资料的账簿，它对总账中记载的总括资料起补充、辅助作用。通常，固定资产、债权、债务等明细分类账逐日逐笔登记；库存商品、原材料、产成品收发明细分类账及收入、费用明细分类账可以逐笔登记，也可以定期汇总登记。

根据经济活动的特点及记载反映的需要，明细分类账可采用三栏式、多栏式、数量金额式、横线登记式进行登记。

1．三栏式明细分类账

三栏式明细分类账的格式与总分类账的格式相同，也使用"借方""贷方""余额"三栏式账页。三栏式明细分类账适用于如"应收账款""应付账款""短期借款""长期借款"等只需要对金额进行核算分析的经济业务。三栏式明细分类账格式如图5-7所示。

应付账款明细分类账

2019年		凭证号数	摘要	借方	贷方	借或贷	余额
月	日						
			期初余额			贷	60 000
12	12	记字10	采购乙材料		175 000	贷	235 000

图5-7　三栏式明细分类账

三栏式明细分类账的登记方法：根据记账凭证登记明细分类账；月终，结计月末余额。

2．多栏式明细分类账

多栏式明细分类账是指将属于同一个总账科目的各个明细科目合并在一张账页上进行登记的明细分类账。多栏式明细分类账，一般在"借方""贷方"栏下设立若干专栏，也可在借、贷双方栏下分别设立若干栏，以便归类、集中地记录反映某项资金的增减变动情况。多栏式明细分类账适用于成本、费用等需要详细核算分析其组成、消耗情况的经济业务。多栏式明细分类账格式如图5-8所示。

管理费用明细分类账

2019年		凭证号数	摘要	合计	成本项目（借方）					合计	贷方
月	日				招待费	差旅费	办公费	工资	其他		
12	3	记字22	支付业务招待费	300	300						
	5	记字24	报销差旅费	1 200		1 200					
	5	记字25	购买办公用品	1 500			1 500				
	31	记字14	行政部门领料	3 000					3 000		
	31	记字15	计提工资	18 000				18 000			
	31	记字40	结转费用	24 000						24 000	24 000
			本月合计	24 000	300	1 200	1 500	18 000	3 000	24 000	24 000

图 5-8　多栏式明细分类账

3．数量金额式明细分类账

数量金额式明细分类账同样采用"借方""贷方""结存"三栏式的基本结构，但在每栏下面又分设"数量""单价""金额"三个小栏目，以便于反映财产物资的实物数量和价值量。数量金额式明细分类账适用于如"原材料""库存商品"等既需要进行金额核算又需要进行具体的实物数量核算分析的经济业务。数量金额式明细分类账格式如图 5-9 和图 5-10 所示。

原材料——甲材料明细分类账

名称：　　　　　　　　　　　　　　规格：　　　　　　　　　　　　　计量单位：
存货编号：　　　　　　　　　　　　最高存量：　　　　　　　　　　　最低存量：

2019年		凭证号数	摘要	收入（借方）			发出（贷方）			结存		
月	日			数量	单价	金额	数量	单价	金额	数量	单价	金额
12	1		期初余额							9 000	20	180 000
	14	记字09	甲材料验收库	15 000	20	300 000				24 000	20	480 000
		记字14	领甲材料生产				11 000	20	220 000	13 000	20	260 000

图 5-9　数量金额式明细分类账（1）

原材料——乙材料明细分类账

名称：　　　　　　　　　　　　　　规格：　　　　　　　　　　　　　计量单位：
存货编号：　　　　　　　　　　　　最高存量：　　　　　　　　　　　最低存量：

2019年		凭证号数	摘要	收入（借方）			发出（贷方）			结存		
月	日			数量	单价	金额	数量	单价	金额	数量	单价	金额
12	1		期初余额									0
	14	记字10	采购乙材料	15 000	10.0607	150 910				15 000	10.0607	150 910
		记字12	采购乙材料	5 000	10	50 000				20 000	10.0455	200 910
		记字14	领乙材料生产				16 226	10.045 5	163 000	3 774	10.0455	37 910

图 5-10　数量金额式明细分类账（2）

数量金额式明细分类账的登记方法如下：

1）根据原始凭证或原始凭证汇总表、记账凭证登记明细分类账，既要登记数量，又要登记金额。

2）月末，结计本月发生额及结存额。

4．横线登记式明细分类账

横线登记式明细分类账的记账形式是在同一账页的同一行分设若干栏，详细地记载一项经济业务从发生到结束的有关内容。横线登记式明细分类账适用于需要进行逐笔对应反映的某些经济业务，如"应收票据""应付票据""其他应收款"等明细分类账。横线登记式明细分类账样式如图5-11所示。

其他应收款明细分类账

2019年		凭证号数	户名	摘要	借方金额	贷方（报销和收回）				备注
月	日					2019年		凭证号数	报销金额	收回金额	
						月	日				
12	5	记字23	王芳	预借差旅费	1 000	12	8	记字25	1 000	0	

图5-11　横线登记式明细分类账

二、设置与登记总分类账

总分类账是按照总分类账户分类进行登记全部经济业务的账簿。在总分类账中，应该按照会计科目的编码顺序分别设置账户，并为每个账户合理地预留出账页。总分类账能够全面、总括地反映经济活动情况，并为编制会计报表提供资料，因此任何单位都必须设置总分类账。为了保证账簿资料的安全、完整，总分类账应使用订本式账簿。

总分类账一般采用三栏式，即"借方""贷方""余额"三栏。这种格式是最常用的，如图5-12所示。

总　分　类　账

会计科目：库存现金

2019年		凭证号数	摘要	借方	贷方	余额
月	日					
12	1		期初余额			1 000
	1	记字01	提备用金	2 000		3 000
	5	记字22	支付业务招待费		300	2 700
	5	记字23	预借差旅费		1 000	1 700
	6	记字24	报销差旅费		200	1 500

图5-12　总分类账

总分类账的登记方法根据采用的记账程序的不同而有所不同，一般登记方法如下：

1）采用记账凭证账务处理程序的单位，应根据记账凭证和本单位业务量的多少登记。

2）采用科目汇总表账务处理程序的单位，应根据定期汇总的科目汇总表随时登记。

3）采用汇总记账凭证账务处理程序的单位，应根据汇总收款凭证、汇总付款凭证和汇总转账凭证的合计数，月终一次登记总账。

4）月终，登记全部经济业务后，应结出各账户的本期借方发生额、贷方发生额和期末余额。

三、总分类账与其所属明细分类账的平行登记

总分类账与其所属明细分类账的平行登记是指对每项经济业务事项都要以会计凭证为依据，一方面记入有关总分类账户，另一方面记入其所属明细分类账户。

（一）总分类账与其所属明细分类账的关系

总分类账统驭或控制明细分类账，明细分类账从属于总分类账。两者的相同之处：核算的经济内容相同，金额合计对应相等。两者的不同之处：记录的会计信息详细程度不同。二者提供的资料可互相补充。

（二）总分类账与其所属明细分类账平行登记的要点

1．依据相同

依据相同是指对发生的经济业务，都要依据同样的原始凭证或者记账凭证，既登记有关总分类账户，又登记其所属明细分类账户。

2．方向相同

方向相同是指将经济业务记入总分类账与其所属明细分类账时，记账方向必须相同，即总分类账户记入借方，则明细分类账户也记入借方；总分类账户记入贷方，则明细分类账户也记入贷方。

3．期间相同

期间相同是指对每项经济业务在记入总分类账与其所属明细分类账的过程中，可以有先有后，但必须在同一会计期间全部登记入账。

4．金额相等

金额相等是指对每项经济业务记入总分类账的金额，应与记入其所属明细分类账的金额（或金额合计）相等。具体包括：

总分类账户本期借方发生额＝其所属明细分类账户本期借方发生额合计

总分类账户本期贷方发生额＝其所属明细分类账户本期贷方发生额合计

总分类账户期初余额＝其所属明细分类账户期初余额合计

总分类账户期末余额＝其所属明细分类账户期末余额合计

【例5-1】潍坊新宇公司向甲公司同时购入价值10 000元的A材料和价值7 000元的B材料，材料已验收入库，货款未付。该企业又向乙公司购入价值5 000元的C材料，材料已验收入库，货款未付。

根据原始凭证填制记账凭证，编制会计分录如下：

借：原材料——A材料　　　　　　　　　　　　　　　　　　　10 000
　　　　　——B材料　　　　　　　　　　　　　　　　　　　　7 000
　　贷：应付账款——甲公司　　　　　　　　　　　　　　　　　　17 000
借：原材料——C材料　　　　　　　　　　　　　　　　　　　　5 000
　　贷：应付账款——乙公司　　　　　　　　　　　　　　　　　　　5 000

根据上述记账凭证登记账簿，总账与明细账要平行登记。

根据上述记账凭证登记原材料和应付账款总账，用T形账户表示如下：

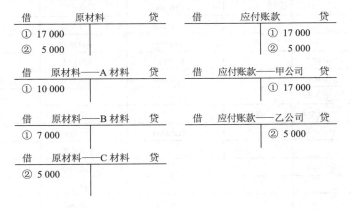

任务五 试算平衡、对账

一、试算平衡

为了确保一定时期内发生的经济业务能够在账户中得到正确的反映，在会计实务中往往要求在一定的期间终了时，根据会计等式的平衡原理，对已经存在的账户进行试算平衡。

项目五学习课件
（任务五）

试算平衡是指根据会计等式的平衡原理，按照记账规则的要求，通过汇总计算和比较，来检查账户记录是否正确、完整。

账户的发生是以会计分录作为登记的依据，而会计分录的编制又符合借贷记账法"有借必有贷，借贷必相等"的记账规则，那么每一笔会计分录的借贷方的金额都是相等的。因此，将一定时期内（如一个月）的全部经济业务的会计分录记入有关账户后，所有账户的借方发生额合计数与贷方发生额合计数也必然相等。同时期末结账后，全部账户借方余额合计数也必然等于贷方余额合计数。因此，可得出借贷记账法的试算平衡公式为

全部账户借方发生额合计＝全部账户贷方发生额合计

全部账户借方余额合计＝全部账户贷方余额合计

运用这两个试算平衡公式，我们可得出三组平衡检测的方法，即检测期初余额、本期

发生额和期末余额是否平衡。试算平衡工作，一般是在月末结出各个账户的本月发生额和月末余额后，通过编制总分类账户本期发生额及余额试算平衡表来进行的。根据潍坊新宇公司相关数据编制的试算平衡表如图 5-13 所示。

试算平衡表

2019 年 12 月 31 日　　　　　　　　　　　　　　　　　　　　　　单位：元

会计科目	期初余额		本期发生额		期末余额	
	借方	贷方	借方	贷方	借方	贷方
库存现金	1 000		2 000	1 500	1 500	
银行存款	566 000		1 554 760	1 440 000	680 760	
应收票据			169 500		169 500	
应收账款			565 000	565 000		
预付账款			56 500	56 500		
其他应收款			1 000	1 000		
在途物资			300 000	300 000		
原材料	180 000		500 910	393 000	287 910	
库存商品	240 000		880 000	750 000	370 000	
固定资产	320 000		906 000		1 226 000	
累计折旧		64 000		10 000		74 000
在建工程			505 000	505 000		
短期借款				100 000		100 000
应付账款				170 500		170 500
预收账款			45 200	45 200		
应付职工薪酬			220 000	220 000		
应交税费			182 090	367 260		185 170
长期借款				300 000		300 000
实收资本		650 000		526 000		1 176 000
本年利润		893 000	1 800 000	907 000		
利润分配				750 000		750 000
生产成本	300 000		600 000	880 000	20 000	
制造费用			45 000	45 000		
主营业务收入			890 000	890 000		
其他业务收入			12 000	12 000		
营业外收入			5 000	5 000		
主营业务成本			750 000	750 000		
其他业务成本			10 000	10 000		
销售费用			5 000	5 000		
管理费用			24 000	24 000		
财务费用			1 000	1 000		
营业外支出			10 000	10 000		
所得税费用			250 000	250 000		
合计	1 607 000	1 607 000	10 289 960	10 289 960	2 755 670	2 755 670

图 5-13　试算平衡表

二、对账

对账是指为了保证账簿记录的真实、正确、可靠，在会计期内对账簿进行的有关账项的检查和核对工作。在实际工作中，由于各种主客观原因，账簿记录难免会出现错记、漏记的情况。因此，各单位应当定期对会计账簿记录的有关数据与库存实物、货币资金、有价证券、往来单位或者个人等进行相互核对，以保证账证相符、账账相符、账实相符。对账工作应每年至少进行一次。对账主要包括以下三个方面的内容。

（一）账证核对

账证核对是将账簿记录与会计凭证进行核对，以保证账证相符。账证核对是保证账账相符、账实相符的基础。账证核对的内容主要有账簿记录经济业务的时间、凭证字号、内容、记账方向和金额等是否与作为记账依据的会计凭证完全一致。如果发现有不一致之处，应当及时查明原因，并按照规定予以更正。

（二）账账核对

账账核对是指将不同会计账簿进行核对，以保证账账相符。账账核对的主要内容如下：

1）总分类账有关账户的核对。主要是借助试算平衡原理，检查总分类账各账户的本期借方发生额与本期贷方发生额、期末借方余额与期末贷方余额是否相等。

2）总分类账与其明细分类账的核对。主要是借助平行登记原理，核对总分类账各账户的借、贷方本期发生额和期末余额与所属明细分类账的借、贷方本期发生额和期末余额之和是否相等。

3）总分类账与日记账的核对。主要核对库存现金日记账和银行存款日记账期末余额与相对应的总分类账户的期末余额是否相等。

4）明细分类账之间的核对。主要核对会计部门的各种财产物资明细账期末余额与财产物资保管和使用部门的有关财产物资明细账期末余额是否相等。

（三）账实核对

账实核对是指各项财产物资的账面余额与实存数额之间的核对。账实核对的主要内容如下：

1）现金日记账的账面余额与库存现金实有数额相核对，并保证日清月结。

2）银行存款日记账的账面余额与银行对账单的余额相核对，每月至少检查一次。

3）各种财产物资明细分类账账面余额与财产物资的实有数相核对。

4）各种债权债务明细账的账面余额与债权、债务人的账面记录相核对。

账实核对一般是通过财产清查进行的。

任务六　错账更正

登记会计账簿是一项很细致的工作。在记账工作中，由于种种原因，可能发生各种各样的差错，如重记、漏记、数字颠倒、数字错位、数字记错、科目记错、借贷方向记反等，从而影响会计信息的准确性。此时应及时找出差错，并予以更正。错账更正方法通常有划线更正法、红字更正法和补充登记法等。

项目五学习课件
（任务六）

一、划线更正法

记账凭证正确，在登账时或结账前发现账簿记录中文字或数字有错误，应采用划线更正法进行更正。更正时，先在错误的文字或数字（整个数字）上划一条红色横线（表示注销），并使原来的字迹仍可辨认，以备查找；然后将正确的文字或数字用黑字或蓝黑字写在红线的上方，并由记账人员在更正处盖章，以明确责任。对于错误的数字，一定要用红线全部划去并加以更正，不能只划线更正其中的错误数字；对于文字错误，可只划去错误的部分。

【例 5-2】潍坊新宇公司记账员李芳登账时，将"制造费用"账户借方发生额 1 120 元误记为 1 210 元，则更正方法为：在错误的数字 1 210 上划一条红线，表示注销，再在红线上方用黑字或蓝黑字写上正确的数字 1 120，并由更正人在红线尾端盖章，如图 5-14 所示。

制造费用明细账

| 2019 年 | | 凭证 | 摘要 | 项目 | | | | 合计 |
月	日	号数		工资	折旧费	修理费	……	
12	31	转字 7	计提职工福利费	1 120 ~~1 210~~ 李芳				

图 5-14　划线更正法示例（1）

【例 5-3】记账员李芳登账时，将应记入"制造费用"账户借方的 2 000 元，误记入"管理费用"账户借方，则更正方法为：在管理费用明细账中登记的文字和数字上划一条红线，表示注销，并由更正人在红线的尾端盖章，再在制造费用明细账中登记 2 000 元，如图 5-15 和图 5-16 所示。

管理费用明细账

| 2019 年 | | 凭证 | 摘要 | 项目 | | | | 合计 |
月	日	号数		工资	折旧费	修理费	……	
~~12~~	~~31~~	~~转字 8~~	~~计提设备折旧~~		~~2 000~~ 李芳			

图 5-15　划线更正法示例（2）

制造费用明细账

| 2019 年 | | 凭证 | 摘要 | 项目 | | | | 合计 |
月	日	号数		工资	折旧费	修理费	……	
12	31	转字 8	计提设备折旧		2 000			

图 5-16　划线更正法示例（3）

二、红字更正法

在记账以后，如果发现记账凭证中应借、应贷科目或金额发生错误，可以用红字更正法进行更正。红字更正法一般适用于以下两种错账的更正。

1）记账后，如果发现记账凭证中的应借、应贷会计科目有错误，那么可以用红字更正法予以更正。更正时做法如下：

① 用红字金额填写一张与错误记账凭证内容完全相同的记账凭证，且在"摘要"栏注明"注销×月×日×号凭证"，并据此用红字金额登记入账，以冲销账簿中原有的错误记录。

② 用黑字或蓝黑字重新填制一张正确的记账凭证，并在"摘要"栏注明"订正×月×日×号凭证"，登记入账。

注意：红字，仅指记账凭证中的金额为红字，其余要素均为黑字或蓝黑字。

【例5-4】潍坊新宇公司生产车间领用原材料一批，用于一般消耗，共计500元。填制记账凭证时将借科目错写为生产成本，并已登记入账。

错误分录如下：

借：生产成本 500
　贷：原材料 500

更正时，用红字金额填制一张与错误记账凭证内容完全相同的记账凭证，并据以登记入账。入账后，表明已全部冲销原有错误记录。

借：生产成本 500
　贷：原材料 500

用黑字或蓝黑字填制一张正确的记账凭证，并据以登记入账。

借：制造费用 500
　贷：原材料 500

2）记账后发现原编制的记账凭证中应借、应贷会计科目和记账方向并无错误，但所记金额大于应记金额。更正时，可将多记的金额用红字填制一张与原错误记账凭证内容相同的记账凭证，在其"摘要"栏内写明"冲销×月×日×号凭证多记金额"，并据此用红字登记入账，以冲销多记的金额。

【例5-5】潍坊新宇公司向供应商支付购货定金800元，编制记账凭证时，错将金额写为8 000元，并登记入账。

错误分录如下：

借：预付账款 8 000
　贷：银行存款 8 000

更正时，将多记的7 200元用红字金额填制一张与错误分录相同的记账凭证，以冲销多记的金额，并用红字金额入账。

借：预付账款 7 200
　贷：银行存款 7 200

三、补充登记法

补充登记法适用于记账凭证中的会计科目正确，但是金额少记而引起的记账错误。更正做法是将少记的金额用黑字或蓝黑字填制一张与原来记账凭证的应借、应贷会计科目完全相同的记账凭证，据以登账，以补充少记的金额。

【例 5-6】潍坊新宇公司生产车间计提 12 月固定资产折旧费用，在填制记账凭证时，将 2 000 元误记为 200 元，而所记会计科目无误，并已入账。

错误分录如下：

借：制造费用   200

    贷：累计折旧   200

更正时，用黑字或蓝黑字填制一张金额为 1 800 元的记账凭证，并登记入账。

借：制造费用   1 800

    贷：累计折旧   1 800

任务七　结　账

一、结账的概念

项目五学习课件
（任务七）

为了总结一定时期内（如月度、季度、年度）的经济活动情况，必须按月、季、年进行结账。结账，就是在把一定时期内发生的全部经济业务登记入账的基础上，将各种账簿记录的经济业务结算清楚，结出本期发生额合计和期末余额，或将余额结转下期，以便编制会计报表，分清上、下期会计记录和分期继续核算的过程。

二、结账的内容

1）结账前，必须将本期内发生的经济业务全部登记入账，若发现漏账、错账，应及时补记、更正。只有这样，才能保证结账的正确性。

2）按照权责发生制原则进行期末账项调整。为了真实地反映各会计期间的收入和费用，以便合理地确定各会计期间的财务成果，就需要调整收支期与归属期不一致的收入和费用，编制有关调整账项的会计分录并据以登记入账，如预收收入的分配、预付费用的摊销等。

3）检查损益类账户的结转，结清各种损益类账户，编制结账分录。

① 期末将收入（费用）类账户的贷方（借方）发生额反方向结转到"本年利润"账户的贷方（借方），结平损益类账户。

② 年末将"本年利润"账户的贷方（或借方）差额反方向转入"利润分配——未分配利润"账户的贷方（或借方），结平"本年利润"账户。

③ 年末将"利润分配"账户的借方发生额反方向转入"未分配利润"账户的借方，结平"利润分配"账户。

④ 年末通过"利润分配——未分配利润"账户来确定本年度的未分配利润（贷方余额），留待用以后年度利润弥补的亏损（借方余额）。

4）计算各账户本期发生额和期末余额，在本期全部经济业务已登记入账的基础上，分别计算出库存现金日记账、银行存款日记账、总账和明细账的本期发生额及期末余额，并通过试算平衡核对相符，将期末余额结转下期。

三、结账的一般要求与方法

（一）结账的一般要求

结账线是指从本会计期间最后一笔业务下日期栏起划的一条通栏线，表示开始结账。对于需结计本月发生额合计、本季发生额合计和本年累计发生额的账户，可将发生额或累计发生额直接填在结账线下，不需要每填一项数字划一条结账线，等全部结计数字填写完成后，从日期栏起划一条通栏线，以示结账结束和将上下两个不同会计期间分割开。

（二）结账的具体方法

1. 月结

月度结账时，在最后一笔经济业务下划一条通栏红线，在红线下面结算出本月借贷发生额及月末余额（若无余额，在"借或贷"栏注明"平"字，并在"余额"栏元位上注明"0"符号），用黑字或蓝黑字写在红线下面，在"摘要"栏注明"本月合计"和"本月累计"字样，然后在下面再划一条通栏红线，表示月结。

2. 季结

通常在每季度的最后一个月月结的下一行，在"摘要"栏内注明"本季合计"和"本季累计"字样，同时结出借方、贷方发生总额及季末余额。然后，在这一行下面划一条通栏单红线，表示季结的结束。

3. 年结

年结要结计 12 月当月合计数及第四季度合计数，再加计累计数，用蓝黑字填入，在"摘要"栏加盖"本月合计""本季合计""本年累计"戳记。同时，在累计数下划双红线表示全年账户结账，然后在"摘要"栏注明"结转下年"字样。

（三）手工结账方法

1）对于不需按月结计本期发生额的账户，每次记账以后，都要随时结出余额，每月最后一笔余额即为月末余额。月末结账时，只需要在最后一笔经济业务事项记录之下通栏划单红线即可，不需要再结计一次余额，如图 5-17 所示。

应收账款——潍坊新宇有限责任公司

| 2019 年 | | 凭证号数 | 摘要 | 借方 | 贷方 | 借或贷 | 余额 |
月	日						
11	11		承前页				
	30		……			贷	60 000
12	12	记字 10	采购乙材料	0	175 000	贷	235 000

图 5-17 手工结账方法示例（1）

注：图中粗线除上下边线外，表示通栏单红线。

2）对于"库存现金""银行存款"日记账和需要按月结计发生额的收入、费用等明细账，每月结账时，要结出本月发生额和余额，在"摘要"栏内注明"本月合计"字样，并在下面通栏划单红线，如图 5-18 所示。

银行存款日记账

2019 年		凭证号数	摘要	对方科目	借方	贷方	借或贷	余额
月	日							
12	1		月初余额		0	0	借	566 000
	1	记字 44	提备用金	库存现金	0	2 000	借	564 000
	1	记字 01	收到兴盛公司投资款	实收资本	300 000	0	借	864 000
	5	记字 03	从银行借款	短期借款	100 000	0	借	964 000
	5	记字 25	购买办公用品	管理费用	0	1 500	借	962 500
	8	记字 04	从银行借款	长期借款	300 000	0	借	1 262 500
	10	记字 05	购买设备	固定资产	0	227 000	借	1 035 500
	11	记字 06	购买需安装的设备	在建工程	0	565 000	借	470 500
			......					
	22	记字 37	向地震灾区捐款	营业外支出	0	10 000	借	338 760
	22	记字 45	收回振兴公司欠款	应收账款	565 000	0	借	903 760
	23	记字 38	获得客户违约赔偿金	营业外收入	5 000	0	借	908 760
	31	记字 16	发放工资	应付职工薪酬	0	220 000	借	688 760
	31	记字 17	支付生产车间水电费	制造费用	0	8 000	借	680 760
			本月合计		1 554 760	1 440 000		

图 5-18　手工结账方法示例（2）

3）对于需要结计本年累计发生额的某些明细账户，每月结账时，应在"本月合计"行下结出自年初起至本月末止的累计发生额，登记在月份发生额下面，在"摘要"栏内注明"本年累计"字样，并在下面通栏划单红线。12 月末的"本年累计"就是全年累计发生额，全年累计发生额下通栏划双红线，如图 5-19 所示。

主营业务收入

2019 年		凭证号数	摘要	借方	贷方	借或贷	余额
月	日						
			承前页				
11			......				
	30		结转本月收入	......		平	0
			本月合计	......		平	0
	30		本年累计	......		平	0
12	13	记字 28	销售 A 产品		200 000	贷	200 000
	13	记字 29	销售 A、B 产品		150 000	贷	350 000
	17	记字 30	销售 A、B 产品		500 000		850 000
	18	记字 32	发出 A 产品		40 000		890 000
	31	记字 39	结转本月收入	890 000	0	平	0
	31		本月合计	890 000	890 000	平	0
	31		本年累计	......		平	

图 5-19　手工结账方法示例（3）

注：图中粗线除上下边线外，表示通栏单红线；图中通栏双细线表示通栏双红线。

4）总账账户平时只需结出月末余额。年终结账时，将所有总账账户结出全年发生额和年末余额，在"摘要"栏内注明"本年累计"字样，并在合计数下通栏划双红线，如图 5-20 所示。

库存现金日记账

2019 年		凭证号数	摘要	借方	贷方	借或贷	余额
月	日						
			承前页				
11	30		……				
12	3	记字44	提备用金	2 000	0	借	3 000
	5	记字22	支付业务招待费	0	300	借	2 700
	5	记字23	预借差旅费	0	1 000	借	1 700
		记字24	报销差旅费	0	200	借	1 500
			本年累计	……			
			结转下年	……			

图 5-20　手工结账方法示例（4）

注：图中粗线除上下边线外，表示通栏单红线；图中通栏双细线表示通栏双红线。

5）年度终了结账时，有余额的账户，要将其余额结转下年，并在"摘要"栏内注明"结转下年"字样，在下一会计年度新建有关会计账户的第一行"余额"栏内填写上年结转的余额，并在"摘要"栏内注明"上年结转"字样。

任务八　更换和保管会计账簿

一、会计账簿的更换

会计账簿的更换是指在会计年度终了，将上年旧账更换为次年新账。会计账簿的更换通常在新会计年度建账时进行。

项目五学习课件
（任务八）

1）总分类账、现金日记账、银行存款日记账和多数明细分类账应每年更换一次。

2）有些财产物资明细账和债权债务明细账，由于更换新账造成的工作量比较大，可以跨年度继续使用，如"固定资产"明细账、"应收账款"明细账等。变动较小的明细账可以连续使用，不必每年更换。

3）各种备查账簿也可以跨年度连续使用。新年度的会计账簿中的第一行"余额"栏内，填写该账户上年结转的余额并注明方向，同时在"摘要"栏内加盖"上年结转"字样。

二、会计账簿的保管

会计账簿与会计凭证和会计报表一样，都属于会计档案，是重要的经济档案，各单位必须按规定妥善保管，确保其安全性与完整性，并充分加以利用。

（一）会计账簿的装订整理

在年度终了更换新账簿后，应将使用过的各种账簿（跨年度使用的账簿除外）按时装订整理、立卷。

1）装订前，首先要按账簿启用及交接表的使用页数核对各个账户是否相符，账页数是否齐全，序号排列是否连续；然后按会计账簿封面、账簿启用表、账户目录、该账簿按页数顺序排列的账页、账簿封底的顺序装订。

2）对活页账簿，要保留已使用过的账页，将账页数填写齐全，除去空白页并撤掉账夹，然后用质地好的牛皮纸做封面和封底，并装订成册。多栏式、三栏式、数量金额式等活页账不得混装，应将同类业务、同类账页装订在一起。装订好后，应在封面上填明账目的种类、编号、卷号，并由会计主管人员和装订人员签章。

3）装订后，会计账簿的封口要严密，封口处要加盖有关印章；封面要齐全、平整，并注明所属年度、账簿名称和编号；不得有折角、缺角、错页、掉页、加空白纸的现象。会计账簿要按保管期限分别编制卷号。

（二）按期移交档案部门进行保管

1）年度结账后，更换下来的账簿可暂由本单位财务会计部门保管一年。期满后，原则上应由财务会计部门移交本单位档案部门保管。移交时，需要编制移交清册，填写交接清单，交接人员按移交清册和交接清单项目核查无误后签章，并在账簿使用日期栏填写移交日期。

2）已归档的会计账簿作为会计档案供本单位使用，原件不得借出。如有特殊需要，须经上级主管单位或本单位领导、会计主管人员批准，在不拆散原卷册的前提下，可供查阅或者复制，并要办理登记手续。

3）会计账簿是重要的会计档案之一，必须严格按《会计档案管理办法》规定的保管年限妥善保管，不得丢失和任意销毁。通常，总账（包括日记总账）、明细账、日记账、辅助账簿的保管期限为 30 年；固定资产卡片账应在固定资产报废清理后保管 5 年。在实际工作中，各单位可以根据实际利用的经验、规律和特点，适当延长有关会计档案的保管期限，但必须有较为充分的理由。

项 目 小 结

会计账簿是指由一定格式、相互联系的账页组成的，根据已审核的会计凭证序时地、分类地记录和反映各项经济业务的会计簿记。会计账簿按用途可以分为日记账簿、分类账簿和备查账簿。会计账簿按外形特征可以分为订本式账簿、活页式账簿和卡片式账簿。会计账簿按账页的格式可以分为三栏式账簿、多栏式账簿和数量金额式账簿。

日记账是按照经济业务发生或完成的时间顺序逐笔进行登记的账簿。常见的特种日记账有库存现金日记账和银行存款日记账。

明细分类账也称明细账，是指按明细分类账户开设的用来分类登记某类经济业务详细情况并提供明细核算资料的账簿，它对总账中记载的总括资料起补充、辅助作用。根据经济活动的特点及记载反映的需要，明细分类账可采用三栏式、多栏式、数量金额式、横线登记式、订本式和活页式账页进行登记。

总分类账简称总账，是按照总分类账户分类进行登记全部经济业务的账簿。在总分类账中，应该按照会计科目的编码顺序分别设置账户，并为每个账户合理地预留出账页。

对账是指为了保证账簿记录的真实、正确、可靠，在会计期内对账簿进行的有关账项的检查和核对工作。对账主要包括账证核对、账账核对和账实核对三个方面的内容。

登记会计账簿的过程中，可能发生各种各样的差错，如重记、漏记、数字颠倒、数字错位、数字记错、科目记错、借贷方向记反等，应及时找出差错，并予以更正。错账更正方法有划线更正法、红字更正法和补充登记法等。

结账，就是在把一定时期内发生的全部经济业务登记入账的基础上，将各种账簿记录的经济业务结算清楚，结出本期发生额合计和期末余额，或将余额结转下期，以便编制会计报表，分清上、下期会计记录和分期继续核算。

项 目 训 练

一、单选题

1. （　　），应在账簿封面上写明单位名称和账簿名称，并在账簿扉页上附启用表。

   A. 启用会计账簿时　　　　　　　　B. 装订成册时

   C. 年初　　　　　　　　　　　　　D. 年末

2. 下列各项中，（　　）适合采用活页式账簿形式。

   A. 明细分类账　　　　　　　　　　B. 银行存款日记账

   C. 库存现金日记账　　　　　　　　D. 备查账

3. 下列账簿中，通常采用多栏式账页格式的是（　　）。

   A. 转账日记账　　　　　　　　　　B. 原材料明细账

   C. 总分类账　　　　　　　　　　　D. 主营业务收入明细账

4. 下列做法中，不符合会计账簿登记要求的是（　　）。

   A. 使用圆珠笔登账

   B. 账簿中书写的文字和数字一般应占格距的 1/2

   C. 登记后在记账凭证上注明已经登记的符号

   D. 按账簿页次顺序连续登记，不得隔页、跳行

5. 账簿按账页的格式分类，不包括（　　）。

   A. 两栏式账簿　　　　　　　　　　B. 三栏式账簿

   C. 多栏式账簿　　　　　　　　　　D. 活页式账簿

6. （　　）是在账簿的借方和贷方按需要分设若干专栏的账簿。

   A. 两栏式账簿　　　　　　　　　　B. 三栏式账簿

   C. 多栏式账簿　　　　　　　　　　D. 数量金额式账簿

7. 在三栏式现金日记账中，为了清晰地反映与现金业务相关的账户对应关系，应在"摘要"栏后设（　　）栏。

   A. 记账凭证的日期　　　　　　　　B. 记账凭证的编号

   C. 对方科目　　　　　　　　　　　D. 收入、支出和余额

8. 某会计人员在审核记账凭证时，发现误将 8 000 元写成 800 元，尚未入账，一般应采用（　　）更正。

    A. 重新编制记账凭证　　　　　　　　B. 红字更正法

    C. 补充登记法　　　　　　　　　　　D. 总账法

9. 会计部门各种财产物资明细分类账的期末余额应与财产物资保管或使用部门有关明细账的期末余额核对相符，这属于（　　）。

    A. 账证核对　　　　　　　　　　　　B. 账账核对

    C. 账实核对　　　　　　　　　　　　D. 余额核对

10. 下列做法不正确的是（　　）。

    A. 现金日记账采用三栏式账簿

    B. 产成品明细账采用数量金额式账簿

    C. 生产成本明细账采用三栏式账簿

    D. 应交税费明细账采用多栏式账簿

11. 下列各账簿中，（　　）必须逐日逐笔登记。

    A. 费用明细账　　　　　　　　　　　B. 应收账款明细账

    C. 收入明细账　　　　　　　　　　　D. 原材料明细账

12. 某企业用现金支付办公用品费 780 元，会计人员编制的付款凭证为借记管理费用 870 元，贷记库存现金 870 元，并登记入账。对当年发生的该项记账错误应采用的更正方法是（　　）。

    A. 红字更正法　　　　　　　　　　　B. 重编正确的付款凭证

    C. 划线更正法　　　　　　　　　　　D. 补充登记法

13. 记账之后，发现记账凭证中将 20 000 元误写为 1 500 元，会计科目名称及应记方向无误，应采用的错账更正方法是（　　）。

    A. 划线更正法　　　　　　　　　　　B. 红字更正法

    C. 补充登记法　　　　　　　　　　　D. 红字冲销法

14. 从银行提取现金经济业务中，现金的收入数应根据（　　）。

    A. 银行存款收款凭证登记银行存款日记账

    B. 银行存款付款凭证登记银行存款日记账

    C. 库存现金收款凭证登记银行存款日记账

    D. 库存现金付款凭证登记银行存款日记账

15. 下列关于结账的说法，错误的是（　　）。

    A. 结账前，应将本期内发生的经济业务全部记入有关账簿，若预计本期不会再发生任何业务则可以提前结账

    B. 结账前应根据权责发生制要求调整有关账项

    C. 结账前要将损益类科目全部转入"本年利润"账户

    D. 在本期全部经济业务登记入账的基础上，需要结算出资产、负债和所有者权益科目的本期发生额和余额，并结转至下期

二、多选题

1. 下列关于明细分类账格式的说法，不正确的是（　　）。

　　A. 固定资产明细账可以采用卡片式账簿

　　B. 三栏式明细分类账适用于收入、成本、费用、利润和利润分配明细账的核算

　　C. 数量金额式明细分类账适用于既要进行金额核算又要进行数量核算的存货类账户

　　D. 多栏式明细分类账适用于应收账款、应付账款等科目的明细分类核算

2. 下列有关总分类科目和明细分类科目之间的关系，正确的有（　　）。

　　A. 控制和辅助　　　　　　　　　B. 总括和详细

　　C. 统驭和从属　　　　　　　　　D. 相互制约、相互联系

3. 下列账目可以用三栏式账簿登记的有（　　）。

　　A. 总分类账　　　　　　　　　　B. 现金日记账

　　C. 应收账款明细账　　　　　　　D. 实收资本明细账

4. 发生以下记账错误时，应选择红字更正法的有（　　）。

　　A. 记账之后，发现记账凭证中的会计科目应用错误

　　B. 记账之后，发现记账凭证所列金额大于正确金额

　　C. 记账之后，发现记账凭证所列金额小于正确金额

　　D. 结账之前，发现账簿记录有文字错误，而记账凭证正确

5. 下列不符合登记账簿要求的有（　　）。

　　A. 为防止篡改，文字书写要占满格

　　B. 数字书写一般要占格距的 1/2

　　C. 将活页式账簿登记中不慎出现的空白页抽换

　　D. 根据红字冲账的记账凭证，用红字冲销错误记录

6. 多栏式账簿是在账簿的两个基本栏目（即借方和贷方）按需要分设若干专栏的账簿。下列账簿应当采用多栏式账簿的有（　　）。

　　A. 主营业务收入总分类账　　　　B. 主营业务收入明细账

　　C. 生产成本明细账　　　　　　　D. 管理费用明细账

7. 下列账簿中，（　　）通常采用三栏式账页格式。

　　A. 库存现金日记账　　　　　　　B. 银行存款日记账

　　C. 总分类账　　　　　　　　　　D. 包装物明细分类账

8. 对于划线更正法，下列说法正确的是（　　）。

　　A. 划红线注销时必须使原有字迹仍可辨认

　　B. 对于错误的数字，应当全部划红线更正，不得只更正其中的错误数字

　　C. 对于文字错误，可只划去错误的部分

　　D. 对于错误的数字，可以只更正其中的错误数字

9. 下列关于对账工作的说法，正确的有（　　）。

　　A. 对账就是核对账目，是对账簿记录所进行的核对工作

　　B. 对账工作是为了保证账证相符、账账相符和账实相符的一项检查性工作

　　C. 对账工作的目的在于使期末用于编制会计报表的数据真实、可靠

　　D. 对账工作一般在月初进行

10. 下列结账方法正确的是（　　）。

　　A. 对于不需要按月结计发生额的账户，每月最后一笔余额即为月末余额。月末结账时，只需要在最后一笔经济业务记录之下通栏划单红线即可

　　B. 结账时，在12月末的"本年累计"发生额下通栏划双红线

　　C. 账户在年终结账时，在"本年合计"栏下通栏划双红线

　　D. 现金、银行存款日记账，每月结账时，在"摘要"栏注明"本月合计"字样，并在下面通栏划双红线

11. 关于会计账簿的保管，下列说法正确的有（　　）。

　　A. 年度终了，各种账户在结转下年、建立新账户后，一般要把旧账送交主管会计集中统一管理

　　B. 会计账簿由本单位财务会计部门保管一年，期满之后，交有关部门销毁处理

　　C. 会计账簿暂由本单位财务会计部门保管一年，期满之后，由财务会计部门编造清册移交本单位的档案部门保管

　　D. 年度终了，各种账户在结转下年、建立新账后，一般要把旧账送交出纳集中统一管理

三、判断题

1. 现金日记账是用来核算和监督现金每天的收入、支出和结存情况的账簿，其格式有三栏式和多栏式两种。无论采用三栏式还是多栏式，都必须使用订本式。（　　）

2. 结账后，严禁采用划线更正法更正错误。（　　）

3. 订本式账簿是指为防止抽换账页，而在使用后的期末将若干账页固定装订成册的账簿。（　　）

4. 对账工作一般在月末（包括季末、年末）进行，即在记账之后、结账之前进行。（　　）

5. 填制记账凭证是编制会计报表的基础。（　　）

6. 日记账、总账和大部分明细账都要每年更换新账，但固定资产明细账等变动较小的明细账可以连续使用。（　　）

7. 采用划线更正法，错误的数字和文字都应全部划线更正，不得只更正其中的错误数字或文字。（　　）

8. 凡需结出余额的账户，结出余额后，就在"借或贷"栏内写明"借"或"贷"字样。没有余额的账户，只要在"余额"栏内用"0"表示即可。（　　）

9. 日记账、总分类账和明细账都要每年全部更换新账。（　　）

10. 账簿记录发生错误时，不得刮擦、挖补，但可以在领导同意的情况下进行涂改。（　　）

四、技能题

1. 练习库存现金日记账和银行存款日记账的登记。

潍坊新宇公司2019年8月31日库存现金日记账和银行存款日记账的余额分别为3 000元和40 000元。9月1～5日发生以下现金和银行存款收付业务。

1）2日，接银行通知，恒源公司汇来前欠货款5 000元，已收妥入账。

2）2 日，从银行提取现金 2 000 元，以备日常开支。

3）2 日，办公室刘凯出差，借支差旅费 1 500 元，以现金给付。

4）3 日，从银行取得短期借款 20 000 元，已存入银行。

5）3 日，采购部徐超报销市内交通费 100 元，以现金给付。

6）4 日，购入材料一批，已验收入库，其货款为 2 800 元，以银行存款支付。

7）4 日，以银行存款支付办公费 1 000 元。

8）5 日，取得小额产品销售货款一笔，收取现金 600 元。

9）5 日，办公室刘凯出差归来，报销差旅费 950 元，余款交回。

要求：根据以上经济业务编制记账凭证，并据以登记库存现金日记账（图 5-21）和银行存款日记账（图 5-22）。

库存现金日记账

年		凭证号数	摘要	对方科目	借方	贷方	余额
月	日						

图 5-21　库存现金日记账

银行存款日记账

年		凭证号数	摘要	对方科目	支票号	借方	贷方	余额
月	日							

图 5-22　银行存款日记账

2．练习划线更正法。

2019 年 7 月 12 日，潍坊新宇公司验收材料一批，采购成本为 5 300 元。填制的"记字 22 号"凭证的会计分录如下：

借：原材料　　　　　　　　　　　　　　　　　　　　　　5 300

　　贷：在途物资　　　　　　　　　　　　　　　　　　　　　　5 300

会计人员在登记"原材料"账户时，将 5 300 元误记为 5 800 元。

要求：根据业务资料采用正确的错账更正方法进行更正。

3．练习红字更正法。

2019 年 7 月 16 日，潍坊新宇公司会计李丽在登记银行存款总账时，发现一笔收取账款 500 000 元的业务，编制凭证为"记字 50 号"，凭证贷方写为"应付账款"并已登记入账。相关会计分录如下：

借：银行存款   500 000
　　贷：应付账款   500 000

要求：根据上述资料编制更正错账的记账凭证。

4．练习补充登记法。

2019 年 7 月 25 日，潍坊新宇公司会计李丽在对账时，发现 21 日一笔应收账款的业务，在编制记账凭证时将 300 000 元的金额误记为 200 000 元，其余内容均正确，并已登记入账。相关会计分录如下：

借：银行存款   200 000
　　贷：应收账款   200 000

要求：根据业务资料编制更正错账的记账凭证。

项目六

进行财产清查

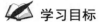 **学习目标**

目标类型		目标要素
知识目标	基础知识	了解财产清查的概念和基本分类
		了解财产物资的盘存制度
		掌握财产物资的清查方法
		掌握清查结果的处理方法
能力目标	基本技能	能够进行库存现金清查结果的账务处理
		会编制银行存款余额调节表
		能够进行存货清查结果的账务处理
		能够进行固定资产清查结果的账务处理
	拓展技能	能根据企业的实际情况进行财产清查及结果的处理

 项目导航

潍坊新宇公司于 2019 年 12 月末对企业的所有财产物资进行全面清查，核对账实是否相符，以保证财产物资的安全完整。该公司应该采用什么样的制度进行清查？除了全面清查还有哪种清查？具体有哪些方法和步骤呢？

任务一　认知财产清查

一、财产清查的概念、原因、作用和一般程序

（一）财产清查的概念

财产清查是指通过对各种财产物资、现金资产和往来款项的实地盘点、账项核对或查询，查明某一时期的实际结存数并与账存数核对，确定账实是否相符的一种会计核算方法。

财产清查是内部牵制制度的一部分，其目的在于定期确定内部牵制制度执行是否有效。在企业日常工作中，在考虑成本、效益的前提下，可选择范围大小适宜、时机恰当的财产清查。也就是说，可按照财产清查实施的范围、时间间隔等将财产清查进行适当分类。

（二）财产清查的原因

1）日常的账务处理产生纰漏。由于日常账务的处理中内部控制的缺失，在计量或者计算的过程中，手续方面出现问题。

2）收发货物，在物品的种类、金额上，工作疏忽所导致的计量和检验方面的差错。

3）因管理者疏忽所造成的企业物品的毁损、短缺。

4）因自然灾害等不可抗力原因造成的企业财产在保管过程中的损失。

5）因失窃、贪污、舞弊等人为因素所造成的企业财产的损失。

6）因企业、银行间结算时间的不同，即未达账项的存在所造成的账账不符的现象。

由于以上原因的存在，企业为了能够更加准确地对各项财务状况进行查实，保证企业在财务报表中所提供信息的真实准确，进行有关财产清查活动，是十分有必要的。

（三）财产清查的作用

1）保证会计核算资料的真实可靠。通过进行企业资产的清查，了解企业各项资产的实有数，同企业的账簿进行对比，从而保障账实相符，达到会计信息质量要求的规定。

2）充分挖掘财产物资的潜力。通过对各项财产物资的充分利用，加快资金的周转，提高资金的使用效益。

3）强化财产管理的内部控制制度。通过财产清查，可以查明各项物资的库存和使用情况，对企业的生产活动进行合理的安排。

4）完善财产管理的岗位责任制。通过财产清查，可以查清各项财产物资的保管情况是否良好，有无因管理不善造成的霉烂、变质、损失和浪费，或者被非法挪用、盗窃和贪污的情况。通过财产清查活动，有助于采取有效的措施，改善经营管理，切实保证各项财产物资的安全和完整。

（四）财产清查的一般程序

1）建立财产清查组织。

2）组织清查人员学习有关政策规定，掌握有关法律、法规和相关业务知识，以提高财产清查工作的质量。

3）确定清查对象和范围，明确清查任务。

4）制订清查方案，具体安排清查内容、时间、步骤、方法，以及必要的清查前准备。

5）清查时本着"先清查数量、核对有关账簿记录等，后认定质量"的原则进行。

6）清查人员要做好盘点记录并填制盘存清单，列明所查财产物资的实存数量和款项，以及债权债务的实有数额。

7）根据盘存清单编制实存账存对比表和往来款项清查结果报告表。

二、财产清查的种类

（一）按照财产清查的范围分类

1. 全面清查

全面清查是指对所有的财产进行全面的盘点和核对。全面清查涉及的范围广，人员多，工作量大，时间长，不宜经常进行，只需要在关键的时间点进行。

全面清查的对象：实物资产（固定资产、材料、在产品、半成品、产成品、库存商品、在建工程、其他物资），货币资金（现金、银行存款及各种有价证券），在途资产（在途货币资金、在途材料、在途商品、委托加工物资），往来款项（各项往来款项、银行借款、缴拨款项和其他结算账项）。

全面清查一般适用于以下情况：年终决算之前，以确保年终决算会计信息的真实和准确；单位合并、撤销、改变原来隶属关系或中外合资、国内联营及股份制改制时；开展资产评估、清产核资等活动时；单位主要负责人调离工作前。

2. 局部清查

局部清查是指根据需要只对部分财产进行盘点和核对。局部清查的范围小，内容少，涉及的人员较少，但是专业性较强。

局部清查的对象是流动性大的财产，如现金、原材料、在产品和库存商品等。有关人员可以根据需要对部分财产物资进行清查。

局部清查一般适用于以下情况：单位出纳在每天业务结束时对库存现金进行盘点清查，自行盘点；单位出纳在每月月末，对本单位的银行存款和银行借款与开户银行进行核对；对库存材料、在产品、产成品和商品物资年内轮流盘点或重点抽查，各种贵重物资每月都应清查盘点一次；对债权债务等往来款项，依据客户情况和金额的大小进行清查，每年至少要核对一次；在财产物资遭受自然灾害或意外损失，或对某项核算指标产生疑问时，对相应部分的财产物资进行清查。

（二）按照财产清查的时间分类

1. 定期清查

定期清查是指按照预先计划安排的时间对财产进行的盘点和核对。定期清查一般在年末、季末、月末进行，可以是全面清查，也可以是局部清查。

2. 不定期清查

不定期清查是指事前不规定清查日期，而是根据特殊需要临时进行的盘点和核对。不定期清查，可以是全面清查，也可以是局部清查，应根据实际需要来确定清查的对象和范围。

不定期清查主要适用于更换现金出纳或仓库保管员时，对其所保管的现金或财产进行清查；发生自然灾害使财物受损时进行清查，确定损失金额大小，以便索赔；上级、审计、财政等部门不定期地对现金或贵重物品进行抽查等。

（三）按照清查的执行系统分类

1. 内部清查

内部清查是指由本单位内部自行组织清查工作小组所进行的财产清查工作。大多数财产清查是内部清查。

2. 外部清查

外部清查是指由上级主管部门、审计机关、司法部门、注册会计师根据国家有关规定或情况需要对本单位所进行的财产清查。一般来讲，进行外部清查时应有本单位相关人员参加。

任务二　认知财产清查盘存制度和清查方法

一、财产清查盘存制度

（一）实地盘存制

实地盘存制是指企业对各项财产物资只在账簿中登记其收入数，不登记其发出数，期末通过实地盘点来确定财产物资的结余数，然后倒挤出本期发出数的一种盘存制度。相关计算公式为

本期存货资产减少金额＝期初账面结存金额＋本期增加金额－期末存货资产结存金额

（二）永续盘存制

永续盘存制是指企业对各项财产物资收入和发出的数量和金额，都必须根据原始凭证和记账凭证在有关账簿中进行连续登记，并随时结出账面余额的一种盘存制度。相关计算公式为

账面期末余额＝账面期初余额＋本期增加额－本期减少额

二、财产清查方法

（一）实地盘点法

实地盘点法是指在财产物资存放现场，逐一清点数量或用计量仪器确定其实存数量的一种方法。

（二）对账单法

对账单法即将本单位银行存款日记账的账簿记录与开户银行转来的对账单逐笔进行核对，以查明银行存款的实有数额的一种方法。

（三）技术推算法

技术推算法即对那些大量成堆、难以逐一点清的物品，按照一定的标准或数学方法推算出实物资产实存数量的一种方法。

（四）查询法

查询法就是采取发函或派人前往对方的企业当面查核询问的一种方法。此种方法适用于债权债务、款项尾欠等业务的清查。

（五）抽样盘点法

对量大不便盘点的物资，如包装完整、规格统一、内装量大的材料和标准件等，可按一定比例抽样盘点，以确定全部物资的数量。

任务三　财产清查及结果处理

一、库存现金的清查

（一）库存现金的清查方法

项目六学习课件
（任务三）

进行库存现金的清查时可采用实地盘点法确定库存现金的实存数，然后与库存现金日记账的账面余额相核对，确定账实是否相符。

盘点结束后，根据盘点的结果及与现金日记账核对情况编制库存现金盘点报告表，并由盘点人员和出纳员共同签字或盖章。库存现金盘点报告表既是反映现金实存额，也是用于调整账簿记录的原始凭证，如图 6-1 所示。

库存现金盘点报告表

单位名称：　　　　　　　　　　　　　年　月　日　　　　　　　　　　　　　单位：元

库存现金盘点			核对账目余额		盘点结果	
面值	数量	金额	项目	金额	溢余	短缺
100 元			账目余额			
50 元			加：收入未记账		盘点结果说明	
20 元			减：支出未记账			
10 元			调整后现金余额			
5 元			处理决定			
1 元						
5 角						
1 角						
5 分						
2 分						
1 分						
合计						

负责人：　　　　　　　　　　　　盘点人：　　　　　　　　　　　　出纳：

图 6-1　库存现金盘点报告表（1）

（二）库存现金清查结果账务处理

1. 账户设置

"待处理财产损溢"账户主要核算公司在财产清查过程中查明的各种财产物资的盘盈、盘亏和毁损，属于资产类账户，具有暂时性的特点。本账户下设置"待处理流动资产损溢"和"待处理非流动资产损溢"两个明细账户。

"待处理财产损溢"账户的账户结构如下：

借方	待处理财产损溢	贷方
① 发生的待处理财产盘亏和毁损数		① 发生的待处理财产盘盈数
② 结转已批准处理的财产盘盈数		② 结转已批准处理的财产盘亏和毁损数
尚待批准处理的财产盘亏和毁损数		尚待批准处理的财产盘盈数

2．账务处理

财产清查账务处理的步骤分两步走，即审批前和审批后。审批前通过账务处理达到账实相符，审批后按照审批意见进行处理。

（1）盘盈

审批前：库存现金盘盈时，应及时办理库存现金的入账手续，调整库存现金账簿记录，即按盘盈的金额借记"库存现金"账户，贷记"待处理财产损溢——待处理流动资产损溢"账户，调整达到账实相符。

审批后：对于盘盈的库存现金，应及时查明原因，按管理权限报经批准后，按盘盈的金额借记"待处理财产损溢——待处理流动资产损溢"账户，按需要支付或退还他人的金额贷记"其他应付款"账户，按无法查明原因的金额贷记"营业外收入"账户。

【例 6-1】潍坊新宇公司在财产清查中，发现库存现金溢余 160 元，如图 6-2 所示。

库存现金盘点报告表

单位名称：潍坊新宇公司　　　　　　　　2019 年 11 月 30 日　　　　　　　　　　　　单位：元

库存现金盘点			核对账目余额		盘点结果	
面值	数量	金额	项目	金额	溢余	短缺
100 元	5	500	账目余额	640	160	
50 元	2	100	加：收入未记账		盘点结果说明	
20 元	5	100	减：支出未记账			
10 元	6	60	调整后现金余额			
5 元	5	25	处理决定		库存现金溢余 160 元	
1 元	15	15	其中 100 元属于少付张三报销款，另外 60 元无法查明原因，根据批准处理意见，转作营业外收入			
5 角						
1 角						
5 分						
2 分						
1 分						
合计		800				

负责人：　　　　　　　　　　　　盘点人：　　　　　　　　　　　　出纳：

图 6-2　库存现金盘点报告表（2）

审批前：根据图 6-2 调整账面金额，达到账实相符。

借：库存现金　　　　　　　　　　　　　　　　　　　　　　　　　160
　　贷：待处理财产损溢——待处理流动资产损溢　　　　　　　　　　　　　160

审批后：经反复核查，上述库存现金账款中 100 元属于少付张三报销款；另外 60 元无法查明原因，根据批准，转作营业外收入。

借：待处理财产损溢——待处理流动资产损溢　　　　　　　　　　　160
　　贷：其他应付款——张三　　　　　　　　　　　　　　　　　　　　　100
　　　　营业外收入　　　　　　　　　　　　　　　　　　　　　　　　　60

（2）盘亏

审批前：库存现金盘亏时，应及时办理盘亏的确认手续，调整库存现金账簿记录，即按盘亏的金额借记"待处理财产损溢——待处理流动资产损溢"账户，贷记"库存现金"

账户，调整达到账实相符。

审批后：对于盘亏的库存现金，应及时查明原因，按管理权限报经批准后，按可收回的保险赔偿和过失人赔偿的金额借记"其他应收款"账户；按管理不善等原因造成净损失的金额借记"管理费用"账户；按自然灾害等原因造成净损失的金额借记"营业外支出"账户；按原记入"待处理财产损溢——待处理流动资产损溢"账户借方的金额贷记本账户。

【例6-2】潍坊新宇公司在财产清查中，盘亏库存现金300元。

审批前：根据库存现金盘点报告表调整账面金额，达到账实相符。

借：待处理财产损溢——待处理流动资产损溢　　　　　　　　　　　　　300

　　贷：库存现金　　　　　　　　　　　　　　　　　　　　　　　　　　　300

审批后：经查，上述库存现金短缺中100元应由出纳员管倩赔偿，另外200元无法查明原因，记作管理费用。

借：其他应收款——管倩　　　　　　　　　　　　　　　　　　　　　　100

　　管理费用　　　　　　　　　　　　　　　　　　　　　　　　　　　200

　　贷：待处理财产损溢——待处理流动资产损溢　　　　　　　　　　　　300

收到上述出纳员管倩赔偿的库存现金100元。

借：库存现金　　　　　　　　　　　　　　　　　　　　　　　　　　　100

　　贷：其他应收款——管倩　　　　　　　　　　　　　　　　　　　　　100

【例6-3】潍坊新宇公司财务科电路老化引发火灾，经查，库存现金烧毁2 700元。

审批前：根据库存现金盘点报告表调整账面金额，达到账实相符。

借：待处理财产损溢——待处理流动资产损溢　　　　　　　　　　　　2 700

　　贷：库存现金　　　　　　　　　　　　　　　　　　　　　　　　　2 700

审批后：领导批示2 000元由保险公司赔偿，700元计入营业外支出。

借：其他应收款——保险公司　　　　　　　　　　　　　　　　　　　2 000

　　营业外支出　　　　　　　　　　　　　　　　　　　　　　　　　　700

　　贷：待处理财产损溢——待处理流动资产损溢　　　　　　　　　　　2 700

收到上述保险公司补偿款2 000元。

借：库存现金　　　　　　　　　　　　　　　　　　　　　　　　　　2 000

　　贷：其他应收款——保险公司　　　　　　　　　　　　　　　　　　2 000

二、银行存款的清查

（一）银行存款的清查方法

银行存款的清查是采用与开户银行核对账目的方法进行的，即将本单位银行存款日记账的账簿记录与开户银行转来的对账单逐笔进行核对，来查明银行存款的实有数额。银行存款的清查一般在月末进行。

银行存款清查账实不符的原因：一是双方或一方记账出现了差错；二是在银行与企业双方的记账均无差错的情况下，未达账项的存在造成双方银行存款余额不一致。

（二）未达账项

未达账项，是指企业和银行之间，由于记账时间不一致而发生的一方已经入账，而另一方尚未入账的事项。企业与银行之间的未达账项大致有以下四种类型。

1）企业存入银行的款项，企业已经作为存款入账，而开户银行尚未办妥手续，未记入企业存款账户，简称企收银未收。

2）企业开出支票或其他付款凭证，已作为存款减少登记入账，而银行尚未支付或未记入企业存款账户，简称企付银未付。

3）企业委托银行代收的款项或银行付给企业的利息，银行已收妥并登记入账，而企业没有接到有关凭证，尚未入账，简称银收企未收。

4）银行代企业支付款项后，已作为款项减少记入企业存款账户，但企业没有接到通知，尚未入账，简称银付企未付。

（三）清查步骤

1）以结算凭证的种类、号码和金额为依据，逐日逐笔地核对本单位的银行存款日记账与银行对账单。凡双方都有记录的，用铅笔在金额旁打"√"。

2）找出未达账项（即银行存款日记账和银行对账单中没有打"√"的款项）。

3）将日记账和对账单的月末余额及找出的未达账项填入银行存款余额调节表，并计算出调整后的余额。

4）将调整平衡的银行存款余额调节表，经主管会计签章后，呈报开户银行。

银行存款余额调节表的编制是在银行对账单余额与企业账面存款余额的基础上，各自加上对方已收本单位未收账项数额，再减去对方已付本单位未付账项数额，计算公式为

单位存款日记账余额＋银行已收企业未收的款项－银行已付企业未付的款项

＝银行对账单＋企业已收银行未收的款项－企业已付银行未付的款项

如果相等，表明企业和银行的账目没有差错；反之，说明记账有错误，应进一步查明原因，并予以更正。

银行存款余额调节表只能起到核对账目的作用，不得用于调整银行存款账面余额，不属于原始凭证。

【例 6-4】潍坊新宇公司 2019 年 6 月 30 日银行存款日记账余额为 1 235 500 元，银行对账单余额为 1 291 300 元。经查本月未达账项的内容如下：

1）27 日，企业送存转账支票一张 23 000 元，企业已经入账，银行尚未入账。

2）27 日，企业购入材料开出转账支票 46 000 元，企业已经入账，银行尚未入账。

3）28 日，企业销货，委托银行收款 34 000 元，银行已收款入账，企业未收到收款通知。

4）28 日，企业从银行借入短期借款，本期利息 1 200 元，银行已入账，企业尚未收到付款通知未入账。

制作的银行存款余额调节表如图 6-3 所示。

银行存款余额调节表

2019 年 6 月 30 日　　　　　　　　　　　　　　　　　　　　　　　　　　　单位：元

项目	金额	项目	金额
企业银行存款日记账余额	1 235 500	银行对账单余额	1 291 300
加：银行已收企业未收款	34 000	加：企业已收银行未收款	23 000
减：银行已付企业未付款	1 200	减：企业已付银行未付款	46 000
调节后的存款余额	1 268 300	调节后的存款余额	1 268 300

主管：　　　　　　　　　　会计：　　　　　　　　　　出纳：

图 6-3　银行存款余额调节表

（四）银行存款余额调节表的作用

1）银行存款余额调节表是一种对账记录或对账工具，不能作为调整账面记录的依据，即不能根据银行存款余额调节表中的未达账项来调整银行存款账面记录，未达账项只有在收到有关凭证后才能进行相关账务处理。

2）调节后的余额如果相等，通常说明企业和银行的账面记录没有错误，该余额通常为企业可以动用的银行存款实有数。

3）调节后的余额如果不相等，通常说明一方或双方记账有误，需进一步追查，查明原因后予以更正和处理。

4）凡有多个银行户头及开设有外币存款户头的单位，应分别按存款户头开设银行存款日记账。每月月底，应分别将各户头的银行存款日记账与各户头的银行对账单核对，并分别编制各户头的银行存款余额调节表。

三、存货的清查

（一）存货清查概述

存货隶属于实物资产，而实物资产的清查就是对实物资产在数量和质量上所进行的清查。

清查方法一般有：实地盘点法、技术推算法、抽样盘点法。

清查记录：首先如实准确地登记盘存单，并由盘点人员和实物保管人员共同签字或盖章。只有签字或盖章后，盘存单才能生效。盘存单是记录实物盘点后财产物资实存数，反映盘点结果的书面证明文件。然后根据盘存单资料和有关账簿资料填制实存账存对比表，检查账实是否相符。盘存单和实存账存对比表的格式分别如图 6-4 和图 6-5 所示。

注意：实存账存对比表是调整账簿记录的原始凭证，盘存单不是调整账簿记录的原始凭证。

盘 存 单

单位名称：　　　　　　　　　　　　　　　年　月　日
存货类别：　　　　　　　　　　　　　存放地点：　　　　　　　　　　　　　　　单位：元

序号	规格	名称	计量单位	数量	单价	金额	备注

盘点人：　　　　　　　　　　　　　　　　　　　　　　　　　　　保管人：

图 6-4　盘存单

实存账存对比表

单位名称：　　　　　　　　　　　　　　年　月　日　　　　　　　　　　单位：元

序号	规格	名称	计量单位	实存			账存			对比结果						备注
				数量	单价	金额	数量	单价	金额	盘盈			盘亏			
										数量	单价	金额	数量	单价	金额	

单位负责人：　　　　　　　　　　　　　　　　　　　　　　　　　填表人：

图 6-5　实存账存对比表

（二）存货清查的账务处理

1．存货盘盈

经有关机构批准后，企业根据批复意见，编制记账凭证，对差异进行结转，一律转入"管理费用"账户的贷方。

审批前：存货盘盈时，应及时办理存货入账手续，调整存货账簿的实存数。盘盈的存货应以其重置成本作为入账价值借记"原材料""库存商品"等账户，贷记"待处理财产损溢——待处理流动资产损溢"账户，调整达到账实相符。

审批后：对于盘盈的存货，应及时查明原因，按管理权限报经批准后，冲减管理费用，即按其入账价值，借记"待处理财产损溢——待处理流动资产损溢"账户，贷记"管理费用"账户。

2．存货盘亏

审批前：存货盘亏时，应按盘亏的金额借记"待处理财产损溢——待处理流动资产损溢"账户，贷记"原材料""库存商品"等账户。材料、产成品、商品采用计划成本（或售价）核算的，还应同时结转成本差异（或商品进销差价）；涉及增值税的，还应进行相应调整，达到账实相符。

审批后：对于盘亏的存货，应及时查明原因，按管理权限报经批准后，按可收回的保险赔偿和过失人赔偿的金额借记"其他应收款"账户；按管理不善等原因造成净损失的金额借记"管理费用"账户；按自然灾害等原因造成净损失的金额借记"营业外支出"账户；按原记入"待处理财产损溢——待处理流动资产损溢"账户借方的金额贷记本账户。

【例 6-5】 潍坊新宇公司进行存货清查时，发现 A 产品盘盈 100 千克，单位成本为 9.5元，共计 950 元。编制会计分录如下：

借：库存商品——A 产品　　　　　　　　　　　　　　　　　　950
　　贷：待处理财产损溢——待处理流动资产损溢　　　　　　　　　　　950

经查该项盘盈是收发计量错误造成的，经批准作为冲减管理费用处理。编制会计分录如下：

借：待处理财产损溢——待处理流动资产损溢　　　　　　　　　　950
　　贷：管理费用　　　　　　　　　　　　　　　　　　　　　　　950

【例 6-6】 潍坊新宇公司 2019 年 3 月 6 日发生火灾造成 40 000 元甲材料受损，灾后清理材料作价 6 000 元入原材料仓库，保险公司赔偿 20 000 元，有关责任人张三赔偿 2 000元，其余作为非常损失处理（增值税税率为 13%）。

审批前：达到账实相符。

借：待处理财产损溢——待处理流动资产损溢　　　　　　　　　45 200
　　贷：应交税费——应交增值税（进项税额转出）　　　　　　　　5 200
　　　　原材料——甲材料　　　　　　　　　　　　　　　　　　40 000

审批后：

借：原材料——甲材料　　　　　　　　　　　　　　　　　　6 000
　　银行存款　　　　　　　　　　　　　　　　　　　　　20 000
　　其他应收款——张三　　　　　　　　　　　　　　　　　2 000
　　营业外支出　　　　　　　　　　　　　　　　　　　　17 200
　　贷：待处理财产损溢——待处理流动资产损溢　　　　　　　　45 200

四、往来款项的清查

1）往来款项的清查是根据账簿记录，通过对公司的各项实物、现金的实地盘点，对银行存款、往来款项进行核对，确定各种财产、货币资金、往来款项的实有数，并查明账存数与实物数是否相符。清查单位接到对方单位退还的对账单后，如果存在余额不符的情况，应编制往来款项清查报告表，分别注明产生差异的原因，并提出处理意见。

2）往来款项主要包括应收、应付款项和预收、预付款项等。对于企业确定不能收回的各种应收款项，应当确认坏账损失。

3）企业发生坏账，造成坏账损失是一种很正常的现象。按照我国有关规定，企业应收账款符合下列条件之一的，应确认为坏账：①因债务人死亡，以其遗产清偿后仍然无法收回；②因债务人破产，以其破产财产清偿后仍然无法收回；③债务人较长时期内（如超过3 年）未履行偿债义务，并有足够的证据表明无法收回或收回的可能性极小。

4）往来款项的清查一般采用发函询证法进行核对。往来款项清查以后，根据清查结果编制往来款项对账单，填列各项债权、债务的余额。对于有争执的款项及无法收回的款项，应在报告单上详细列明情况，以便及时采取措施避免或减少坏账损失。对各种应收、应付款项的清查，应采取发函询证法，即与对方核对账目的方法。清查单位应在各种往来款项记录准确的基础上，编制往来款项对账单，寄发或派人送交对方单位，与债务人或债权人进行核对。往来款项对账单的格式和内容如图 6-6 所示。

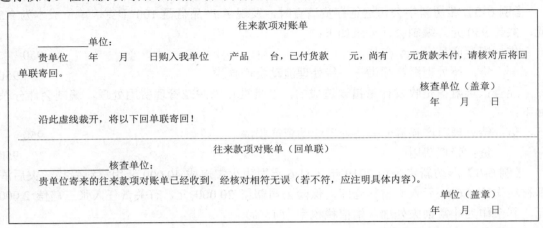

往来款项对账单

_____单位：

　　贵单位　　年　　月　　日购入我单位　　产品　　台，已付货款　　元，尚有　　元货款未付，请核对后将回单联寄回。

核查单位（盖章）
年　　月　　日

　　沿此虚线裁开，将以下回单联寄回！

往来款项对账单（回单联）

_____核查单位：

　　贵单位寄来的往来款项对账单已经收到，经核对相符无误（若不符，应注明具体内容）。

单位（盖章）
年　　月　　日

图 6-6　往来款项对账单

五、固定资产的清查

固定资产清查是指从实物管理的角度对单位实际拥有的固定资产进行实物清查，并与固定资产进行账务核对，确定盘盈、毁损、报废及盘亏资产。固定资产清查的范围主要包括土地、建筑物、通用设备、专用设备、交通运输设备等。

1. 清查方法

固定资产的清查方法主要是实地盘点法。实地盘点法是指在固定资产存放现场逐一清点，确定其实存数量的一种方法。

2. 账务处理

（1）盘盈

企业在财产清查过程中盘盈的固定资产，经查明确属企业所有，按管理权限报经批准后，应根据盘存凭证填制固定资产交接凭证，经有关人员签字后送交企业会计部门，填写固定资产卡片账，并作为前期差错处理，通过"以前年度损益调整"账户核算。

盘盈的固定资产通常以其重置成本作为入账价值，借记"固定资产"账户，贷记"以前年度损益调整"账户，调整达到账实相符。

【例 6-7】潍坊新宇公司于 2019 年 8 月 31 日对企业全部的固定资产进行盘查，盘盈一台五成新的机器设备，该设备同类产品市场价格为 120 000 元（企业所得税税率为 25%）。

借：固定资产　　　　　　　　　　　　　　　　　　　　　　　　120 000

　　贷：累计折旧　　　　　　　　　　　　　　　　　　　　　　　　60 000

　　　　以前年度损益调整　　　　　　　　　　　　　　　　　　　　60 000

达到账实相符。

借：以前年度损益调整 15 000
　　贷：应交税费——应交所得税 15 000
借：以前年度损益调整 4 500
　　贷：盈余公积——法定盈余公积 4 500
借：以前年度损益调整 40 500
　　贷：利润分配——未分配利润 40 500

（2）盘亏

审批前：固定资产盘亏时，应及时办理固定资产注销手续，按盘亏固定资产的账面价值，借记"待处理财产损溢——待处理非流动资产损溢"账户；按已提折旧额，借记"累计折旧"账户；按其原价，贷记"固定资产"账户。

审批后：对于盘亏的固定资产，应及时查明原因，按管理权限报经批准后，按过失人及保险公司应赔偿额，借记"其他应收款"账户；按盘亏固定资产的原价扣除累计折旧和过失人及保险公司赔偿后的差额，借记"营业外支出"账户；按盘亏固定资产的账面价值，贷记"待处理财产损溢——待处理非流动资产损溢"账户。

【例 6-8】潍坊新宇公司 2019 年年末组织人员对固定资产进行清查时，发现毁损一台电机，该设备原价为 100 000 元，已计提折旧 30 000 元，并已计提减值准备 20 000 元。经查，设备毁损是设备管理员李四看守不当引发火灾导致的。经董事会批准，由设备管理员李四赔偿 5 000 元，保险公司赔偿 10 000 元。

审批前：
借：待处理财产损溢——待处理非流动资产损溢 50 000
　　累计折旧 30 000
　　固定资产减值准备 20 000
　　贷：固定资产 100 000
审批后：
借：其他应收款——李四 5 000
　　　　　　　——保险公司 10 000
　　营业外支出——盘亏损失 35 000
　　贷：待处理财产损溢——待处理非流动资产损溢 50 000
收到设备管理员和保险公司赔款后：
借：库存现金 15 000
　　贷：其他应收款——李四 5 000
　　　　　　　　　——保险公司 10 000

项 目 小 结

财产清查是指通过对货币资金、实物资产和往来款项的盘点或核对，确定其实存数，查明账存数与实存数是否相符的一种专门方法。按照清查的范围，财产清查分为全面清查和局部清查。按照清查的时间，财产清查分为定期清查和不定期清查。定期清查和不定期清查均既可以是全面清查又可以是局部清查。

现金的清查方法是实地盘点法，首先盘点库存现金的实存数，然后与现金日记账的账面余额相核对，确定账存与实存是否相符及盈亏情况。现金清查结束后应填写库存现金盘点报告表并据以调整现金日记账的账面记录。

银行存款的清查是通过与开户银行转来的对账单进行核对的方法，查明银行存款的实有数额。注意：由于未达账项的存在，即使双方记账均无错误，也会出现企业银行存款日记账余额与银行对账单余额不一致的情况。

实物资产的清查常用的方法包括实地盘点法、技术推算法和抽样盘点法。实地盘点法适用于容易清点或计量的财产物资及现金等货币资金的清查。技术推算法适用于大量成堆难以逐一清点的财产物资（如煤炭、矿石等）的清查。抽样盘点法适用于量大、不便盘点的如包装完整、规格统一、内装量大的材料和标准件等的清查。

往来款项的清查一般采用发函询证法进行核对。对不符的款项按有争议、未达账项、无法收回等情况归类合并，针对具体情况及时采取措施予以解决。

财产清查结束后，企业根据清查结果报告表、盘点报告表等已经查实的数据资料，编制记账凭证，记入有关账簿，使账簿记录与实际盘存数相符。经过审批之后，再按照相关的规定进一步进行账务处理。

项 目 训 练

一、单选题

1. 下列各项，说法错误的是（　　）。
   A．未达账项不是错账、漏账
   B．未达账项只应在银行存款余额调节表中进行调节
   C．未达账项不能据以进行任何的账务处理
   D．未达账项调节后，银行存款日记账账面余额和银行存款对账单余额一定一致

2. 现金和实物的清查都可采用的方法是（　　）。
   A．核对账目法　　B．技术推算法　　C．实地盘点法　　D．发函询证法

3. 在进行实物财产清查时，（　　）不用发函询证法。
   A．委托外单位加工的物资　　　　　B．委托外单位保管的物资
   C．现金　　　　　　　　　　　　　D．在途物资

4. 某企业 12 月 31 日银行存款日记账的余额为 150 000 元，经逐笔核对，未达账项如下：银行已收企业未收的 92 000 元；银行已付企业未付的 2 000 元。调整后的企业银行存款余额应为（　　）元。
   A．240 000　　　B．60 000　　　C．56 000　　　D．244 000

5. 下列各项，属于实物资产清查范围的是（　　）。
   A．现金　　　　B．存货　　　　C．银行存款　　　D．应收账款

二、多选题

1. 进行局部财产清查时，下列做法正确的是（　　　）。
   A. 现金每月清点一次　　　　　　　　B. 银行存款每月至少同银行核对一次
   C. 贵重物品每月盘点一次　　　　　　D. 债权债务每年至少核对一次
2. 一般而言，需要进行财产全面清查的情况有（　　　）。
   A. 单位主要负责人调离工作　　　　　B. 单位撤销、分立
   C. 单位改变隶属关系　　　　　　　　D. 开展清产核资
3. 编制银行存款余额调节表时，应调整企业银行存款日记账余额业务的是（　　　）。
   A. 企业已收银行未收款项　　　　　　B. 企业已付银行未付款项
   C. 银行已收企业未收款项　　　　　　D. 银行已付企业未付款项
4. 需要进行全面财产清查的情况有（　　　）。
   A. 年终决算之前　　　　　　　　　　B. 企业股份制改制前
   C. 进行全面资产评估时　　　　　　　D. 单位主要领导调离时
5. 财产清查中填制的账存实存对比表是（　　　）。
   A. 调整账簿的原始凭证　　　　　　　B. 财产清查的重要报表
   C. 登记日记账的直接依据　　　　　　D. 调整账簿记录的记账凭证

三、判断题

1. 在进行现金和存货清查时，出纳人员和实物保管人员不得在场。　　　　　（　　　）
2. 银行存款余额调节表编制完后，可作为调整企业银行存款余额的原始凭证。（　　　）
3. 不定期清查，可以是全面清查，也可以是局部清查。　　　　　　　　　　（　　　）
4. 定期清查，可以是全面清查，也可以是局部清查。　　　　　　　　　　　（　　　）
5. 现金盘点报告表由盘点人签章后即可生效。　　　　　　　　　　　　　　（　　　）

四、技能题

1. 某企业 2019 年 10 月 31 日银行存款日记账账面余额为 462 000 元，银行对账单上的余额为 462 200 元。经与银行对账，发现有以下几笔未达账项。
   1）销售商品，收到货款 50 000 元，支票已送存银行，企业已经入账，银行尚未入账。
   2）用银行存款支付广告费 9 000 元，转账支票已开出，银行尚未记账。
   3）本月水电费 1 800 元，银行已划转支付，企业尚未记账。
   4）收到其他企业前欠货款 43 000 元，银行已收入企业账户，企业尚未记账。
   要求：据此填制银行存款余额调节表（图 6-7）。
2. 潍坊新宇公司 2019 年 12 月 31 日进行财产清查，发现下列情况。
   1）现金短缺 100 元。
   2）甲材料盘亏 150 千克，单价 500 元。
   3）M 产品盘盈 5 千克，单价 600 元。
   4）盘亏设备一台，原价 180 000 元，已计提折旧 40 000 元。

银行存款余额调节表

2019 年 10 月 31 日

项目	金额	项目	金额

图 6-7　银行存款余额调节表

5）盘盈电脑一台，市场价格 5 000 元，八成新。

6）公司应付某单位货款 25 000 元，因单位撤销而无法支付。

经调查，处理结果如下：

1）现金短缺属于出纳管倩粗心导致，理应赔偿。

2）甲材料 50 千克属管理员张涛管理不善而损坏，理应赔偿；10 千克合理损耗，计入管理费用；40 千克计量错误，计入管理费用；50 千克因暴雪而损坏，计入营业外支出。

3）M 产品入库计量错误，冲减管理费用。

4）盘亏设备是管理员李强管理不善引发火灾造成的，个人应赔 5 000 元，保险公司赔偿 120 000 元，其他计入营业外支出。

5）盘盈电脑通过以前年度损益调整。

6）应付货款无法支付而转入营业外收入。

要求：据此进行财产清查结果的账务处理。

项目七

编制会计报表

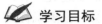 **学习目标**

目标类型		目标要素
知识目标	基础知识	了解会计报表的含义、分类和作用
		了解会计报表的内容和基本结构
		掌握会计报表的编制方法
能力目标	基本技能	会编制资产负债表
		会编制利润表
		会编制现金流量表
	拓展技能	能根据企业的财务状况、经营成果和现金流量进行财务分析

项目导航

在学习会计报表时，我们要掌握两大要点：一是了解会计报表的结构和含义；二是将会计报表当成一种语言来学习，试着将日常生活中的数学知识与会计报表中的概念相对应。我们来看看卖菜阿婆是怎样掌握会计报表上的重点的。

阿婆卖的蔬菜就是她的存货。每天收摊时，阿婆都会算一下当天收了多少钱。阿婆将当天的收入减去早上的进货成本，就知道自己当天赚了多少钱，这就是收入、费用和利润的关系。

阿婆卖菜时和常年往来的批发商谈月结付款，和赊账的顾客谈收款，这就是应付账款和应收账款。

卖菜阿婆从来没有学过财务知识，却以相同的思路卖了一辈子菜。同样，大家也很容易理解阿婆做生意的方式。由此可见，我们已经踏入了财会领域，对于会计报表的理解肯定比自己想象的更加深入。

任务一　认知会计报表

一、会计报表的含义

会计报表是对日常核算的资料按一定的表格形式进行汇总反映和综合反映的报告文件。日常核算资料具有零星、分散、量大等特点，为了便于各级管理人员一目了然地掌据企业、单位一定时期的经济活动情况及其效益，必须将日常核算的资料按统一规定的格式和口径进行汇总和综合。现在的会计报表是企业的会计人员根据一定时期（如月、季、年）的会计记录，按照既定的格式和种类编制的系统的报告文件。会计报表综合反映了企业资产、负债和所有者权益的情况，以及一定时期的经营成果和财务状况变动，是会计人员根据日常会计核算资料归集、加工、汇总而形成的结果，是会计核算的最终产品。

随着企业经营活动的扩展，会计报表的使用者对会计信息的需求不断增加，仅仅依靠几张会计报表提供的信息已经不能满足或不能直接满足他们的需求，因此需要通过报表以外的附注和说明提供更多的信息。这些附有详细附注和财务状况说明书的会计报表统称为财务会计报告。在实际工作中，由于需要报告的表外信息越来越多，附注的篇幅就越来越大，会计报表虽然只是财务会计报告中的一小部分，但它是核心组成部分。

二、会计报表的作用

财务会计的一个重要职能是向与企业有利害关系的各个方面及其他相关的机构提供对决策有用的信息。对决策有用的会计信息主要指企业经营成果、财务状况和资金流转等信息，这些信息是通过利润表、资产负债表和现金流量表等会计报表加以反映的。会计报表的作用主要有以下几点。

1）会计报表是与企业有经济利害关系的外部单位和个人了解企业的财务状况及经营成果，并据以作出决策的重要依据。

2）会计报表是国家经济管理部门进行宏观调控和管理的信息源。

3）会计报表提供的经济信息是企业内部加强和改善经营管理的重要依据。

三、会计报表的分类

会计报表由主表及相关附表组成，其中主表包括资产负债表、利润表和现金流量表；附表包括资产减值准备明细表、利润分配表等，是对主表的进一步补充。会计报表按照不同的标准可以分为不同的类别。

（一）动态会计报表和静态会计报表

会计报表按其反映的内容，可以分为动态会计报表和静态会计报表。动态会计报表是反映一定时期内经营成果和现金流量的会计报表。例如，利润表反映了企业一定时期内所实现的经营成果，现金流量表反映了企业一定时期内现金的流入、现金的流出及净增加数，因此利润表和现金流量表属于动态会计报表。静态会计报表是指反映企业在一定日期资产和权益总额的会计报表。例如，资产负债表反映了企业某一时点上的资产、负债和所有者权益的情况，因此资产负债表属于静态会计报表。

（二）月度报表、季度报表、半年度报表和年度报表

会计报表按其编制的时间，可以分为月度报表、季度报表、半年度报表和年度报表。月度报表简称月报，每月编制一次，包括资产负债和利润表；季度报表简称季报，每季

编制一次，包括资产负债表和利润表；半年度报表简称半年报，每年 6 月 30 日编制一次，包括资产负债表和利润表，但与月报和季报在部分指标上有一定的差异；年度报表简称年报，每年编制一次，包括资产负债表、利润表和现金流量表，它要求完整、全面地反映企业的财务状况、经营成果和现金流量情况。

按照我国现行会计制度和《中华人民共和国公司法》的规定，企业的会计报表主要包括资产负债表、利润表、现金流量表、各种附表及附注说明。

四、会计报表的编制要求

（一）真实可靠

会计报表指标应当按照国家统一的会计制度的规定如实反映企业的财务状况、经营成果和现金流量。

（二）全面完整

会计报表应当反映企业生产经营活动的全貌，全面反映企业的财务状况、经营成果和现金流量。企业应当按照规定的格式和内容编制会计报表。企业应按规定编报国家要求提供的各种会计报表，对于国家要求填报的有关指标和项目，应按照有关规定填列。

（三）前后一致

编制会计报表依据的会计方法，前后期应当一致，不能随意变更。如果确需改变某些会计方法，应在报表附注中说明改变的原因及改变后对报表指标的影响。

（四）编报及时

企业应根据有关规定，按月、按季、按半年、按年及时对外报送会计报表。会计报表的报送期限，由国家统一规定。月报应于月度终了后 6 天内（节假日顺延，下同）对外提供；季报应于季度终了后 15 天内对外提供；半年度报应于年度中期结束后 60 天内（相当于两个连续的月份）对外提供；年报应于年度终了后 4 个月内对外提供。

（五）相关可比

会计报表的相关可比，是指会计报表所提供的财务会计信息必须与会计报表使用者的决策相关，并且便于会计报表的使用者在不同企业之间及同一企业前后各期之间进行比较。

（六）便于理解

便于理解是指会计报表所提供的会计信息应当清晰明了，便于使用者理解和利用。

任务二 编制资产负债表

一、资产负债表的含义

资产负债表是反映企业在某一特定日期（如月末、季末、年末）全部资产、负债和所有者权益情况的会计报表，是企业经营活动的静态体现。它是根据"资产＝负债＋所有者权益"这一平衡公式，依照一定的分类标准和一定的次序，将合乎会计原则的"资产、负债、所有者权益"科目分为"资产"和"负债及所有者权益"两大区块编制而成的。它表明企业在某一特定日期所拥有或控制的经济资源、所承担的现时义务和所有者对净资产的要求权。资产负债表是相当重要的会计报表，其主要功用在于表明企业的经营状况。

二、资产负债表的作用

（一）反映企业资产的构成及其状况

分析企业在某一日期所拥有的经济资源及其分布情况，可以揭示公司的资产及其结构。资产代表企业的经济资源，是企业经营的基础，资产总量的高低一定程度上可以说明企业的经营规模和盈利基础大小。企业的资产结构即资产的分布，它能够反映企业生产经营过程的特点，有利于报表使用者进一步分析企业生产经营的稳定性。

（二）反映企业负债总额及其结构，揭示资产来源及构成

根据资产、负债、所有者权益之间的关系，如果公司负债比例高，相应的所有者权益（即净资产）就低，说明主要靠债务"撑大"了资产总额，真正属于公司自己的财产（即所有者权益）不多。负债总额表示企业承担的债务的多少，负债和所有者权益的比重反映了企业的财务安全程度。负债结构反映了企业偿还债务的紧迫性和偿债压力的大小，通过资产负债表可以了解企业负债的基本信息。

（三）反映企业所有者权益的情况

通过资产负债表，报表使用者可以了解企业现有投资者在企业投资总额中所占的份额。实收资本和留存收益是所有者权益的重要内容，它反映了企业投资者对企业的初始投入和资本累计的多少，也反映了企业的资本结构和财务实力，有助于报表使用者分析、预测企业生产经营安全程度和抗风险的能力。

（四）解释、评价和预测企业的短期偿债能力

偿债能力指企业以其资产偿付债务的能力，短期偿债能力主要体现在企业资产和负债的流动性上。短期债权人关注的是企业是否有足够的现金和足够的资产可及时转换成现金，以清偿短期内将到期的债务。长期债权人及企业所有者也要评价和预测企业的短期偿债能力，短期偿债能力越低，企业越有可能破产，从而越缺乏投资回报的保障，越有可能收不回投资。资产负债表分门别类地列示了流动资产与流动负债，本身虽未直接反映出短期偿债能力，但通过流动资产与流动负债的比较，并借助于报表附注，可以解释、评价和预测

企业的短期偿债能力。

（五）解释、评价和预测企业的长期偿债能力和资本结构

资本结构通常指企业权益总额中负债与所有者权益，负债中流动负债与长期负债，所有者权益中投入资本与留存收益或普通股与优先股的关系。负债与所有者权益的数额表明企业所支配的资产有多少为债权人提供，又有多少为所有者提供。这两者的比例关系，既影响债权人和所有者的利益分配，又牵涉债权人和所有者投资的相对风险，以及企业的长期偿债能力。资产负债表是管理部门和债权人作出信贷决策的重要依据。

（六）解释、评价和预测企业的绩效

资产负债表能帮助管理部门作出合理的经营决策。企业的经营绩效主要表现为获利能力，而获利能力则可用资产收益率、成本收益率等相对值指标衡量，这样将资产负债表和利润表信息结合起来，可据以评价和预测企业的经营绩效，并可深入剖析企业绩效优劣的根源，寻求提高企业经济资源利用效率的良策。资产负债表有助于投资者对资产负债进行动态的比较，进一步分析公司经营管理水平及发展前景与后劲。

（七）有助于评价公司的盈利能力

通常情况下，资产负债率应当控制在适度的比例。例如，工业生产类企业的资产负债率应低于60%；不过，过低（如低于40%）也不好，说明公司缺乏适度负债经营的创新勇气。资产负债表结合资产收益率，还可评价公司的资产创利、盈利能力。

三、资产负债表的格式

资产负债表一般有表首、正表两部分。表首概括地说明报表名称、编制单位、编制日期、报表编号、货币名称、计量单位等。正表是资产负债表的主体，列示了用以说明企业财务状况的各个项目。资产负债表正表的格式一般有两种：报告式资产负债表和账户式资产负债表。报告式资产负债表是上下结构，上半部列示资产，下半部列示负债和所有者权益。其具体排列形式又有两种：一是按"资产＝负债＋所有者权益"的原理排列；二是按"资产－负债＝所有者权益"的原理排列。账户式资产负债表是左右结构，左边列示资产，右边列示负债和所有者权益。不管采取什么格式，资产各项目的合计等于负债和所有者权益各项目的合计这一等式都不变。

我国企业的资产负债表采用账户式结构。账户式资产负债表分左右两方，左方为资产项目，大体按资产的流动性大小排列，流动性大的资产（如货币资金、交易性金融资产等）排在前面，流动性小的资产（如长期股权投资、固定资产等）排在后面。右方为负债及所有者权益项目，一般按要求清偿时间的先后顺序排列，"短期借款""应付票据""应付账款"等需要在一年以内或者长于一年的一个正常营业周期内偿还的流动负债排在前面，"长期借款"等在一年以上才需偿还的非流动负债排在中间，在企业清算之前不需要偿还的所有者权益项目排在后面。账户式资产负债表中的资产各项目的合计等于负债和所有者权益各项目的合计，即资产负债表左方和右方平衡。

账户式资产负债表可以反映资产、负债、所有者权益之间的内在关系，即"资产＝负

债＋所有者权益"。

　　资产负债表每个项目又分为"期末余额"和"上年年末余额"两栏。采用《企业会计准则》的非金融企业的资产负债表的格式如图 7-1 所示。

资产负债表

会企 01 表

编制单位：　　　　　　　　　　　　　　　年　月　日　　　　　　　　　　　　　　单位：元

资产	期末余额	上年年末余额	负债和所有者权益（或股东权益）	期末余额	上年年末余额
流动资产：			流动负债：		
货币资金			短期借款		
交易性金融资产			交易性金融负债		
衍生金融资产			衍生金融负债		
应收票据			应付票据		
应收账款			应付账款		
应收款项融资			预收款项		
预付款项			合同负债		
其他应收款			应付职工薪酬		
存货			应交税费		
合同资产			其他应付款		
持有待售资产			持有待售负债		
一年内到期的非流动资产			一年内到期的非流动负债		
其他流动资产			其他流动负债		
流动资产合计			流动负债合计		
非流动资产：			非流动负债：		
债权投资			长期借款		
其他债权投资			应付债券		
长期应收款			其中：优先股		
长期股权投资			永续债		
其他权益工具投资			租赁负债		
其他非流动金融资产			长期应付款		
投资性房地产			预计负债		
固定资产			递延收益		
在建工程			递延所得税负债		
生产性生物资产			其他非流动负债		
油气资产			非流动负债合计		
使用权资产			负债合计		
无形资产			所有者权益（或股东权益）：		
开发支出			实收资本（或股本）		
商誉			其他权益工具		

图 7-1　资产负债表

资产	期末余额	上年年末余额	负债和所有者权益（或股东权益）	期末余额	上年年末余额
长期待摊费用			其中：优先股		
递延所得税资产			永续债		
其他非流动资产			资本公积		
非流动资产合计			减：库存股		
			其他综合收益		
			专项储备		
			盈余公积		
			未分配利润		
			所有者权益（或股东权益）合计		
资产总计			负债和所有者权益（或股东权益）总计		

图 7-1（续）

四、资产负债表的内容

资产负债表根据资产、负债、所有者权益（或股东权益，下同）之间的勾稽关系，按照一定的分类标准和顺序，把企业一定日期的资产、负债和所有者权益各项目予以适当排列。它反映的是企业资产、负债、所有者权益的总体规模和结构。资产按流动性大小进行列示，具体分为流动资产、长期投资、固定资产、无形资产及其他资产；负债也按流动性大小进行列示，具体分为流动负债、长期负债等；所有者权益则按实收资本、资本公积、盈余公积、未分配利润等项目分项列示。

（一）资产

资产负债表中的资产反映由过去的交易、事项形成并由企业在某一特定日期所拥有或控制的、预期会给企业带来经济利益的资源。资产应当按照流动资产和非流动资产两大类别在资产负债表中列示。

1）流动资产是预计在一个正常营业周期中变现、出售或耗用，或者主要为交易目的而持有，或者预计在资产负债表日起一年内（含一年）变现的资产，或者自资产负债表日起一年内交换其他资产或清偿负债的能力不受限制的现金或现金等价物。流动资产通常包括货币资金、以公允价值计量且其变动计入当期损益的金融资产、应收票据、应收账款、预付款项、应收利息、应收股利、其他应收款、存货和一年内到期的非流动资产等。

2）非流动资产是流动资产以外的资产。资产负债表中列示的非流动资产项目通常包括长期股权投资、固定资产、在建工程、工程物资、固定资产清理、无形资产、开发支出、长期待摊费用及其他非流动资产等。

（二）负债

资产负债表中的负债反映在某一特定日期企业所承担的、预期会导致经济利益流出企业的现时义务。负债应当按照流动负债和非流动负债在资产负债表中进行列示。

1）流动负债是预计在一个正常营业周期中清偿，或者主要为交易目的而持有，或者自资产负债表日起一年内（含一年）到期应予以清偿，或者企业无权自主地将清偿推迟至资产负债表日后一年以上的负债。资产负债表中列示的流动负债项目通常包括短期借款、应付票据、应付账款、预收款项、应付职工薪酬、应交税费、应付利息、应付股利、其他应付款、一年内到期的非流动负债等。

2）非流动负债是流动负债以外的负债。非流动负债项目通常包括长期借款、应付债券和其他非流动负债等。

（三）所有者权益

资产负债表中的所有者权益是企业资产扣除负债后的剩余权益，反映企业在某一特定日期股东（投资者）拥有的净资产的总额，它一般按照实收资本、资本公积、其他综合收益、盈余公积和未分配利润等分项列示。

五、资产负债表项目的填列方法

会计报表的编制，主要是通过对日常会计核算记录的数据加以归集、整理，使之成为有用的财务信息。企业资产负债表各项目数据的来源，主要通过以下几种方式取得。

（一）根据总账科目余额直接填列

资产负债表大部分项目的填列是根据有关总账账户的余额直接填列的。例如，"应收票据"项目根据"应收票据"总账科目的期末余额直接填列；"短期借款"项目根据"短期借款"总账科目的期末余额直接填列。"交易性金融资产""工程物资""递延所得税资产""短期借款""交易性金融负债""应付票据""应付职工薪酬""应交税费""递延所得税负债""预计负债""实收资本""资本公积""盈余公积"等，都在此项之内。

【例 7-1】潍坊新宇公司 2018 年 12 月 31 日结账后，"交易性金融资产"账户余额为270 000 元。

在资产负债表中，"交易性金融资产"项目是根据"交易性金融资产"账户期末余额直接填列的，因此，该公司 2018 年 12 月 31 日的资产负债表中：

"交易性金融资产"项目金额＝270 000（元）

【例 7-2】潍坊新宇公司 2018 年 3 月 17 日从银行借入一年期借款 200 000 元，8 月 15日从其他金融机构借入半年期借款 300 000 元。

在资产负债表中，"短期借款"项目是根据"短期借款"账户余额直接填列的，因此，该公司 2018 年 12 月 31 日的资产负债表中：

"短期借款"项目金额＝200 000＋300 000＝500 000（元）

【例 7-3】潍坊新宇公司 2018 年 12 月 31 日应付管理人员工资 210 000 元，应付生产工人工资 70 000 元。

在资产负债表中，"应付职工薪酬"项目是根据"应付职工薪酬"账户余额直接填列的，且管理人员、生产工人和职工福利费都属于职工薪酬的范围。因此，该公司 2018 年 12 月31 日的资产负债表中：

"应付职工薪酬"项目金额＝210 000＋70 000＝280 000（元）

（二）根据总账科目余额计算填列

如"货币资金"项目，应根据"库存现金""银行存款""其他货币资金"账户的期末余额合计数计算填列。

【例7-4】潍坊新宇公司2018年12月31日结账后，"库存现金"账户余额为15 000元，"银行存款"账户余额为7 500 000元，"其他货币资金"账户余额为1 100 000元。

在资产负债表中，"货币资金"项目是根据"库存现金""银行存款""其他货币资金"三个总分类账户期末余额加总后的金额填列的。因此，该公司2018年12月31日的资产负债表中：

"货币资金"项目金额＝15 000＋7 500 000＋1 100 000＝8 615 000（元）

【例7-5】潍坊新宇公司对材料采用实际成本法核算，2018年12月31日结账后，有关账户余额如下："在途物资"账户余额为130 000元（借方），"原材料"账户余额为2 700 000元（借方），"周转材料"账户余额为870 000元（借方），"库存商品"账户余额为1 200 000元（借方），"生产成本"账户余额为600 000元（借方），"存货跌价准备"账户余额为320 000元（贷方）。

在资产负债表中，"存货"项目根据以上有关总分类账户余额分析计算填列。因此，该公司2018年12月31日的资产负债表中：

"存货"项目金额＝130 000＋2 700 000＋870 000＋1 200 000＋600 000－320 000

＝5 180 000（元）

（三）根据明细科目余额计算填列

如"应收账款"项目，应根据"应收账款""预收账款"账户所属的相关明细账户的期末借方余额扣除计提的减值准备后计算填列；"应付账款"项目，应根据"应付账款""预付账款"账户所属的相关明细账户的期末贷方余额计算填列；"预收款项"项目，应根据"应收账款""预收账款"两个账户所属的相关明细账户的期末贷方余额计算填列；"预付款项"项目，应根据"应付账款""预付账款"两个账户所属的有相关明细账户的期末借方余额扣除计提的减值准备后计算填列。

【例7-6】潍坊新宇公司2018年12月31日结账后，有关账户余额如图7-2所示。

该公司2018年12月31日的资产负债表中相关项目的金额如下：

"应收账款"项目金额＝26 000＋33 000＋19 000＝78 000（元）

"应付账款"项目金额＝47 000＋43 000＋16 000＝106 000（元）

"预收款项"项目金额＝36 000＋27 000＋11 000＝74 000（元）

"预付款项"项目金额＝35 000＋59 000＋15 000＝109 000（元）

账 户 余 额

2018 年 12 月 31 日

会计账户		余额		会计账户		余额	
总账	明细账	借方	贷方	总账	明细账	借方	贷方
应收账款		48 000		预收账款			44 000
	同利公司	26 000			A 公司	19 000	
	光华公司		11 000		B 公司		36 000
	恒和公司	33 000			C 公司		27 000
应付账款			75 000	预付账款		78 000	
	新华工厂		47 000		M 公司	35 000	
	光明工厂		43 000		N 公司	59 000	
	同兴工厂	15 000			H 公司		16 000

图 7-2　账户余额

（四）根据总账科目和明细科目余额分析计算填列

如"长期借款"项目，根据"长期借款"总账科目的期末余额，扣除"长期借款"科目所属明细科目中反映的、将于一年内到期的长期借款部分，分析计算填列。

【例 7-7】潍坊新宇公司 2018 年 12 月 31 日长期借款情况如图 7-3 所示。

长 期 借 款

借款起始日期	借款期限/年	金额/元
2016 年 2 月 1 日	5	1 500 000
2017 年 3 月 1 日	3	3 200 000
2017 年 7 月 1 日	2	1 790 000

图 7-3　长期借款

该公司"长期借款"总账账户余额＝1 500 000＋3 200 000＋1 790 000

＝6 490 000（元）

其中，将于一年内到期的长期借款为 1 790 000 元，应填列在流动负债下"一年内到期的非流动负债"项目中，所以，该公司 2018 年 12 月 31 日的资产负债表中：

"长期借款"项目金额＝1 500 000＋3 200 000＝4 700 000（元）

（五）根据科目余额减去其备抵项目后的净额填列

如"存货"项目，根据"存货"账户的期末余额，减去"存货跌价准备"备抵账户余额后的净额填列；又如"无形资产"项目，根据"无形资产"账户的期末余额，减去"无形资产减值准备"与"累计摊销"备抵账户余额后的净额填列。

六、资产负债表部分项目的填列说明

资产负债表各项目的填制方法，包括"上年年末余额"的填列和"期末余额"的填列。基本编制方法如下：

（一）"上年年末余额"栏的填列方法

"上年年末余额"栏内的各项数字，应根据上年年末资产负债表的"期末余额"栏内所列数字填列。如果本年度资产负债表规定的各个项目的名称和内容与上年不一致，应对上年年末资产负债表各个项目的名称和数字按照本年度的规定进行调整，按调整后的数字填入资产负债表的"上年年末余额"栏内。

（二）"期末余额"栏的填列方法

"期末余额"栏的填列方法有直接填列法和分析计算填列法两种。具体数据可以通过以下几种方式取得：根据总账账户余额直接填列；根据总账账户余额计算填列；根据明细账户余额计算填列；根据总账账户和明细账户余额分析计算填列；根据总账账户余额减去其备抵项目后的净额填列。

"期末余额"各项目的具体内容和填列方法如下：

1．"货币资金"项目

"货币资金"项目反映企业库存现金、银行基本存款户存款、银行一般存款户存款、外埠存款、银行汇票存款等的合计数。本项目应根据"现金""银行存款""其他货币资金"账户的期末余额合计数填列。

2．"交易性金融资产"项目

"交易性金融资产"项目反映资产负债表日企业分类为以公允价值计量且其变动计入当期损益的金融资产，以及企业持有的指定以公允价值计量且其变动计入当期损益的金融资产的期末账面价值。该项目应根据"交易性金融资产"科目的期末余额填列。

3．"应收票据"项目

"应收票据"项目反映资产负债表日以摊余成本计量的，企业因销售商品、提供服务等收到的商业汇票，包括银行承兑汇票和商业承兑汇票。该项目应根据"应收票据"科目的期末余额，减去"坏账准备"科目中有关坏账准备期末余额后的金额分析填列。

4．"应收账款"项目

"应收账款"项目反映资产负债表日以摊余成本计量的，企业因销售商品、提供服务等经营活动应收取的款项。该项目应根据"应收账款"科目的期末余额，减去"坏账准备"科目中相关坏账准备期末余额后的金额分析填列。

5．"预付款项"项目

"预付款项"项目反映企业预付的款项，减去已计提的坏账准备后的净额。本项目应根据"预付账款"和"应付账款"账户所属各明细账户的期末借方余额合计，减去"坏账准备"账户中有关预付账款计提的坏账准备期末余额后的金额填列。

6．"其他应收款"项目

"其他应收款"项目应根据"应收利息""应收股利""其他应收款"科目的期末余额合计数，减去"坏账准备"科目中相关坏账准备期末余额后的金额填列。

7."存货"项目

"存货"项目反映企业期末在库、在途和在加工中的各项存货的可变现净值，包括各种原材料、商品、在产品、半成品、发出商品、包装物、低值易耗品和委托代销商品等。本项目应根据"在途物资（材料采购）""原材料""库存商品""周转材料""委托加工物资""生产成本""劳务成本"等账户的期末余额合计，减去"存货跌价准备"账户期末余额后的金额填列。材料采用计划成本核算以及库存商品采用计划成本或售价核算的小企业，应按加或减材料成本差异、减商品进销差价后的金额填列。

8."持有待售资产"项目

"持有待售资产"项目反映资产负债表日划分为持有待售类别的非流动资产及划分为持有待售类别的处置组中的流动资产和非流动资产的期末账面价值。该项目应根据"持有待售资产"账户的期末余额，减去"持有待售资产减值准备"账户的期末余额后的金额填列。

9."一年内到期的非流动资产"项目

"一年内到期的非流动资产"项目通常反映预计自资产负债表日起一年内变现的非流动资产。对于按照相关会计准则采用折旧（或摊销、折耗）方法进行后续计量的固定资产、使用权资产、无形资产和长期待摊费用等非流动资产，折旧（或摊销、折耗）年限（或期限）只剩一年或不足一年的，或预计在一年内（含一年）进行折旧（或摊销、折耗）的部分，不得归类为流动资产，仍在各该非流动资产项目中填列，不转入"一年内到期的非流动资产"项目。

10."其他流动资产"项目

"其他流动资产"项目反映企业除以上流动资产项目外的其他流动资产。本项目应根据有关账户的期末余额填列。

11."债权投资"项目

"债权投资"项目反映资产负债表日企业以摊余成本计量的长期债权投资的期末账面价值。该项目应根据"债权投资"科目的相关明细科目期末余额，减去"债权投资减值准备"科目中相关减值准备的期末余额后的金额分析填列。自资产负债表日起一年内到期的长期债权投资的期末账面价值，在"一年内到期的非流动资产"项目中反映。企业购入的以摊余成本计量的一年内到期的债权投资的期末账面价值，在"其他流动资产"项目反映。

12."其他债权投资"项目

"其他债权投资"项目反映资产负债表日企业分类为以公允价值计量且其变动计入其他综合收益的长期债权投资的期末账面价值。该项目应根据"其他债权投资"科目的相关明细科目的期末余额分析填列。自资产负债表日起一年内到期的长期债权投资的期末账面价值，在"一年内到期的非流动资产"项目反映。企业购入的以公允价值计量且其变动计入其他综合收益的一年内到期的债权投资的期末账面价值，在"其他流动资产"项目反映。

13."长期应收款"项目

"长期应收款"项目反映企业长期应收款净额。本项目应根据"长期应收款"期末余额，减去一年内到期的部分、"未实现融资收益"账户期末余额、"坏账准备"账户中按长期应收款计提的坏账损失后的金额填列。

14. "长期股权投资"项目

"长期股权投资"项目反映不准备一年内（含一年）变现的各种股权性质投资的账面余额，减去减值准备后的余额。本项目应根据"长期股权投资"账户的期末余额，减去"长期股权投资减值准备"账户的期末余额后的金额填列。

15. "固定资产"项目

"固定资产"项目反映资产负债表日企业固定资产的期末账面价值和企业尚未清理完毕的固定资产清理净损益。该项目应根据"固定资产"账户的期末余额，减去"累计折旧"和"固定资产减值准备"科目的期末余额后的金额，以及"固定资产清理"账户的期末余额填列。

16. "在建工程"项目

"在建工程"项目反映资产负债表日企业尚未达到预定可使用状态的在建工程的期末账面价值和企业为在建工程准备的各种物资的期末账面价值。该项目应根据"在建工程"科目的期末余额，减去"在建工程减值准备"科目的期末余额后的金额，以及"工程物资"科目的期末余额，减去"工程物资减值准备"科目的期末余额后的金额填列。

17. "无形资产"项目

"无形资产"项目反映企业持有的各项无形资产的净值。本项目应根据"无形资产"账户期末余额，减去"累计摊销"和"无形资产减值准备"账户的期末余额填列。

18. "开发支出"项目

"开发支出"项目反映企业开发无形资产过程中发生的、尚未形成无形资产成本的支出。本项目应根据"开发支出"账户的期末余额填列。

19. "商誉"项目

"商誉"项目反映企业商誉的价值。本项目应根据"商誉"账户期末余额填列。

20. "长期待摊费用"项目

"长期待摊费用"项目反映小企业尚未摊销的摊销期限在一年以上（不含一年）的各项费用。本项目应根据"长期待摊费用"账户的期末余额减去将于一年内（含一年）摊销的数额后的金额填列。

21. "递延所得税资产"项目

"递延所得税资产"项目反映企业可抵扣暂时性差异形成的递延所得税资产。本项目应根据"递延所得税资产"账户期末余额填列。

22. "其他非流动资产"项目

"其他非流动资产"项目反映企业除以上资产以外的其他长期资产。本项目应根据有关账户的期末余额填列。

23．"短期借款"项目

"短期借款"项目反映企业借入尚未归还的一年期以下（含一年）的借款。本项目应根据"短期借款"账户的期末余额填列。

24．"交易性金融负债"项目

"交易性金融负债"项目反映资产负债表日企业承担的交易性金融负债，以及企业持有的指定为以公允价值计量且其变动计入当期损益的金融负债的期末账面价值。该项目应根据"交易性金融负债"科目的相关明细科目的期末余额填列。

25．"应付票据"项目

"应付票据"项目反映资产负债表日以摊余成本计量的，企业因购买材料、商品和接受服务等开出、承兑的商业汇票（包括银行承兑汇票和商业承兑汇票）。该项目应根据"应付票据"科目的期末余额填列。

26．"应付账款"项目

"应付账款"项目反映资产负债表日以摊余成本计量的，企业因购买材料、商品和接受服务等经营活动应支付的款项。该项目应根据"应付账款"和"预付账款"科目所属的相关明细科目的期末贷方余额合计数填列。

27．"预收款项"项目

"预收款项"项目反映企业按合同规定预收的款项。本项目应根据"预收账款"和"应收账款"账户所属各明细账户的期末贷方余额合计填列。

28．"应付职工薪酬"项目

"应付职工薪酬"项目反映企业应付未付的工资和社会保险费等职工薪酬。本项目应根据"应付职工薪酬"账户的期末贷方余额填列，如"应付职工薪酬"账户期末为借方余额，以"—"号填列。

29．"应交税费"项目

"应交税费"项目反映企业期末未交、多交或未抵扣的各种税金。本项目应根据"应交税费"账户的期末贷方余额填列，如"应交税费"账户期末为借方余额，以"—"号填列。

30．"其他应付款"项目

"其他应付款"项目应根据"应付利息""应付股利""其他应付款"科目的期末余额合计数填列。

31．"持有待售负债"项目

"持有待售负债"项目反映资产负债表日处置组中与划分为持有待售类别的资产直接相

关的负债的期末账面价值。该项目应根据"持有待售负债"科目的期末余额填列。

32."一年内到期的非流动负债"项目

"一年内到期的非流动负债"项目反映企业各种非流动负债在一年之内到期的金额，包括一年内到期的长期借款、长期应付款和应付债券。本项目应根据上述账户分析计算后填列。

33."其他流动负债"项目

"其他流动负债"项目反映企业除以上流动负债以外的其他流动负债。本项目应根据有关账户的期末余额填列。

34."长期借款"项目

"长期借款"项目反映企业借入尚未归还的一年期以上（不含一年）的各期借款。本项目应根据"长期借款"账户的期末余额减去一年内到期部分的金额填列。

35."应付债券"项目

"应付债券"项目反映企业尚未偿还的长期债券摊余价值。本项目应根据"应付债券"账户期末余额减去一年内到期部分的金额填列。

36."长期应付款"项目

"长期应付款"项目反映资产负债表日企业除长期借款和应付债券以外的其他各种长期应付款项的期末账面价值。该项目应根据"长期应付款"科目的期末余额，减去相关的"未确认融资费用"科目的期末余额后的金额，以及"专项应付款"科目的期末余额填列。

37."预计负债"项目

"预计负债"项目反映企业计提的各种预计负债。本项目应根据"预计负债"账户期末余额填列。

38."递延所得税负债"项目

"递延所得税负债"项目反映企业根据应纳税暂时性差异确认的递延所得税负债。本项目应根据"递延所得税负债"账户期末余额填列。

39."其他非流动负债"项目

"其他非流动负债"项目反映企业除以上长期负债项目以外的其他长期负债。本项目应根据有关账户的期末余额填列。

40."实收资本（或股本）"项目

"实收资本（或股本）"项目反映企业各投资者实际投入的资本总额。本项目应根据"实收资本（或股本）"账户的期末余额填列。

41."资本公积"项目

"资本公积"项目反映企业资本公积的期末余额。本项目应根据"资本公积"账户的期末余额填列，其中"库存股"按"库存股"账户余额填列。

42. "其他综合收益"项目

"其他综合收益"项目反映根据企业会计准则规定未在损益中确认的各项利得和损失扣除所得税影响后的净额。本项目应根据"其他综合收益"总账账户的余额直接填列。

43. "盈余公积"项目

"盈余公积"项目反映企业盈余公积的期末余额。本项目应根据"盈余公积"账户的期末余额填列。

44. "未分配利润"项目

"未分配利润"项目反映企业尚未分配的利润。本项目应根据"本年利润"账户和"利润分配"账户的期末余额计算填列，如为未弥补的亏损，在本项目内以"一"号填列。

任务三　编制利润表

一、利润表的含义

项目七学习课件
（任务三、四）

利润表是反映企业一定会计期间（如月度、季度、半年度或年度）生产经营成果的会计报表。利润表是一段时间内公司经营业绩的财务记录，反映了这段时间的销售收入、销售成本、经营费用及税收状况。因为它反映的是某一期间的情况，所以又称为动态报表。企业一定会计期间的经营成果既可能表现为盈利，也可能表现为亏损，因此，利润表也被称为损益表。它全面揭示了企业在某一特定时期实现的各种收入和发生的各种费用、成本或支出，以及企业实现的利润或发生的亏损情况。

二、利润表的作用

编制利润表的主要目的是将企业经营成果的信息提供给各种报表使用者作为决策的依据或参考，其主要作用如下：

（一）可据以解释、评价和预测企业的经营成果和获利能力

经营成果通常指以营业收入、其他收入抵扣成本、费用、税金等的差额所表示的收益信息。经营成果是一个绝对值指标，可以反映企业财富增长的规模。获利能力是一个相对值指标，是指企业运用一定经济资源（如人力、物力）获取经营成果的能力。

（二）可据以解释、评价和预测企业的偿债能力

偿债能力指企业以资产清偿债务的能力。利润表本身并不提供偿债能力的信息，然而企业的偿债能力不仅取决于资产的流动性和资本结构，也取决于获利能力。因而一家数年收益很少、获利能力不强甚至亏损的企业，通常其偿债能力不会很强。

（三）企业管理人员可据以作出经营决策

比较和分析收益表中各种构成要素，可知悉各项收入、成本、费用与收益之间的消长趋势，发现各方面工作中存在的问题，暴露缺点，找出差距，改善经营管理，努力增收节支，杜绝损失的发生，作出合理的经营决策。

（四）可据以评价和考核管理人员的绩效

比较前后期利润表上各项收入、费用、成本及收益的增减变动情况，并分析其增减变动的原因，可以较为客观地评价各职能部门、各生产经营单位的绩效，以及这些部门和人员的绩效与整个企业经营成果的关系，以便评判各部门管理人员的功过得失，及时作出采购、生产销售、筹资和人事等方面的调整，使各项活动趋于合理。

（五）可作为经营成果的分配依据

利润表反映企业在一定期间的营业收入、营业成本、营业费用，以及相关税金、各项期间费用和营业外收支等项目，最终计算出利润综合指标。利润表中的数据直接影响到许多相关集团的利益，如国家的税收收入、管理人员的奖金、职工的工资与其他报酬、股东的股利等。

三、利润表的结构

利润表一般有表首、正表两部分。表首说明报表名称、编制单位、编制日期、报表编号、货币名称、计量单位等；正表是利润表的主体，反映形成经营成果的各个项目和计算过程。利润表也因此曾被称为损益计算书。

利润表正表的格式一般有两种：单步式利润表和多步式利润表。单步式利润表将当期所有的收入列在一起，然后将所有的费用列在一起，两者相减得出当期净损益。多步式利润表通过对当期的收入、费用、支出项目按性质加以归类，按利润形成的主要环节列示一些中间性利润指标，如营业利润、利润总额、净利润，分步计算当期净损益。在我国，利润表采用多步式，如图 7-4 所示。

<h2 style="text-align:center">利　润　表</h2>

会企 02 表

编制单位：　　　　　　　　　年　月　　　　　　　　　　　　单位：元

项目	本期金额	上期金额
一、营业收入		
减：营业成本		
税金及附加		
销售费用		
管理费用		
研发费用		
财务费用		

图 7-4　利润表（多步式）

项目	本期金额	上期金额
其中：利息费用		
利息收入		
资产减值损失		
加：其他收益		
投资收益（损失以"—"号填列）		
其中：对联营企业和合营企业的投资收益		
以摊余成本计量的金融资产终止确认收益（损失以"—"号填列）		
净敞口套期收益（损失以"—"号填列）		
公允价值变动收益（损失以"—"号填列）		
信用减值损失（损失以"—"号填列）		
资产减值损失（损失以"—"号填列）		
资产处置收益（损失以"—"号填列）		
二、营业利润（亏损以"—"号填列）		
加：营业外收入		
减：营业外支出		
三、利润总额（亏损总额以"—"号填列）		
减：所得税费用		
四、净利润（净亏损以"—"号填列）		
（一）持续经营净利润（净亏损以"—"号填列）		
（二）终止经营净利润（净亏损以"—"号填列）		
五、其他综合收益的税后净额		
（一）不能重分类进损益的其他综合收益		
1．重新计量设定受益计划变动额		
2．权益法下不能转损益的其他综合收益		
3．其他权益工具投资公允价值变动		
4．企业自身信用风险公允价值变动		
……		
（二）将重分类进损益的其他综合收益		
1．权益法下可转损益的其他综合收益		
2．其他债权投资公允价值变动		
3．金融资产重分类计入其他综合收益的金额		
4．其他债权投资信用减值准备		
5．现金流量套期储备		
6．外币财务报表折算差额		
……		
六、综合收益总额		
七、每股收益		
（一）基本每股收益		
（二）稀释每股收益		

图 7-4（续）

四、利润表的编制步骤

利润表编制的原理是"收入－费用＝利润"的会计平衡公式和收入与费用的配比原则。会计部门应定期（一般按月份）核算企业的经营成果，并将核算结果编制成报表，这就形成了利润表。

计算利润时，企业应以收入为起点，计算出当期的利润总额和净利润，计算步骤如下：

1）以营业收入减去营业成本、税金及附加、销售费用、管理费用、研发费用、财务费用、资产减值损失、公允价值变动损失、投资损失、资产处置损失，再加上其他收益，计算出企业的营业利润，目的是考核企业经营业务的获利能力。营业利润的计算公式为

$$营业利润＝营业收入－营业成本－税金及附加－销售费用－管理费用－研发费用$$
$$－财务费用－资产减值损失＋其他收益＋投资收益（－投资损失）$$
$$＋公允价值变动收益（－公允价值变动损失）$$
$$＋资产处置收益（－资产处置损失）$$

2）在营业利润的基础上，加上营业外收入，减去营业外支出，计算出当期利润总额，目的是考核企业的综合获利能力。利润总额的计算公式为

$$利润总额＝营业利润＋营业外收入－营业外支出$$

3）以利润总额为基础，减去所得税费用，即计算出净利润（或净亏损），目的是考核企业最终获利能力。净利润的计算公式为

$$净利润＝利润总额－所得税费用$$

多步式利润表的优点在于，便于对企业利润形成的渠道进行分析，明了盈利的主要因素或亏损的主要原因，使管理更具有针对性；同时也有利于不同企业之间进行比较，还可以预测企业未来的盈利能力。

五、利润表的基本编制方法

利润表中的金额栏分别设置了"上期金额"栏和"本期金额"栏。其中，"上期金额"栏各项目应根据上年度利润表中"本期金额"栏内所列数字填列。如果上年度报表项目的名称和数字与本年度利润表不一致，应按本期的规定进行调整，并填入本表"上期金额"栏内。

在编报中期报表和年度报表时，上期和本期均指该期的各月累计实际发生数。

"本期金额"栏各项目应根据各损益类账户的本期发生额分析计算填列，具体填列方法归纳为以下几种。

（一）一般根据账户的本期发生额分析填列

1."营业收入"项目

"营业收入"项目反映企业经营业务所得的收入总额，应根据"主营业务收入"账户和"其他业务收入"账户的发生额分析填列。

2."营业成本"项目

"营业成本"项目反映企业经营业务发生的实际成本，应根据"主营业务成本"账户和"其他业务成本"账户的发生额分析填列。

3."税金及附加"项目

"税金及附加"项目反映企业经营业务应负担的消费税、城市维护建设税、资源税、土地使用税、房产税、印花税、车船使用税和教育费附加等相关税费，应根据"税金及附加"账户的发生额分析填列。

4."销售费用"项目

"销售费用"项目反映企业在销售商品和商品流通企业在购入商品等过程中发生的费用，应根据"销售费用"账户的发生额分析填列。

5."管理费用"项目

"管理费用"项目反映企业行政管理等部门所发生的费用，应根据"管理费用"账户的发生额分析填列。

6."研发费用"项目

"研发费用"项目反映企业进行研究与开发过程中发生的费用化支出，应根据"管理费用"账户下的"研发费用"明细账户的发生额分析填列。

7."财务费用"项目

1）"利息费用"项目反映企业为筹集生产经营所需资金等而发生的应予费用化的利息支出。本项目应根据"财务费用"账户的相关明细账户的发生额分析填列。

2）"利息收入"项目反映企业确认的利息收入。本项目应根据"财务费用"账户的相关明细账户的发生额分析填列。

8."资产减值损失"项目

"资产减值损失"项目反映企业发生的各项减值损失，应根据"资产减值损失"账户的发生额分析填列。

9."其他收益"项目

"其他收益"项目反映计入其他收益的政府补助等，应根据"其他收益"账户的发生额分析填列。

10."投资收益"项目

"投资收益"项目反映企业以各种方式对外投资所取得的收益，应根据"投资收益"账户的发生额分析填列；如为投资损失，以"－"号填列。

11."公允价值变动收益"项目

"公允价值变动收益"项目反映企业以公允价值计量且其变动计入当期损益的金融资产等

公允价值变动所形成的当期利得和损失，应根据"公允价值变动损益"账户的发生额分析填列。

12."资产处置收益"项目

"资产处置收益"项目反映企业出售划分为持有待售的非流动资产（金融工具、长期股权投资和投资性房地产除外）或处置组（子公司和业务除外）时确认的处置利得或损失，以及处置未划分为持有待售的固定资产、在建工程、生产性生物资产及无形资产而产生的处置利得或损失。债务重组中因处置非流动资产产生的利得或损失和非货币性资产交换中换出非流动资产产生的利得或损失也包括在本项目内。本项目应根据"资产处置损益"账户的发生额分析填列；如为处置损失，以"一"号填列。

13."营业外收入"项目

"营业外收入"项目反映企业发生的除营业利润以外的收益，主要包括债务重组利得、与企业日常活动无关的政府补助、盘盈利得、捐赠利得（指企业接受股东或股东的子公司直接或间接的捐赠，经济实质属于股东对企业的资本性投入的除外）等。本项目应根据"营业外收入"账户的发生额分析填列。

14."营业外支出"项目

"营业外支出"项目反映企业发生的除营业利润以外的支出，主要包括债务重组损失、公益性捐赠支出、非常损失、盘亏损失、非流动资产毁损报废损失等。本项目应根据"营业外支出"账户的发生额分析填列。

15."所得税费用"项目

"所得税费用"项目反映企业按规定从本期损益中减去的所得税，应根据"所得税费用"账户的发生额分析填列。

（二）利润的构成分类项目根据本表有关项目计算填列

利润表中"营业利润""利润总额""净利润"等项目均根据有关项目计算填列，此处不再赘述。

【例7-8】潍坊新宇公司2019年5月31日的利润表有关账户的发生额如图7-5所示。

发　生　额

账户名称	5月发生额/元	账户名称	5月发生额/元
主营业务收入	640 000	其他业务成本	30 000
其他业务收入	50 000	销售费用	30 000
投资收益	28 600	管理费用	40 000
营业外收入	4 000	财务费用	9 000
主营业务成本	350 000	营业外支出	30 000
税金及附加	40 000	所得税费用	48 400

图7-5　发生额

编制的利润表如表 7-6 所示。

利 润 表

会企 02 表

编制单位：潍坊新宇公司　　　　　　　　2019 年 5 月　　　　　　　　单位：元

项目	本期金额	上期金额
一、营业收入	690 000	略
减：营业成本	380 000	
税金及附加	40 000	
销售费用	30 000	
管理费用	40 000	
财务费用	9 000	
资产减值损失（损失以"－"号填列）		
加：公允价值变动收益（损失以"－"号填列）		
投资收益（损失以"－"号填列）	28 600	
其中：对联营企业和合营企业的投资收益		
二、营业利润（亏损以"－"号填列）	219 600	
加：营业外收入	4 000	
其中：非流动资产处置利得	—	
减：营业外支出	30 000	
其中：非流动资产处置损失	—	
三、利润总额（亏损总额以"－"号填列）	1 936 00	
减：所得税费用	48 400	
四、净利润（净亏损以"－"号填列）	145 200	

图 7-6　利润表

任务四　编制现金流量表

一、现金流量表的含义

现金流量表是财务报表的三个基本报表之一，是反映一家企业在一定时期现金流入和现金流出的动态状况的报表。现金流量表可以概括反映经营活动、投资活动和筹资活动对企业现金流入流出的影响。

企业产生的现金流量分为以下三类。

1）经营活动产生的现金流量。经营活动是指企业投资活动和筹资活动以外的所有交易和事项。经营活动产生的现金流量主要包括销售商品、提供劳务、购买商品、接受劳务、支付工资、交纳税款等流入和流出的现金及现金等价物。

2）投资活动产生的现金流量。投资活动是指企业长期资产的购建和不包括在现金等价物范围内的投资及其处置活动。投资活动产生的现金流量主要包括购建固定资产、处置子公司及其他营业单位等流入和流出的现金及现金等价物。

3）筹资活动产生的现金流量。筹资活动是指导致企业资本及债务规模和构成发生变化的活动。筹资活动产生的现金流量主要包括吸收投资、发行股票、分配利润、发行债券、偿还债务等流入和流出的现金及现金等价物。偿付应付账款、应付票据等商业应付款等属于经营活动，不属于筹资活动。

二、现金流量表的作用

一个正常经营的企业，在创造利润的同时，还应创造现金收益。通过对现金流入来源分析，就可以对创造现金能力作出评价，并可对企业未来获取现金能力作出预测。现金流量表所揭示的现金流量信息可以从现金角度对企业偿债能力和支付能力作出更可靠、更稳健的评价。企业的净利润是以权责发生制为基础计算出来的，而现金流量表是以收付实现制为基础的。通过对现金流量和净利润的比较分析，可以对收益的质量作出评价。投资活动是企业将一部分财力投入某一对象，以谋取更多收益的一种行为；筹资活动是企业根据财力的需求，进行直接或间接融资的一种行为。企业的投资和筹资活动与企业的经营活动密切相关，因此，对现金流量中所揭示的投资活动和筹资活动所产生的现金流入和现金流出信息，可以结合经营活动所产生的现金流量信息和企业净收益进行具体分析，从而对企业的投资活动和筹资活动作出评价。

因此，现金流量表的编制弥补了资产负债表信息量的不足，便于从现金流量的角度对企业进行考核，了解企业筹措现金、生成现金的能力。

三、现金流量表的结构

现金流量表分为主表和附表（即补充资料）两大部分。主表的各项目金额实际上就是每笔现金流入、流出的归属，而附表的各项目金额则是相应会计账户的当期发生额或期末与期初余额的差额。

为了给会计报表使用者提供有关现金流量的信息，并结合现金流量表和其他财务信息对企业作出正确的评价，现金流量表主表应当提供企业经营活动、投资活动和筹资活动对现金流量的影响，即现金流量表应当分别反映经营活动产生的现金流量、投资活动产生的现金流量和筹资活动产生的现金流量的总额及它们相抵后的结果。

一般企业的现金流量表主表格式如图7-7所示。

现金流量表附表以净利润为起调点，加上减少净利润但是不产生现金流的事项，减去增加净利润但是不产生现金流的事项，加上由经营性活动引起的现金增加但是不影响净利润的事项，减去由经营性活动引起的现金减少但是不影响净利润的事项，实现净利润和经营性现金流的完全同步，如图7-8所示。

现金流量表

会企 03 表

编制单位：　　　　　　　　　　年　　月　　　　　　　　　　　　　　　　单位：元

项目	本期金额	上期金额
一、经营活动产生的现金流量		
销售商品、提供劳务收到的现金		
收到的税费返还		
收到其他与经营活动有关的现金		
经营活动现金流入小计		
购买商品、接受劳务支付的现金		
支付给职工以及为职工支付的现金		
支付的各项税费		
支付其他与经营活动有关的现金		
经营活动现金流出小计		
经营活动产生的现金流量净额		
二、投资活动产生的现金流量		
收回投资收到的现金		
取得投资收益收到的现金		
处置固定资产、无形资产和其他长期资产收回的现金净额		
处置子公司及其他营业单位收到的现金净额		
收到其他与投资活动有关的现金		
投资活动现金流入小计		
购建固定资产、无形资产和其他长期资产支付的现金		
投资支付的现金		
取得子公司及其他营业单位收到的现金净额		
支付其他与投资活动有关的现金		
投资活动现金流出小计		
投资活动产生的现金流量净额		
三、筹资活动产生的现金流量		
吸收投资收到的现金		
取得借款收到的现金		
收到其他与筹资活动有关的现金		
筹资活动现金流入小计		
偿还债务支付的现金		
分配股利、利润或偿付利息支付的现金		
支付其他与筹资活动有关的现金		
筹资活动现金流出小计		
筹资活动产生的现金流量净额		
四、汇率变动对现金及现金等价物的影响		
五、现金及现金等价物净增加额		
加：期初现金及现金等价物余额		
六、期末现金及现金等价物余额		

图 7-7　现金流量表主表格式

现金流量表（附表）

单位名称：　　　　　　　　　　　　　　　　年　月　　　　　　　　　　　　　　　　单位：元

项目	行次	本年金额	上期金额
补充资料	1		
1. 将净利润调节为经营活动现金流量	2		
净利润	3		
加：计提的资产减值准备	4		
固定资产折旧	5		
无形资产摊销	6		
长期待摊费用摊销	7		
处置固定资产、无形资产和其他资产的损失	8		
固定资产报废损失	9		
公允价值变动损失（收益以"－"号填列）	10		
财务费用（减：收入）	11		
投资损失（减：收益）	12		
递延所得税资产减少（增加以"－"号填列）	13		
递延所得税负债增加（减少以"－"号填列）	14		
存货的减少（减：增加）	15		
经营性应收项目的减少（减：增加）	16		
经营性应付项目的增加（减：减少）	17		
其他	18		
经营活动产生的现金流量净额	19		
2. 不涉及现金收支的投资和筹资活动	20		
债务转为资本	21		
一年内到期的可转换公司债券	22		
融资租入固定资产	23		
3. 现金及现金等价物净增加情况	24		
现金的期末余额	25		
减：现金的期初余额	26		
加：现金等价物的期末余额	27		
减：现金等价物的期初余额	28		
现金及现金等价物净增加额	29		

图 7-8　现金流量表附表格式

四、现金流量表的填制方法

（一）经营活动产生的现金流量的编制方法

按规定，企业应当采用直接法列示经营活动产生的现金流量。

直接法是按现金流入和现金流出的主要类别列示企业经营活动产生的现金流量。在直接法下，一般以利润表中的营业收入为起算点，调整与经营活动有关的项目的增减变动，然后计算出经营活动产生的现金流量。采用直接法具体编制现金流量表时，可以采用工作底稿法或 T 形账户法；业务简单的，也可以根据有关科目的记录分析填列。

1．"销售商品、提供劳务收到的现金"项目

"销售商品、提供劳务收到的现金"项目可根据"主营业务收入""其他业务收入""应收账款""应收票据""预收账款""库存现金""银行存款"等账户分析填列。

本项目的现金流入可用以下公式计算求得：

销售商品、提供劳务收到的现金＝本期营业收入净额
＋本期应收账款减少额（－应收账款增加额）
＋本期应收票据减少额（－应收票据增加额）
＋本期预收账款增加额（－预收账款减少额）

在此公式中，如果本期有实际核销的坏账损失，也应减去（因核销坏账损失减少了应收账款，但没有收回现金）。如果有收回前期已核销的坏账金额，应加上（因收回已核销的坏账，并没有增加或减少应收账款，但却收回了现金）。

2．"收到的税费返还"项目

"收到的税费返还"项目反映企业收到返还的各种税费。本项目可以根据"库存现金""银行存款""应交税费""税金及附加"等账户的记录分析填列。

3．"收到其他与经营活动有关的现金"项目

"收到其他与经营活动有关的现金"项目反映企业除了上述各项目以外收到的其他与经营活动有关的现金流入，如罚款收入、流动资产损失中由个人赔偿的现金收入等。本项目可根据"营业外收入""营业外支出""库存现金""银行存款""其他应收款"等账户的记录分析填列。

4．"购买商品、接受劳务支付的现金"项目

"购买商品、接受劳务支付的现金"项目可根据"应付账款""应付票据""预付账款""库存现金""银行存款""主营业务成本""其他业务成本""存货"等账户的记录分析填列。

本项目的现金流出可用以下公式计算求得：

购买商品、接受劳务支付的现金＝营业成本＋本期存货增加额（－本期存货减少额）
＋本期应付账款减少额（－本期应付账款增加额）
＋本期应付票据减少额（－本期应付票据增加额）
＋本期预付账款增加额（－本期预付账款减少额）

5．"支付给职工以及为职工支付的现金"项目

"支付给职工以及为职工支付的现金"项目反映企业实际支付给职工及为职工支付的工资、奖金、各种津贴和补贴等（含为职工支付的养老、失业等各种保险和其他福利费用），但不含为离退休人员支付的各种费用和固定资产购建人员的工资。本项目可根据"库存现金""银行存款""应付职工薪酬""生产成本"等账户的记录分析填列。

6．"支付的各项税费"项目

"支付的各项税费"项目反映企业按规定支付的各项税费和有关费用，但不包括已计入固定资产原价而实际支付的耕地占用税和本期退回的所得税。本项目应根据"应交税费""库存现金""银行存款"等账户的记录分析填列。

7．"支付其他与经营活动有关的现金"项目

"支付其他与经营活动有关的现金"项目反映企业除上述各项目外，支付的其他与经营活动有关的现金，包括罚款支出、差旅费、业务招待费、保险费支出、支付的离退休人员的各项费用等。本项目应根据"管理费用""销售费用""营业外支出"等账户的记录分析填列。

（二）投资活动产生的现金流量的编制方法

1．"收回投资收到的现金"项目

"收回投资收到的现金"项目反映企业出售、转让和到期收回的除现金等价物以外的以公允价值计量且其变动计入当期损益的金融资产、长期股权投资而收到的现金，以及收回持有至到期投资本金而收到的现金，不包括持有至到期投资收回的利息及收回的非现金资产。本项目应根据"以公允价值计量且其变动计入当期损益的金融资产""长期股权投资""库存现金""银行存款"等账户的记录分析填列。

2．"取得投资收益收到的现金"项目

"取得投资收益收到的现金"项目反映企业因股权性投资而分得的现金股利和分回利润所收到的现金，以及债权性投资取得的现金利息收入。本项目应根据"投资收益""库存现金""银行存款"等账户的记录分析填列。

3．"处置固定资产、无形资产和其他长期资产收回的现金净额"项目

"处置固定资产、无形资产和其他长期资产收回的现金净额"项目反映处置上述各项长期资产所取得的现金，减去为处置这些资产所支付的有关费用后的净额。本项目可根据"固定资产清理""库存现金""银行存款"等账户的记录分析填列。如该项目所收回的现金净额为负数，应在"支付的其他与投资活动有关的现金"项目填列。

4．"收到其他与投资活动有关的现金"项目

"收到其他与投资活动有关的现金"项目反映除上述各项目以外，收到的其他与投资活动有关的现金流入，应根据"库存现金""银行存款"账户及其他有关账户的记录分析填列。

5．"购建固定资产、无形资产和其他长期资产支付的现金"项目

"购建固定资产、无形资产和其他长期资产支付的现金"项目反映企业购买、建造固定资产，取得无形资产和其他长期资产所支付的现金。其中，企业为购建固定资产支付的现

金包括购买固定资产支付的价款现金及增值税款、固定资产购建支付的现金，但不包括购建固定资产的借款利息支出和融资租入固定资产的租赁费。本项目应根据"固定资产""无形资产""在建工程""库存现金""银行存款"等账户的记录分析填列。

6. "投资支付的现金"项目

"投资支付的现金"项目反映企业除现金等价物以外进行以公允价值计量且其变动计入当期损益的金融资产、长期股权投资、持有至到期投资等实际支付的现金（包括佣金、手续费，但不包括企业购买股票和债券时实际支付价款中包含的已宣告尚未领取的现金股利或已到付息期但尚未领取的债券利息）。本项目应根据"以公允价值计量且其变动计入当期损益的金融资产""长期股权投资""持有至到期投资""库存现金""银行存款"等账户的记录分析填列。

7. "支付其他与投资活动有关的现金"项目

"支付其他与投资活动有关的现金"项目反映企业除了上述各项以外，支付的与投资活动有关的现金流出，包括企业购买股票和债券时，实际支付价款中包含的已宣告尚未领取的现金股利或已到付息期但尚未领取的债券利息等。本项目应根据"库存现金""银行存款""应收股利""应收利息"等账户的记录分析填列。

（三）筹资活动产生的现金流量的编制方法

1. "吸收投资收到的现金"项目

"吸收投资收到的现金"项目反映企业收到投资者投入的现金，包括以发行股票、债券等方式筹集资金实际收到的款项净额（即发行收入减去支付的佣金等发行费用后的净额）。本项目可根据"实收资本（或股本）""应付债券""库存现金""银行存款"等账户的记录分析填列。

2. "取得借款收到的现金"项目

"取得借款收到的现金"项目反映企业举借各种短期借款、长期借款而收到的现金。本项目可根据"短期借款""长期借款""银行存款"等账户的记录分析填列。

3. "收到其他与筹资活动有关的现金"项目

"收到其他与筹资活动有关的现金"项目反映企业除上述各项以外，收到的其他与筹资活动有关的现金流入。本项目应根据"库存现金""银行存款"账户及和其他有关账户的记录分析填列。

4. "偿还债务支付的现金"项目

"偿还债务支付的现金"项目反映企业以现金偿还债务的本金，包括偿还金融机构的借款本金、偿还到期的债券本金等。本项目可根据"短期借款""长期借款""应付债券""库存现金""银行存款"等账户的记录分析填列。

5．"分配股利、利润或偿付利息支付的现金"项目

"分配股利、利润或偿付利息支付的现金"项目反映企业实际支付的现金股利、支付给投资人的利润或用现金支付的借款利息、债券利息等。本项目可根据"应付股利（或应付利润）""财务费用""长期借款""应付债券""库存现金""银行存款"等账户的记录分析填列。

6．"支付其他与筹资活动有关的现金"项目

"支付其他与筹资活动有关的现金"项目反映除了上述各项目以外，支付的与筹资活动有关的现金流出，如发行股票债券所支付的审计、咨询等费用。本项目可根据"库存现金""银行存款"账户其他有关账户的记录分析填列。

（四）"汇率变动对现金及现金等价物的影响"项目的编制方法

"汇率变动对现金及现金等价物的影响"项目反映企业的外币现金流量发生日所采用的汇率与期末汇率的差额对现金的影响数额（编制方法略）。

（五）"现金及现金等价物净增加额"的编制方法

"现金及现金等价物净增加额"项目是现金流量表中"经营活动产生的现金流量净额""投资活动产生的现金流量净额""筹资活动产生的现金流量净额""汇率变动对现金及现金等价物的影响"四个项目相加得出的。

（六）"期末现金及现金等价物余额"项目的填列

"期末现金及现金等价物余额"项目是将计算出来的现金及现金等价物净增加额加上期初现金及现金等价物金额求得的。它应该与企业期末的全部货币资金与现金等价物的合计余额相等。

（七）补充资料项目的内容和编制方法

除现金流量表反映的信息外，企业还应该在附注中披露将净利润调节为经营活动的现金流量，以及不涉及现金收支的重大投资和筹资活动、现金及现金等价物净变动情况等信息，也就是要求按间接法编制现金流量表的补充资料。

1．将净利润调节为经营活动现金流量

现金流量表采用直接法反映经营活动的现金流量，同时，企业还应采用间接法反映经营活动产生的现金流量。间接法，是指以企业本期净利润为起算点，通过调整不涉及现金的收入和费用、营业外收支，以及经营性应收应付等项目的增减变动，调整不属于经营活动的现金收支项目，据此计算并列报经营活动产生的现金流量的方法。现金流量表补充资料是对现金流量表采用直接法反映的经营活动现金流量进行的核对和补充说明。

采用间接法列报经营活动产生的现金流量时，需要对四大类项目进行调整：①实际没有支付现金的费用；②实际没有收到现金的收益；③不属于经营活动的损益；④经营性应收应付项目的增减变动。

2．不涉及现金收支的投资和筹资活动

不涉及现金收支的投资和筹资活动项目，反映企业一定期间内影响资产和负债但不形成现金收支的所有投资和筹资活动的信息。这些投资和筹资活动虽不涉及现金收支，但对以后各期的现金流量会产生重大影响，所以也应进行列示和披露。

不涉及现金收支的投资和筹资活动的具体项目如图 7-8 所示。

项 目 小 结

会计报表是对日常核算的资料按一定的表格形式进行汇总反映和综合反映的报告文件。会计报表由主表及相关附表组成，其中主表包括资产负债表、利润表和现金流量表，附表是对主表的进一步补充。

资产负债表是反映企业在某一特定日期（如月末、季末、年末）全部资产、负债和所有者权益情况的会计报表，是企业经营活动的静态体现。利润表是反映企业一定会计期间（如月度、季度、半年度或年度）生产经营成果的会计报表。利润表是一段时间内公司经营业绩的财务记录，反映了这段时间的销售收入、销售成本、经营费用及税收状况。因为它反映的是某一期间的情况，所以又称为动态报表。现金流量表是财务报表的三个基本报告之一，是反映一家企业在一定时期现金流入和现金流出的动态状况的报表。现金流量表可以概括反映出资产负债表及利润表对现金流量的影响。

项 目 训 练

一、单选题

1．下列会计报表中，属于静态报表的是（　　　）。
　　A．资产负债表　　　B．现金流量表　　　C．利润表　　　　D．利润分配表
2．资产负债表中的资产项目应按其（　　　）的大小顺序排列。
　　A．重要性　　　　　B．流动性　　　　　C．变动性　　　　D．盈利性
3．利润表中的项目应根据总分类账的（　　　）填列。
　　A．期末余额　　　　B．发生额　　　　　C．期初余额　　　D．期初余额＋发生额
4．下列资产负债表项目中，应根据相应总账账户的期末余额直接填列的是（　　　）项目。
　　A．"货币资金"　　　　　　　　　　　　B．"长期债权投资"
　　C．"应收票据"　　　　　　　　　　　　D．"预付账款"
5．下列资产负债表项目中，应根据多个账户的期末余额分析填列的是（　　　）项目。
　　A．"应交税费"　　B．"在建工程"　　C．"短期借款"　　D．"未分配利润"
6．下列资产负债表项目中，不可以直接根据总账账户的期末余额填列的是（　　　）项目。
　　A．"资本公积"　　B．"短期借款"　　C．"长期借款"　　D．"应付股利"
7．最关心企业的盈利能力和利润分配政策的会计报表使用者是（　　　）。
　　A．股东　　　　　　B．供货商　　　　　C．潜在投资者　　D．企业职工

8. 会计报表中没有规定统一格式的报表是（　　　）。

　　A．合并报表　　　　B．动态报表　　　　C．内部报表　　　　D．静态报表

9. 企业某会计期间"固定资产原价"账户期末借方余额为 1 000 000 元，"累计折旧"账户期末贷方余额为 400 000 元，"固定资产减值准备"账户期末贷方余额为 150 000 元。资产负债表中"固定资产净额"项目应填列（　　　）元。

　　A．600 000　　　　B．1 000 000　　　　C．850 000　　　　D．450 000

10. 会计报表是反映各单位在一定时期（　　　）及现金流量的一种报告文件。

　　A．财务结构、变现能力　　　　　　B．经营状况、获利能力

　　C．财务状况、经营成果　　　　　　D．经营状况、变现能力

11. 资产负债表中，"预付账款"项目应根据（　　　）填列。

　　A．"预付账款"总分类账户的期末余额

　　B．"预付账款"总分类账户所属各明细分类账户期末借方余额合计数

　　C．"预付账款"总分类账户所属各明细分类账户期末贷方余额合计数

　　D．"预付账款"和"应付账款"总分类账户所属各明细分类账户期末借方余额合计数

12. 下列项目中，不应列入资产负债表中"存货"项目的是（　　　）。

　　A．"委托代销商品"　　　　　　　　B．"分期收款发出商品"

　　C．"工程物资"　　　　　　　　　　D．"受托代销商品"

13. 我国利润表采用（　　　）格式。

　　A．账户式　　　　B．报告式　　　　C．单步式　　　　D．多步式

二、多选题

1. 资产负债表中的"存货"项目反映的内容包括（　　　）。

　　A．物资采购　　　　B．生产成本　　　　C．库存商品　　　　D．低值易耗品

2. 下列各项中，属于不能直接根据总账余额填列的项目有（　　　）。

　　A．"应收账款"　　　　　　　　　　B．"固定资产原价"

　　C．"应收票据"　　　　　　　　　　D．"长期借款"

3. 资产负债表中的"货币资金"项目，应根据（　　　）账户期末余额的合计数填列。

　　A．"委托贷款"　　B．"现金"　　C．"银行存款"　　D．"其他货币资金"

4. 现金流量表中的现金包括（　　　）。

　　A．库存现金　　　　　　　　　　　B．其他货币资金

　　C．可以随时用于支付的银行存款　　D．现金等价物

5. 直接根据分类账户余额填列的资产负债表项目有（　　　）。

　　A．"短期投资"　　　　　　　　　　B．"固定资产原价"

　　C．"实收资本"　　　　　　　　　　D．"短期借款"

6. 资产负债表中"预收账款"项目应根据（　　　）总分类账户所属各明细分类账户期末贷方余额合计填列。

　　A．"预收账款"　　B．"应收账款"　　C．"预付账款"　　D．"应付账款"

7. 下列账户中，可能影响资产负债表中"应付账款"金额的有（   ）账户。

    A. "应收账款"   B. "预收账款"   C. "应付账款"   D. "预付账款"

8. 会计报表按其反映价值运动的状态可分为（   ）。

    A. 静态报表   B. 主表   C. 附表   D. 动态报表

9. 能记入利润表中"营业利润"项目的有（   ）。

    A. "主营业务收入"   B. "管理费用"

    C. "营业外收入"   D. "所得税费用"

三、判断题

1. 资产负债表是反映企业一定时期财务状况的报表。   （   ）

2. 编制会计报表的主要目的就是为会计报表使用者提供对决策有用的信息。（   ）

3. "利润分配"总账的年末余额一定与相应的资产负债表中未分配利润项目的数额一致。   （   ）

4. 现金流量表是反映一定期间的现金流入和流出情况的报表。   （   ）

5. 现金流量表的编制方法有直接法和间接法两种。   （   ）

6. 利润表是反映企业一定时期经营状况的会计报表。   （   ）

7. 资产负债表中资产的项目，是按资产流动性由小到大的顺序排列的。   （   ）

8. 利润表中各项目应根据有关损益类账户的本期发生额或余额分析计算填列。

    （   ）

9. 资产负债表中"货币资金"项目，应根据"银行存款"账户的期末余额直接填列。

    （   ）

10. 利润表的"本年累计数"栏反映各项目自年初起至年末止的累计发生额。（   ）

11. 资产负债表反映的是单位在一定时期财务状况具体分布的报表。   （   ）

12. "利润分配"总账的年末余额一定与资产负债表中"未分配利润"项目的数额一致。

    （   ）

13. 资产负债表的编制依据为"资产＝负债＋所有者权益"。   （   ）

四、技能题

1. 甲公司 2019 年 12 月 31 日有关账户的余额如下：

应收账款——A   24 000 元（贷方）

         ——B   21 000 元（借方）

         ——C   35 000 元（贷方）

         ——D   17 000 元（借方）

预收账款——E   16 000 元（借方）

         ——F   25 000 元（贷方）

预付账款——G   42 000 元（贷方）

         ——H   31 000 元（借方）

要求：计算填列资产负债表中以下项目："应收账款"项目、"应付账款"项目、"预收账款"项目、"预付账款"项目。

2. 根据长江公司 2019 年 12 月有关账户发生额、累计发生额（表 7-1）编制该公司 2019 年 12 月的利润表（图 7-9）。

表 7-1　长江公司有关账户发生额、累计发生额

账户名称	12 月发生额	1～11 月累计发生额
主营业务收入	180 000	1 280 000
其他业务收入	8 000	38 000
投资收益	30 000	90 000
营业外收入	400	1 500
主营业务成本	100 000	780 000
税金及附加	3 200	16 000
销售费用	15 000	106 000
管理费用	6 500	58 000
财务费用	600	1 200
其他业务成本	8 200	34 000
营业外支出	4 500	12 500
所得税费用	26 532	132 924

利 润 表

会企 02 表

编制单位：长江公司　　　　　　　　　2019 年 12 月　　　　　　　　　单位：元

项目	本期金额	上期金额
一、营业收入		
减：营业成本		
税金及附加		
销售费用		
管理费用		
研发费用		
财务费用		
其中：利息费用		
利息收入		
资产减值损失		
加：其他收益		
投资收益（损失以"－"号填列）		
其中：对联营企业和合营企业的投资收益		
公允价值变动收益（损失以"－"号填列）		
资产处置收益（损失以"－"号填列）		

图 7-9　利润表

项目	本期金额	上期金额
二、营业利润（亏损以"－"号填列）		
加：营业外收入		
减：营业外支出		
三、利润总额（亏损总额以"－"号填列）		
减：所得税费用		
四、净利润（净亏损以"－"号填列）		
（一）持续经营净利润（净亏损以"－"号填列）		
（二）终止经营净利润（净亏损以"－"号填列）		
五、其他综合收益的税后净额		
（一）不能重分类进损益的其他综合收益		
1．重新计量设定受益计划变动额		
2．权益法下不能转损益的其他综合收益		
……		
（二）将重分类进损益的其他综合收益		
1．权益法下可转损益的其他综合收益		
2．其他债权投资公允价值变动		
3．金融资产重分类计入其他综合收益的金额		
4．其他债权投资信用减值准备		
5．现金流量套期储备		
6．外币财务报表折算差额		
……		
六、综合收益总额		
七、每股收益		
（一）基本每股收益		
（二）稀释每股收益		

图 7-9（续）

项目八

掌握账务处理程序

学习目标

项目八学习课件（任务一、二）

目标类型		目标要素
知识目标	基础知识	了解账务处理程序的概念和基本分类
		掌握记账凭证账务处理程序的核算步骤
		掌握科目汇总表的编制方法和科目汇总表账务处理程序的核算步骤
		了解汇总记账凭证账务处理程序的核算步骤
		了解不同种类账务处理程序的优缺点和适用范围
能力目标	基本技能	会利用记账凭证账务处理程序进行账务处理
		会编制科目汇总表
		会根据科目汇总表登记总账
		会汇总记账凭证
	拓展技能	能根据企业的经济业务实际情况进行相关账务处理

项目导航

北方会计师事务所的审计师小王在审计工作中发现潍坊新宇公司与华弘零件制造公司的总分类账登记的方法不同，前者根据记账凭证直接登记总分类账，而后者根据编制的科目汇总表登记总分类账。为什么两家公司的总分类账登记方法不同？登记总分类账的依据有几种呢？

任务一 认知账务处理程序

一、账务处理程序的概念、意义与基本要求

（一）账务处理程序的概念

账务处理程序又称会计核算组织程序（或会计核算形式），是指会计凭证、会计账簿、财务报表按照一定的形式和方法相结合的方式，包括账簿组织和记账程序。

账簿组织，是指会计凭证和会计账簿的种类、格式，以及会计凭证与账簿之间的联系方法。

记账程序，是指由填制、审核原始凭证到填制、审核记账凭证，登记日记账、明细分类账和总分类账，编制财务报表的工作程序和方法等。

（二）账务处理程序的意义

账务处理程序是企业在进行有关的会计制度设计时，需要考量的一项重要内容。科学、合理地选择账务处理程序的意义主要表现为以下几个方面。

1）有利于规范会计工作，保证会计信息加工过程的严密性，提高会计信息质量。

2）有利于企业在会计信息的处理上更加合规，满足准则对于会计信息质量的有关要求。

3）有利于保证会计记录的完整性和正确性，增强会计信息的可靠性。

4）有利于减少不必要的会计核算环节，提高会计工作效率，保证会计信息的及时性。而会计信息的及时处理，有利于企业提高工作的效率，保障工作的质量。

（三）选择账务处理程序的基本要求

1）企业在选择有关的账务处理程序时，要根据本单位的实际情况来选择，要适合本单位生产经营的特点，满足基本的单位组织会计核算的有关要求。

2）在选择有关的账务处理程序时，要能够及时、准确、全面、系统地提供会计核算资料，同时满足其他利益相关者对会计信息的需要。

3）要求根据会计核算的实际程序，进行简化处理，提高工作的实际效率，节约相关的人力、物力成本，达到工作质量的要求。

二、账务处理程序的种类

账务处理程序的决定因素有很多，主要包括经济活动和有关的财务收支情况，以及有关的经济管理的实际需要、会计核算的相关数据等。这些因素在现实的经济活动中是不断变化的，因此，应当根据实际的经济情况，及时进行相关的变化调整工作，由此也形成了不同的账务处理程序。账务处理程序主要包括三大类：记账凭证账务处理程序、科目汇总表账务处理程序、汇总记账凭证账务处理程序。企业应当根据实际的经济情况来选择合适的账务处理程序。三类账务处理程序之间有许多共同点，但也存在着差异，其主要区别在于登记总账的依据和方法。

（一）记账凭证账务处理程序

记账凭证账务处理程序是指对发生的经济业务，先根据原始凭证或汇总原始凭证填制记账凭证，再直接根据记账凭证登记总分类账的一种账务处理程序。记账凭证账务处理程序是会计中最基本的一种账务处理程序，它包括了账务处理程序的一般内容，其他各种账务处理程序基本上是在这种账务处理的基础上发展而形成的。

（二）科目汇总表账务处理程序

科目汇总表账务处理程序，又称记账凭证汇总表账务处理程序，是指根据原始凭证（或原始凭证汇总表）填制记账凭证，根据记账凭证定期编制科目汇总表，据以登记总分类账的一种账务处理程序。科目汇总表又称记账凭证汇总表，是定期对全部记账凭证进行汇总，按各个会计科目列示其借方发生额和贷方发生额的一种汇总凭证。依据借贷记账法的基本原理，科目汇总表中各个会计科目的借方发生额合计与贷方发生额合计应该相等，因此，科目汇总表具有试算平衡的作用。同时，科目汇总表是科目汇总表核算形式下总分类账登记的依据。

（三）汇总记账凭证账务处理程序

汇总记账凭证账务处理程序是先根据原始凭证或汇总原始凭证编制记账凭证，再定期根据记账凭证分类编制汇总收款凭证、汇总付款凭证和汇总转账凭证（也可采用通用的统一格式），再根据汇总记账凭证登记总分类账的一种账务处理程序。其显著特点是，根据记账凭证先编制汇总记账凭证，再根据汇总记账凭证登记总分类账。

任务二　认知记账凭证账务处理程序

一、记账凭证账务处理程序的一般步骤

1）根据原始凭证填制汇总原始凭证。

2）根据原始凭证或汇总原始凭证填制收款凭证、付款凭证和转账凭证，也可填制通用记账凭证。

3）根据收款凭证、付款凭证逐笔登记库存现金日记账和银行存款日记账。

4）根据原始凭证、汇总原始凭证和记账凭证登记各种明细分类账。

5）根据记账凭证逐笔登记总分类账。

6）期末，将库存现金日记账、银行存款日记账和明细分类账的余额与有关总分类账的余额核对相符。

7）期末，根据总分类账和明细分类账的记录编制财务报表。

二、记账凭证账务处理程序的优缺点及适用范围

（一）记账凭证账务处理程序的优缺点

1．优点

记账凭证账务处理程序简单明了，易于理解；总分类账较详细地记录和反映经济业务的发生情况。

2．缺点

采用记账凭证账务处理程序会使登记总分类账的工作量较大，从而加重会计工作人员的工作负担。

（二）记账凭证账务处理程序的适用范围

记账凭证账务处理程序适用于规模较小、经济业务量较少、记账凭证数量不多的企业。为了减少记账凭证的数量，减少登记总分类账的工作量，采用这种账务处理程序时，应尽

量使用汇总原始凭证，对反映同类经济业务的原始凭证进行整理，再根据汇总原始凭证填制记账凭证。

任务三 认知科目汇总表账务处理程序

一、科目汇总表账务处理程序的一般步骤

项目八学习课件
（任务三、四）

1）根据原始凭证填制汇总原始凭证。

2）根据原始凭证或汇总原始凭证填制记账凭证。

3）根据收款凭证、付款凭证逐笔登记库存现金日记账和银行存款日记账。

4）根据原始凭证、汇总原始凭证和记账凭证登记各种明细分类账。

5）根据各种记账凭证编制科目汇总表。

6）根据科目汇总表登记总分类账。

7）期末，将库存现金日记账、银行存款日记账和明细分类账的余额同有关总分类账的余额核对相符。

8）期末，根据总分类账和明细分类账的分录编制财务报表。

二、科目汇总表的编制时间

科目汇总表编制的时间应根据经济业务量的多少而定，可选择 3 天、5 天、10 天、15 天或 1 个月。科目汇总表汇总的时间不宜过长，业务量多的可以每天汇总一次，业务量较少的可以每 5 天、10 天、15 天汇总一次，以便及时对发生额进行试算平衡，了解资金运动情况。

三、科目汇总表的编制方法

科目汇总表的编制方法是将一定时期内的全部记账凭证按照会计科目进行归类，定期汇总出每一个账户的借方本期发生额和贷方本期发生额，填写在科目汇总表的相关栏内。具体如下：

1）将汇总期内各项交易或事项所涉及的总账科目填列在科目汇总表的"会计科目"栏内。

2）根据汇总期内所有记账凭证，按会计科目分别加计其借方发生额和贷方发生额，并将其汇总金额填在各相应会计科目的"借方"和"贷方"栏内。对于科目汇总表中"库存现金""银行存款"账户的借方本期发生额和贷方本期发生额，也可以直接根据库存现金日记账和银行存款日记账的收入合计和支出合计填列，而不再根据收款凭证和付款凭证归类、汇总填列。

3）分别加总全部会计科目"借方"和"贷方"发生额，进行发生额的试算平衡。

注意： 科目汇总表只反映各个会计科目的借方本期发生额和贷方本期发生额，不反映各个会计科目的对应关系。

【例 8-1】潍坊新宇公司 2019 年 5 月发生以下经济业务，试依据科目汇总表账务处理程序进行账务处理。

1）5月1日，企业收到投资人30 000元投资，存入银行。

2）5月3日，企业向银行借款60 000元，偿还期限为3年，款项已存入企业银行存款账户。

3）5月10日，企业用银行存款8 000元偿还长期借款。

4）5月12日，企业以银行存款5 000元购买材料（假设不考虑增值税）。

5）5月16日，企业将已到期但无力支付的应付票据3 000元转入应付账款。

6）5月29日，经企业股东大会研究决定向投资者分配利润4 000元。

第一步：根据经济业务填制记账凭证（以下用会计分录代替）。

借：银行存款   30 000
    贷：实收资本   30 000
借：银行存款   60 000
    贷：长期借款   60 000
借：长期借款   8 000
    贷：银行存款   8 000
借：原材料   5 000
    贷：银行存款   5 000
借：应付票据   3 000
    贷：应付账款   3 000
借：利润分配   4 000
    贷：应付股利   4 000

第二步：根据记账凭证（会计分录）编制科目汇总表（图8-1）。

第三步：登记账簿（以"银行存款"科目为例）。

① 根据记账凭证登记银行存款日记账（图8-2）。

② 根据科目汇总表登记总账（图8-3）。

科目汇总表

2019年5月31日   科汇字第01号

会计科目	本期发生额	
	借方	贷方
银行存款	90 000	13 000
原材料	5 000	
应付票据	3 000	
应付账款		3 000
应付股利		4 000
长期借款	8 000	60 000
实收资本		30 000
利润分配	4 000	
合计	110 000	110 000

图8-1 科目汇总表

银行存款日记账

2019 年		凭证号数	摘要	对方科目	借方	贷方	借或贷	余额
月	日							
5	1		月初余额				借	0
	1	记字 1	收到投资款	实收资本	30 000		借	30 000
	3	记字 2	借款	长期借款	60 000		借	90 000
	10	记字 3	归还借款	长期借款		8 000	借	82 000
	12	记字 4	购买材料	原材料		5 000	借	77 000

图 8-2　银行存款日记账

银行存款总账

2019 年		凭证号数	摘要	借方	贷方	借或贷	余额
月	日						
5	1		期初余额				0
5	31	科汇 1	1～31 日发生额	90 000	13 000	借	77 000

图 8-3　银行存款总账

四、科目汇总表账务处理程序的优缺点及适用范围

（一）科目汇总表账务处理程序的优缺点

1. 优点

科目汇总表账务处理程序减轻了登记总分类账的工作量，易于理解，方便学习，并可做到试算平衡。

2. 缺点

科目汇总表不能反映各个账户之间的对应关系，只反映各科目借、贷方发生额，不利于对账目进行检查，不便于分析经济活动情况，不便于查对账目。

（二）科目汇总表账务处理程序的适用范围

科目汇总表适用于经济业务较多的单位，科目汇总表账务处理程序能够减少登记总分类账的工作量，一般适用于规模较大、经济业务较多的企业。

任务四 认知汇总记账凭证账务处理程序

一、汇总记账凭证账务处理程序的一般步骤

1）根据原始凭证填制汇总原始凭证。

2）根据原始凭证或汇总原始凭证填制收款凭证、付款凭证和转账凭证，也可以填制通用记账凭证。

3）根据收款凭证、付款凭证逐笔登记库存现金日记账和银行存款日记账。

4）根据原始凭证、汇总原始凭证和记账凭证登记各种明细分类账。

5）根据各种记账凭证编制有关汇总记账凭证。

6）根据各种汇总记账凭证登记总分类账。

7）期末，将库存现金日记账、银行存款日记账和明细分类账的余额与有关总分类账的余额核对相符。

8）期末，根据总分类账和明细分类账的记录编制财务报表。

二、汇总记账凭证的编制方法

汇总记账凭证可以分为汇总收款凭证、汇总付款凭证和汇总转账凭证三类。

（一）汇总收款凭证及其编制方法

汇总收款凭证（图8-4）应根据"库存现金"账户和"银行存款"账户的借方进行编制，并按照其对应的贷方账户归类汇总，一般为5天或者10天汇总填制1次，每月编制1张。月末，结算出汇总收款凭证的合计数，与现金、银行存款日记账的本月借方合计数核对无误后，据以登记总账。总之，汇总收款凭证是在对各账户对应的贷方分类之后进行的汇总编制。

总分类账根据各汇总收款凭证的合计数进行登记，分别记入"库存现金""银行存款"总分类账户的借方，并将汇总收款凭证上各账户贷方的合计数分别记入有关总分类账户的贷方。

汇总收款凭证

借方科目：　　　　　　　　　　　　　年　月　　　　　　　　　　　　　　　汇收1号

贷方科目	金额				总账页数	
	1～10日收字第　号	11～20日收字第　号	21～30日收字第　号	合计	借方	贷方
			·			
合计						

会计主管　　　　　　　　审核　　　　　　　　　　　　填制　　　　　　　　记账

图8-4　汇总收款凭证样式

（二）汇总付款凭证及其编制方法

汇总付款凭证（图 8-5）根据"库存现金"账户和"银行存款"账户的贷方进行编制，并按照其对应的借方账户归类汇总，一般为 5 天或者 10 天汇总填制 1 次，每月编制 1 张。月末，结算出汇总付款凭证的合计数，与现金、银行存款日记账的本月借方合计数核对无误后，据以登记总账。总分类账根据各汇总付款凭证的合计数进行登记，分别记入"库存现金""银行存款"总分类账户的贷方，并将汇总付款凭证上各账户借方的合计数分别记入有关总分类账户的借方。

汇总付款凭证

贷方科目：　　　　　　　　　　　　　　　　年　　月　　　　　　　　　　　　　　汇付 1 号

借方科目	金额				总账页数	
	1～10 日付字第　号	11～20 日付字第　号	21～30 日付字第　号	合计	借方	贷方
合计						

会计主管　　　　　　　审核　　　　　　　　　　　　　填制　　　　　　　　　记账

图 8-5　汇总付款凭证样式

（三）汇总转账凭证及其编制方法

汇总转账凭证（图 8-6）通常根据所设置账户的贷方进行编制，定期（5 天或 10 天）将这一期间内的全部转账凭证，按各账户对应的借方科目加以归类、汇总编制。月终时，根据汇总转账凭证的合计数登记总分类账，分别记入对应账户的贷方，并将汇总转账凭证上各账户借方的合计数分别记入有关总分类账户的借方。

值得注意的是，汇总转账凭证上的科目对应关系是一个贷方科目与一个或多个借方科目相对应，因此，为了便于编制汇总转账凭证，要求所有的转账凭证也应按一个贷方科目与一个或多个借方科目的对应关系来填制，不应填制一个或多个借方科目与多个贷方科目相对应的转账凭证，即转账凭证必须一借一贷或多借一贷。

汇总转账凭证

贷方科目：　　　　　　　　　　　　　　　　年　　月　　　　　　　　　　　　　　汇转 1 号

借方科目	金额				总账页数	
	1～10 日转字第　号	11～20 日转字第　号	21～30 日转字第　号	合计	借方	贷方
合计						

会计主管　　　　　　　审核　　　　　　　　　　　　　填制　　　　　　　　　记账

图 8-6　汇总转账凭证样式

【例 8-2】潍坊新宇公司 2019 年 6 月发出原材料的相关会计分录如下：

1）2019 年 6 月 15 日，转字 16 号：

借：生产成本　　　　　　　　　　　　　　　　　　　　10 000

　　贷：原材料　　　　　　　　　　　　　　　　　　　　　10 000

2）2019 年 6 月 16 日，转字 25 号：

借：管理费用　　　　　　　　　　　　　　　　　　　　20 000

　　贷：原材料　　　　　　　　　　　　　　　　　　　　　20 000

3）2019 年 6 月 23 日，转字 31 号：

借：管理费用　　　　　　　　　　　　　　　　　　　　30 000

　　贷：原材料　　　　　　　　　　　　　　　　　　　　　30 000

4）2019 年 6 月 30 日，转字 40 号：

借：生产成本　　　　　　　　　　　　　　　　　　　　40 000

　　贷：原材料　　　　　　　　　　　　　　　　　　　　　40 000

汇总转账凭证如图 8-7 所示。

汇总转账凭证

贷方科目：原材料　　　　　　　　　　　　2019 年 6 月　　　　　　　　　　　　汇转字第 4 号

借方科目	金额				总账页数	
	1～10 日转字第　号	11～20 日转字第 16 号、25 号	21～30 日转字第 40 号、31 号	合计	借方	贷方
生产成本		10 000	40 000	50 000		
管理费用		20 000	30 000	50 000		
合计						

会计主管　　　　　　　审核　　　　　　　　　　　　填制　　　　　　　　　　记账

图 8-7　汇总转账凭证

三、汇总记账凭证账务处理程序的优缺点及适用范围

（一）汇总记账凭证账务处理程序的优缺点

1．优点

记账凭证通过汇总记账凭证汇总后于月末时一次登记总分类账，减少了登记总分类账的工作量。汇总记账凭证是根据一定时期内全部记账凭证，按照科目对应关系进行归类、汇总编制的，可以清晰反映账户之间的对应关系，便于查对和分析账目。

2．缺点

当转账凭证较多时，编制汇总转账凭证的工作量较大，并且按每一贷方账户编制汇总转账凭证，不利于会计核算的日常分工。

（二）汇总记账凭证账务处理程序的适用范围

汇总记账凭证账务处理程序适用于经营规模大、经济业务较多的单位。

项 目 小 结

账务处理程序又称会计核算组织程序（或会计核算形式），是指会计凭证、会计账簿、财务报表按照一定的形式和方法相结合的方式，是会计工作的工作步骤。该程序涉及会计凭证、各种账簿、会计报表（会计人员工作的三个载体）之间的联系。目前，我国常用的账务处理程序有以下三种：记账凭证账务处理程序、科目汇总表账务处理程序、汇总记账凭证账务处理程序。

记账凭证账务处理程序一般适用于规模较少、业务量较少及记账凭证数量不多的经济单位。其特点是直接根据记账凭证逐笔登记总分类账，它是最基本的账务处理程序。其他各种账务处理程序基本上是在记账凭证账务处理程序的基础上发展和演变而来的。

采用科目汇总表账务处理程序，可以通过定期编制科目汇总表起到试算平衡的作用，便于及时发现、纠正账簿记录的错误，以保证账簿记录的准确性。

汇总记账凭证账务处理程序是定期将所有记账凭证汇总编制成汇总记账凭证，然后根据汇总记账凭证登记总分类账的一种账务处理程序。汇总记账凭证账务处理程序是针对科目汇总表核算组织程序的缺点加以改进而建立起来的一种核算组织程序。

项 目 训 练

一、单选题

1. 记账凭证账务处理程序的显著特点是直接根据各种记账凭证逐笔登记（　　　）。

    A. 明细分类账　　　　　　　　　　　B. 总分类账

    C. 库存现金日记账　　　　　　　　　D. 银行存款日记账

2. 以记账凭证为依据，按科目贷方设置，将借方科目归类汇总的凭证编制方法有（　　　）。

    A. 汇总收款凭证编制法　　　　　　　B. 汇总付款凭证编制法

    C. 科目汇总表编制法　　　　　　　　D. 汇总原始凭证编制法

3. 下列关于记账凭证账务处理程序的缺点的表述中，正确的是（　　　）。

    A. 记账程序非常复杂，难以理解

    B. 登记总分类账的工作量较大

    C. 总分类账无法详细地反映经济业务的发生情况

    D. 可以起到试算平衡的作用

4. 下列各项，账务处理程序相同的是（　　　）。

    A. 登记总账的依据　　　　　　　　　B. 登记明细账的依据

    C. 账务处理的程序　　　　　　　　　D. 优缺点及适用范围

5. 甲公司采用科目汇总表账务处理程序进行记账，2019 年 5 月 1～15 日发生下列收付业务。

1）以现金支付修理费 1 000 元。

2）以银行存款偿还应付账款 11 700 元。

3）通过银行收取货款 34 000 元。

4）转让残料取得现金收入 1 300 元，已存入银行。

5 月 15 日，甲公司编制科目汇总表时，"银行存款"账户的借方发生额应为（　　）元。

　　A．35 300　　　　　B．2 360　　　　　C．34 000　　　　　D．35 000

6．下列有关记账凭证账务处理程序、汇总记账凭证账务处理程序和科目汇总表账务处理程序的表述中，正确的是（　　）。

　　A．登记总分类账的依据相同　　　　B．登记总分类账的方法不同

　　C．三者完全不同　　　　　　　　　D．三者完全相同

7．下列关于汇总记账凭证账务处理程序的缺点的表述中，正确的是（　　）。

　　A．总分类账中无法清晰地反映账户之间的对应关系

　　B．登记总分类账的工作量较大

　　C．编制汇总记账凭证的程序比较简单

　　D．当转账凭证较多时，编制汇总转账凭证的工作量较大

8．在汇总记账凭证账务处理程序下，记账凭证宜采用（　　）。

　　A．通用的统一格式的记账凭证

　　B．收款、付款、转账三种专用格式的记账凭证

　　C．数量金额式

　　D．横线登记式

9．汇总记账凭证账务处理程序的适用范围是（　　）。

　　A．规模较小、业务较少的单位　　　B．规模较大、业务较少的单位

　　C．规模较大、业务较多的单位　　　D．规模较小、业务较多的单位

10．汇总记账凭证账务处理程序与科目汇总表账务处理程序的相同点是（　　）。

　　A．登记总账的依据相同　　　　　　B．记账凭证的汇总方法相同

　　C．保持了账户间的对应关系　　　　D．简化了登记总分类账的工作量

11．下列关于汇总记账凭证账务处理程序的优点的表述中，正确的是（　　）。

　　A．详细反映经济业务的发生情况　　B．可以做到试算平衡

　　C．处理手续简便　　　　　　　　　D．便于了解账户之间的对应关系

12．下列表述属于科目汇总表账务处理程序的优点的是（　　）。

　　A．大大减少登记总账的工作量

　　B．手续简便、容易掌握

　　C．总账上不能反映经济业务的来龙去脉，不便于查账

　　D．适用于规模较小、业务量较少、记账凭证不多的单位

13．（　　）是指会计凭证、会计账簿、财务报表相结合的方式，包括账簿组织和记账程序。

　　A．会计凭证传递　　　　　　　　　B．会计账簿组织

　　C．会计工作组织　　　　　　　　　D．会计核算组织程序

14. 科目汇总表账务处理程序的缺点有（　　）。

    A. 不利于会计核算的日常分工　　 B. 登记总分类账的工作量较大

    C. 不反映各账户之间的对应关系　　D. 编制汇总转账凭证的工作量较大

15. 对所发生的经济业务事项，根据原始凭证或汇总原始凭证编制记账凭证，然后直接根据记账凭证逐笔登记总分类账。下列各项中，属于这种账务处理程序的是（　　）。

    A. 记账凭证账务处理程序　　 B. 汇总记账凭证账务处理程序

    C. 科目汇总表账务处理程序　　 D. 不存在这种账务处理程序

二、多选题

1. 下列关于科目汇总表账务处理程序与汇总记账凭证账务处理程序的共同之处的表述中，正确的有（　　）。

    A. 都适用于规模较大、业务量较多的企业

    B. 可以减少总分类账的登记工作量

    C. 可以保持账户之间的对应关系

    D. 可以进行发生额试算平衡

2. 下列关于科目汇总表账务处理程序的优缺点与适用范围的表述，正确的有（　　）。

    A. 将记账凭证通过科目汇总表汇总后登记总分类账，大大减少了登记总账的工作量

    B. 通过编制科目汇总表，可以对发生额进行试算平衡，从而及时发现错误，保证记账工作质量

    C. 科目汇总表能反映账户之间的对应关系，有利于根据账簿记录检查和分析交易或事项的来龙去脉，便于查对账目

    D. 适用于业务量多的大、中型企业

3. 根据总账的登记依据对账务处理程序进行的分类包括（　　）。

    A. 记账凭证账务处理程序　　 B. 汇总记账凭证账务处理程序

    C. 科目汇总表账务处理程序　　 D. 一般账务处理程序

4. 下列各项属于企业填制记账凭证依据的有（　　）。

    A. 汇总记账凭证　　 B. 科目汇总表

    C. 原始凭证　　 D. 汇总原始凭证

5. 下列各项属于记账凭证账务处理程序的优点的有（　　）。

    A. 简单明了，易于理解

    B. 总分类账可较详细地记录经济业务发生情况

    C. 便于进行会计科目的试算平衡

    D. 减轻了登记总分类账的工作量

6. 下列说法正确的有（　　）。

    A. 汇总记账凭证分为汇总收款凭证、汇总付款凭证和汇总转账凭证

    B. 汇总记账凭证按每个科目设置，并按设置科目一方的对应科目进行汇总

    C. 汇总记账凭证账务处理程序是根据汇总记账凭证登记总分类账的

　　D．汇总记账凭证账务处理程序适用于规模较大、经济业务较多的单位

7．以记账凭证为依据，按有关账户的贷方设置，按借方账户归类的有（　　　　）。

　　A．汇总收款凭证　　　　　　　　B．汇总转账凭证

　　C．汇总付款凭证　　　　　　　　D．科目汇总表

8．账簿组织包括（　　　）。

　　A．会计凭证、会计账簿的种类及格式

　　B．会计凭证与账簿之间的联系方法

　　C．会计机构及会计岗位的设置

　　D．会计工作人员的职责

9．在科目汇总表账务处理程序下，月末应将（　　　　）与总分类账进行核对。

　　A．现金日记账　　　　　　　　　B．明细分类账

　　C．银行存款日记账　　　　　　　D．备查账

10．下列各项属于记账凭证的有（　　　　）。

　　A．转账凭证　　　B．收款凭证　　　C．科目汇总表　　　D．汇总记账凭证

三、判断题

1．不论采用哪种账务处理程序，都必须设置日记账、总分类账和明细分类账。

（　　）

2．科目汇总表不仅可以起到试算平衡的作用，还可以反映账户之间的对应关系。

（　　）

3．对于不同形式的账务处理程序，其登记总分类账的依据是相同的。　　（　　）

4．采用记账凭证账务处理程序不仅可以简化登记总账的工作，还便于检查分析经济业务。　　（　　）

5．编制科目汇总表时要求按会计科目对应关系进行汇总。　　　　　　　（　　）

6．采用科目汇总表账务处理程序时，总账、明细账和日记账都应根据科目汇总表登记。

（　　）

7．科目汇总表可以起到发生额试算平衡的作用。　　　　　　　　　　　（　　）

8．为了保证总账与其所属明细账的记录相符，总账应根据其所属明细账的记录转入登记。　　（　　）

9．账务处理程序不同，现金日记账、银行存款日记账登记的依据也不同。　（　　）

10．汇总收款凭证是按收款凭证借方科目设置、按贷方科目汇总的。　　（　　）

11．在不同的账务处理程序下，财务报表的编制依据不同。　　　　　　（　　）

12．汇总收款凭证是按贷方科目设置，按借方科目归类，定期汇总编制的。　（　　）

13．科目汇总表账务处理程序的优点之一是具有试算平衡的作用，有利于保证总账登记的正确性。　　（　　）

14．记账凭证账务处理程序、汇总记账凭证账务处理程序和科目汇总表账务处理程序的一般步骤中都包括根据记账凭证编制科目汇总表。　　（　　）

15．汇总记账凭证账务处理程序的优点之一是按每一贷方科目编制汇总转账凭证，有利于会计核算的日常分工。　　（　　）

四、简答题

1．简述记账凭证账务处理程序的优缺点及适用范围。

2．简述科目汇总表账务处理程序的优缺点及适用范围。

3．简述汇总记账凭证账务处理程序的优缺点及适用范围。

五、技能题

某企业在 2019 年 12 月 1～10 日发生如下经济业务。

1）12 月 1 日，购入 A 材料 1 000 千克，单价 10 元，材料验收入库，货款已通过银行转账。

2）12 月 2 日，行政人员李某出差，借出现金 1 500 元。

3）12 月 3 日，管理部门以现金购买办公用品 800 元。

4）12 月 3 日，公司以银行存款购买一项设备，价值 6 000 元。

5）12 月 4 日，收到大发公司归还款项 12 500 元，存入银行。

6）12 月 4 日，行政人员李某出差回来报销差旅费 1 420 元，归还现金 80 元。

7）12 月 6 日，以银行存款支付生产工人工资 20 000 元、管理人员工资 16 000 元、车间管理人员工资 14 000 元。

8）12 月 6 日，生产部门领用 A 材料 500 千克，公司一工程需要，领用 A 材料 200 千克，材料单价 10 元。

9）12 月 7 日，计提生产车间固定资产折旧 3 000 元，管理部门设备折旧 2 000 元。

10）12 月 8 日，甲产品完工，结转成本 30 000 元。

11）12 月 10 日，销售甲产品 200 件，单价 20 元，收到大发公司开来支票，存入银行。

要求：根据上述业务编制记账凭证，根据记账凭证编制科目汇总表，根据科目汇总表登记总分类账。

参 考 文 献

财政部会计资格评价中心，2017. 初级会计实务[M]. 北京：经济科学出版社.

会计从业资格考试辅导教材编写组，2016. 会计基础[M]. 北京：人民出版社.

鲜梅，涂云友，2016. 会计基础[M]. 北京：北京交通大学出版社.

赵晓燕，2016. 会计职业基础[M]. 北京：北京邮电大学出版社.